सुपर जीनियस कंप्यूटर लर्नर 5

मनुज बजाज • **अनिल अहलावत**

बी.ई. — बी.ई.

इंजीनियरिंग कॉलेज, दिल्ली — पुणे यूनिवर्सिटी

भूमिका

प्रो. बी.पी. खण्डेलवाल

पूर्व चेयरमैन, सी.बी.एस.ई.

प्रभात प्रकाशन

प्रस्तावना

कंप्यूटर ही जीवन है—यह वाक्य अतिशयोक्ति नहीं कहा जाएगा; क्योंकि कंप्यूटर ने आज हमारे जीवन में एक अभिन्न स्थान बना लिया है। बैंकों से लेकर अस्पताल तक और घर से लेकर रेलवे स्टेशन तक, सभी जगह कंप्यूटर हमारा जीवन आसान करने में लगा है। आज हम सुबह उठने से लेकर देर रात सोने तक किसी-न-किसी तरह कंप्यूटर से जुड़े रहते हैं। इसके उदाहरण हैं—ई-मेल, मोबाइल फोन, ए.टी.एम. इत्यादि। आज टी.वी., रेडियो, कार, मौसम की जानकारी, बैंक कार्य, शिक्षा, खरीददारी, सीमाओं की रक्षा, मनोरंजन, स्वास्थ्य, यात्रा आदि लगभग सभी कार्य कंप्यूटर की सहायता से हो रहे हैं। इसलिए यह आवश्यक हो जाता है कि हम सभी कंप्यूटर के बारे में जानें, उस पर बेहतर कार्य करने के तौर-तरीके सीखें।

रटे-रटाए तरीकों से हम परीक्षाएँ तो पास कर सकते हैं, लेकिन कंप्यूटर को बेहतर ढंग से नहीं समझ सकते। यह गणित की भाँति है, अतः कंप्यूटर के सूत्र सीखकर हम इस पर तरह-तरह के रचनात्मक कार्य कर सकते हैं। इसी बात को ध्यान में रखकर यह **'सुपर जीनियस कंप्यूटर लर्नर'** शृंखला भाग 1 से 8 तक तैयार की गई है। हमारा उद्देश्य है कि प्रत्येक विद्यार्थी स्वयं कार्य करे और कंप्यूटर पर बेहतर ढंग से सभी एप्लीकेशंस को चलाना सीखे। विद्यार्थी जितना ज्यादा समय प्रायोगिक कार्य करेंगे, एप्लीकेशन को बेहतर ढंग से चलाना सीख पाएँगे। अतः इस पुस्तक में प्रायोगिक ज्ञान पर ज्यादा जोर दिया गया है। विभिन्न प्रोग्राम तथा उनके स्क्रीन देने से पुस्तक का महत्त्व बहुत बढ़ गया है। इनमें तो सीधे-सीधे यह समझाया गया है कि कंप्यूटर से क्या-क्या कार्य किए जा सकते हैं तथा किस प्रकार से कार्यों को बेहतर और त्वरित गति से किया जा सकता है। गहन अनुसंधान के बाद हमने यह पाठ्यक्रम तैयार किया है और उसका परिणाम आपके हाथों में है। हमें आशा ही नहीं, वरन् पूर्ण विश्वास है कि इन पुस्तकों से आप जो सीखेंगे, वह जीवन भर आपके लिए उपयोगी सिद्ध होगा।

—लेखकद्वय

प्रकाशक • **प्रभात प्रकाशन प्रा. लि.**
4/19 आसफ अली रोड,
नई दिल्ली-110002

संस्करण • 2026
मूल्य • तीन सौ पचास रुपए
मुद्रक • नरुला प्रिंटर्स, दिल्ली

SUPER GENIUS COMPUTER LEARNER-5
by Manuj Bajaj & Anil Ahlawat ₹ 350.00
Published by Prabhat Prakashan Pvt. Ltd, 4/19 Asaf Ali Road, New Delhi-2
e-mail: prabhatbooks@gmail.com ISBN 978-81-7315-927-5

भूमिका

आधुनिक युग के विकास में कंप्यूटर का अतुलनीय योगदान है। आज किसी भी क्षेत्र में कंप्यूटर की उपस्थिति अनिवार्य रूप में देखी जा सकती है। हमारे रोजमर्रा के लगभग सभी कार्य कंप्यूटर पर निर्भर हैं। बैंक का लेन-देन, रेल टिकट, ए.टी.एम. सेवा, मोटरकार व हवाई जहाज नियंत्रण, पुस्तक-प्रकाशन, दस्तावेज तैयार करना, फोटो, फिल्म व संगीत से जुड़े कार्य, कक्षा में पढ़ाई करना इत्यादि सभी कार्य कंप्यूटर की मदद से सरलता से, तेजी से और त्रुटिहीनता के साथ पूरे हो जाते हैं। यही कारण है कि आज के युग को 'कंप्यूटर का युग' कहा जाता है।

विज्ञान, तकनीकी, शोध, चिकित्सा, प्रौद्योगिकी, उड्डयन, संचार एवं शिक्षा के साथ-साथ कंप्यूटर ने कृषि के क्षेत्र में भी अहम भूमिका निभाई है। कंप्यूटर क्रांति ने विश्व को एकसूत्र में बाँध दिया है। इंटरनेट ने तो कंप्यूटर के प्रचार-प्रसार में और भी बड़ी भूमिका निभाई है। इंटरनेट के माध्यम से आज एक 'क्लिक' करके हम दुनिया के किसी भी कोने में पहुँच सकते हैं। इंटरनेट टेलीफोनी और इ-मेल ने संचार क्रांति को पंख लगा दिए हैं। इंटरनेट टेलीफोनी से हम लगभग नि:शुल्क दुनिया के किसी भी कोने में टेलीफोन की तरह बात कर सकते हैं। 'चैट' के जरिए 'लाइव' बातचीत की जा सकती है।

कंप्यूटर का विकास जिस द्रुत गति से हुआ है, उतना संभवत: दूसरा किसी का नहीं हुआ। आम बोलचाल की भाषा में कहें तो आज हर वस्तु का कंप्यूटरीकरण हो गया है। कंप्यूटर ने हर क्षेत्र को एक नया आयाम दे दिया है। कंप्यूटर के पास हमारे सभी प्रश्नों के उत्तर हैं।

कंप्यूटर-जगत् का विकास और विस्तार अंग्रेजी के माध्यम से आरंभ हुआ। अत: पठन-पाठन सामग्री भी अंग्रेजी में विकसित हुई। क्रमागत विकास के साथ-साथ विभिन्न देशों में विभिन्न भाषाओं में कंप्यूटर की शिक्षा दी जाने लगी है। इससे शिक्षार्थी कई भाषाओं में क्षमता विकसित कर रहे हैं।

हिंदी भाषा में इसे अपनाने के लिए आधारिक पाठ्यपुस्तकों का अभाव लग रहा था। अत: इस शृंखला द्वारा विद्यालयों में शुरू से ही हिंदी माध्यम से पढ़ने और अभ्यास द्वारा क्रमागत जानकारी देने का यह एक सराहनीय प्रयास हुआ है। इससे हिंदी-जगत् की एक बड़ी कमी की प्रतिपूर्ति हुई है। सरल भाषा में जानकारी उपलब्ध कराने से कंप्यूटर प्रयोग के ज्ञान और कौशल का विकास भविष्य में अनेकानेक लाभकारी व्यापक कार्यक्षेत्रों की उपलब्धि कराएगा। इसी पृष्ठभूमि में कंप्यूटर की कक्षा 1 से 8 तक के लिए अत्यंत सार्थक एवं उपयोगी शृंखला प्रकाशित हो रही है। यह प्रशंसनीय पहल है। इस शृंखला की पुस्तकों में भाग एक के कंप्यूटर की आरंभिक जानकारी दी गई है। इसके बाद के भागों में क्रमश: सॉफ्टवेयर, हार्डवेयर, सीडी, माइक्रोसॉफ्ट, पावर पॉइंट, फोटो शॉप, मूवी एडिटिंग सॉफ्टवेयर, ऑपरेटिंग सिस्टम, इंटरनेट, इ-मेल इत्यादि की जानकारी दी गई है, साथ ही इनके साथ कार्य करना इतनी सरलता से सिखाया गया है कि आप बिना किसी की सहायता के इन्हें स्वयं सीख सकते हैं। कोई विद्यार्थी इससे स्वयं भी सीख सकता है।

आशा ही नहीं, पूर्ण विश्वास है कि यह पुस्तक शृंखला कंप्यूटर अध्ययन और उसके 'मास्टर' बनने में अत्यंत उपयोगी सिद्ध होगी। साथ ही, इससे आम पाठक भी लाभान्वित हो सकेंगे।

—प्रो. बी.पी. खंडेलवाल

पूर्व चेयरमैन, सी.बी.एस.ई. एवं

शिक्षा निदेशक, उत्तर प्रदेश

विषय-सूची

1 हेडर्स और फुटर्स बनाना

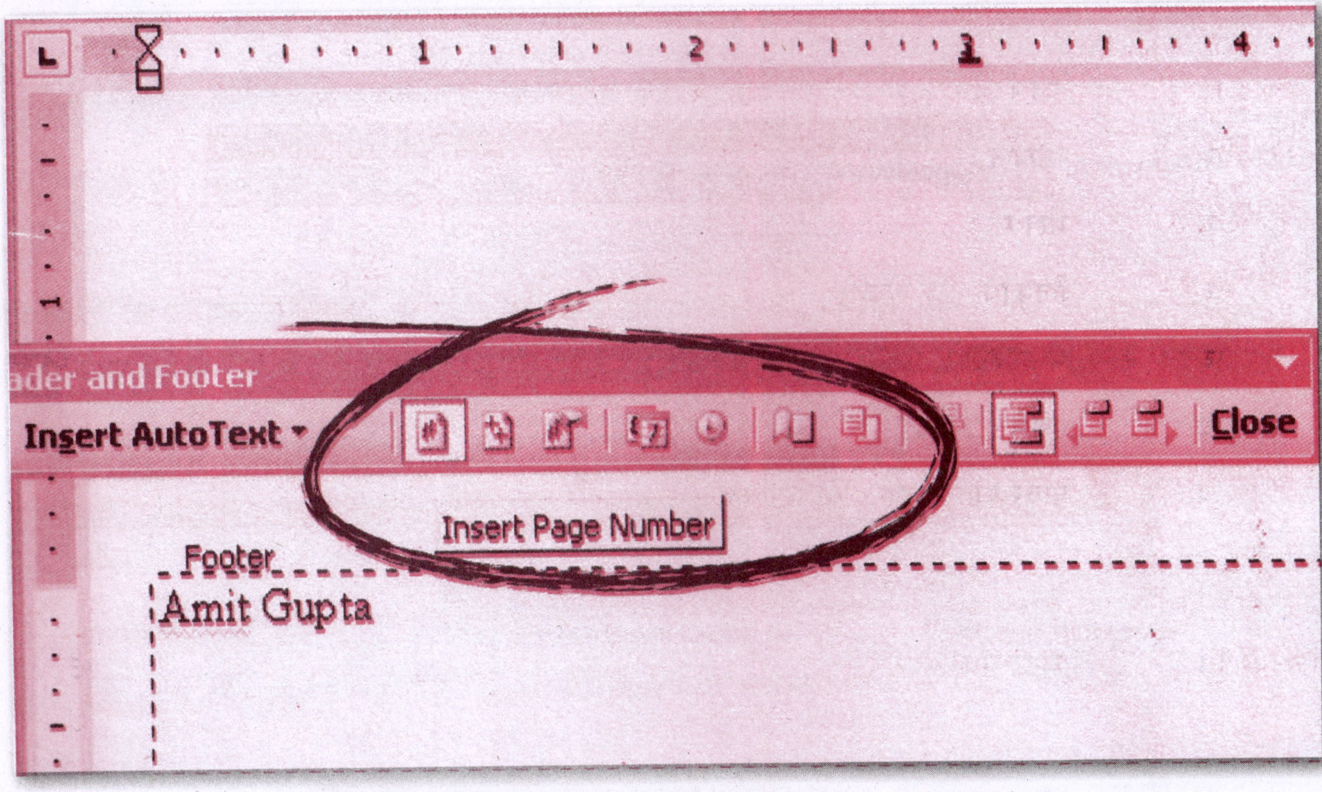

हम पहले ही माइक्रोसॉफ्ट वर्ड 2003 में काम कर चुके हैं और डॉक्यूमेंट फॉरमेट करना सीख चुके हैं। हम टेबल बनाना और कई कॉलमवाले डॉक्यूमेंट बनाना भी सीख चुके हैं। आइए, अब आगे बढ़ें।

एक डॉक्यूमेंट में तरह-तरह के एलीमेंट होते हैं, जो प्रत्येक पेज पर पूरे डॉक्यूमेंट में दोहराए जाते हैं। ये एलीमेंट जिन स्थानों पर रखे जाते हैं, उन्हें हेडर और फुटर कहते हैं। ध्यान रखें कि ये एलीमेंट पेज पर एक ही स्थान पर आते हैं अर्थात् इनकी स्थिति अपरिवर्तनीय रहती है। हेडर पेज के शीर्ष भाग को दरशाता है जबकि फुटर पेज के नीचेवाले भाग को। उदाहरण के लिए हेडर और फुटर पुस्तकों और मैगजीन के प्रत्येक पेज पर आनेवाले हेडिंग और पेज नंबर के लिए प्रयोग में आने वाले हैं। हेडर और फुटर डॉक्यूमेंट में डॉक्यूमेंट का टाइटल, प्रोजेक्ट नाम, डेट और टाइम, पेज नंबर, आपका नाम, आपके स्कूल का नाम आदि के लिए प्रयोग किया जा सकता है।

हेडर और / या फुटर बनाना

1. **View > Header and Footer** चुनिए। वर्ड हेडर एरिया को एक्टिवेट कर देता है और हेडर एंड फुटर टूलबार दिखाता है।

2. हेडर बॉक्स में टेक्स्ट टाइप कीजिए और टूलबार पर इंसर्ट डेट बटन पर क्लिक कीजिए तो डेट इंसर्ट हो जाएगी, जैसा कि दिखाया गया है।

3. हेडर बनाने के बाद टूलबार पर Switch between Header and Footer बटन पर क्लिक कीजिए, जिससे फुटर एरिया एक्टिवेट हो जाएगा। (यदि आप वापस हेडर एरिया में आना चाहते हैं तो इसी बटन पर फिर से क्लिक कीजिए)।

4. फुटर बॉक्स में अपना नाम टाइप कीजिए और टूलबार में Insert Page Number बटन पर क्लिक कीजिए, जिससे पेज नंबर इंसर्ट हो जाएगा, जैसा कि यहाँ नीचे दिखाया गया है।

5. टूलबार में Close बटन पर क्लिक कीजिए, जिससे हेडर एंड फुटर बंद हो जाएगा और आप मेन डॉक्यूमेंट में आ जाएँगे।

अब आप देखेंगे कि पूरे डॉक्यूमेंट में हेडर और फुटर सभी पेजों पर बार-बार आ रहे हैं।

याद करें

1. डॉक्यूमेंट में हेडर प्रत्येक पेज के शीर्ष पर आता है और फुटर नीचे आता है।
2. वह एलीमेंट, जो कई पेजवाले डॉक्यूमेंट में प्रत्येक पेज पर बार-बार आते हैं, उन्हें हेडर या फुटर में रखा जा सकता है।

अभ्यास

(अ) निम्न टूलबार में किन्ही पाँच विकल्पों को लेबल कीजिए।

(ब) निम्न का मिलान कीजिए।

1. 	अ. इंसर्ट टाइम
2. 	ब. इंसर्ट डेट
3. 	स. हेडर और फुटर के बीच बदलाव
4. 	द. इंसर्ट पेज नंबर

(स) प्रैक्टिकल

- लाइब्रेरी या पुस्तक की दुकान में जाइए। मैगजीन उठाइए और हेडर और फुटर का प्रयोग देखिए। देखिए कि इन स्थानों पर कौन से एलीमेंट रखे गए हैं। कक्षा में चर्चा कीजिए और उन आइटमों की सूची बनाइए।
- इंसर्ट ऑटो टेक्स्ट खोलिए और उपलब्ध विकल्पों के साथ प्रयोगात्मक कार्य कीजिए।

निम्न चार विकल्पों में से सही विकल्प पर (✔) निशान लगाएँ।

शिक्षकों से

पुस्तक, मैगजीन, न्यूजपेपर, रिपोर्ट आदि में हेडर और फुटर में प्रयोग होनेवाले विभिन्न एलीमेंट्स दिखाइए। छात्रों से पूछिए कि वे उसे कैसे बनाएँगे और फिर माइक्रोसॉफ्ट वर्ड में उपलब्ध हेडर और फुटर की सुविधा का परिचय दीजिए।

बहुविकल्पीय प्रश्न

1. डॉक्यूमेंट में हेडर.......... पर आता है—

अ. प्रत्येक पेज शीर्ष पर आता है
ब. प्रत्येक पेज के नीचे
स. प्रत्येक पेज के बीच में
द. डॉक्यूमेंट के अंत में

2. डॉक्यूमेंट में फुटर.......... में आता है—

अ. प्रत्येक पेज के नीचे
ब. प्रत्येक पेज के ऊपर
स. प्रत्येक पेज के बीच में
द. डॉक्यूमेंट के अंत में

3. हेडर और फुटर इनमें प्रयोग हो सकते हैं—

अ. पुस्तक
ब. मैगजीन
स. कैलेंडर
द. उपर्युक्त सभी

4. निम्न को हेडर और फुटर में इंसर्ट कर सकते हैं—

अ. पेज नंबर
ब. डेट और टाइम
स. इमेज
द. उपर्युक्त सभी

5. हेडर और फुटर में इंसर्ट करने का विकल्प देते हैं—

अ. पेज नंबर
ब. फाइल नेम और वर्तमान डॉक्यूमेंट में स्थिति
स. वर्तमान डॉक्यूमेंट का लेखक
द. उपर्युक्त सभी

6. यदि आप अपनी रिपोर्ट में सभी पेज के नीचेवाले भाग में गोपनीय लिखना चाहते हैं तो वर्ड में वह कहाँ जाएगा—

अ. हेडर
ब. फुटर
स. टॉप मार्जिन
द. इनमें से कोई नहीं

7. आप अपने वर्ड डॉक्यूमेंट में निचले भाग में पृष्ठों की कुल संख्या लिखना चाहते हैं। इसके लिए सर्वश्रेष्ठ विधि यह है—

अ. संख्या गिनकर टाइप करें
ब. हेडर और फुटर का प्रयोग करें और टोटल पेज काउंट इंसर्ट करें
स. इसे स्वत: करने के लिए स्टाइल का प्रयोग करें
द. इनमें से कोई नहीं

2 स्टाइल, केस और वर्ड काउंट

फॉरमेटिंग स्टाइल, चेंज केस और वर्ड काउंट

हम माइक्रोसॉफ्ट वर्ड के बारे में बहुत अधिक चर्चा कर चुके हैं। इस अध्याय में हम एक कदम आगे जाएँगे और कुछ एडवांस फीचर सीखेंगे, जो हमारे काम करने का तरीका बदल सकते हैं, जिनसे जीवन बेहतर और स्मार्ट हो जाता है। आपने अवश्य ही फॉरमेटिंग फीचर्स जैसे फॉण्ट, बोल्ड, इटैलिक, चेंज कलर, टेबल, मल्टीपल कॉलम टेक्स्ट आदि का प्रयोग अपने डॉक्यूमेंट में किया होगा।

आइए, एक उदाहरण लें। मान लीजिए कि आपने एक बड़ा डॉक्यूमेंट (10 या 20 पेज लंबा) बनाकर पूरा किया है। उसे दुबारा देखने पर आपको उसमें कोई चीज पसंद नहीं आई, जैसे रंग या फॉण्ट, जो बहुत ही सीधा और साधारण है। आप अपने टेक्स्ट का रोचक और आकर्षक लुक रखना चाहते हैं। आप उस 10 या 20 पेज बड़े डॉक्यूमेंट के लिए क्या करेंगे?

इस स्थिति में आपके पास दो विकल्प हैं—या तो पूरे डॉक्यूमेंट को दुबारा से बदल दें अथवा उसमें बदलाव के विचार को छोड़ दें।

वर्ड आपकी इस समस्या को हल कर सकता है। वर्ड का स्टाइल फीचर फॉरमेटिंग में बदलाव की अनुमति देता है, जो पूरे डॉक्यूमेंट में एक स्टेप से शुरुआत करके आपके समय और झुँझलाहट को बचा सकता है। यह आपके डॉक्यूमेंट का रूप एक जैसा कर देता है।

अब आप टेक्स्ट फॉरमेटिंग से परिचित हो चुके हैं और वर्ड डॉक्यूमेंट का अच्छा रूप बना सकते हैं। लेकिन आपको डॉक्यूमेंट में हस्तचलित तरीके से फॉरमेटिंग में काफी समय व्यतीत करना होगा। आइए, अब वर्ड के स्टाइल फीचर के बारे में सीखें।

स्टाइल से फॉरमेटिंग बदलने का विकल्प बदलाव करने में क्षण भर का समय लेता है। उदाहरण के लिए, फॉण्ट, फॉण्ट साइज, फॉण्ट एट्रीब्यूट, बोल्ड, इटैलिक, अंडरलाइन, सबहेडिंग का कलर आदि बदलने के लिए उन पर केवल एक बार बदलाव करें और पूरा ही डॉक्यूमेंट उसी के अनुसार बदल जाता है, चाहे वह सैकड़ों पेज का हो।

स्टाइल क्या है?

वर्ड में स्टाइल यह परिभाषित करता है कि डॉक्यूमेंट का एक निश्चत भाग किस तरह दिखाया जाएगा। उदाहरण के लिए, यह अध्याय जो आप पढ़ रहे हैं, चैप्टर टाइटिल के लिए स्टाइल का प्रयोग किया गया है (वर्ड में इसे चैपटाइटिल कहते हैं), जबकि सब टाइटिल के लिए दूसरा स्टाइल व सबहेडिंग और पैराग्राफ के लिए कुछ अन्य स्टाइलों का प्रयोग किया गया है। स्टाइल पैराग्राफ या टेक्स्ट के भाग के गुण-धर्म और रूप को परिभाषित करते हैं। फॉण्ट, फॉण्ट साइज, फॉण्ट एट्रीब्यूट (बोल्ड, इटैलिक, अंडरलाइन) आदि प्रत्येक स्टाइल में परिभाषित किए जाते हैं। उपयुक्त स्टाइल बनाकर उन्हें आप अपने टेक्स्ट में फॉरमेटिंग के लिए शीघ्रता से प्रयोग कर सकते हैं। वर्ड के स्टाइल फीचर का प्रयोग करना एक अच्छा अभ्यास है। इससे आपका काम चुस्त-दुरुस्त होता है।

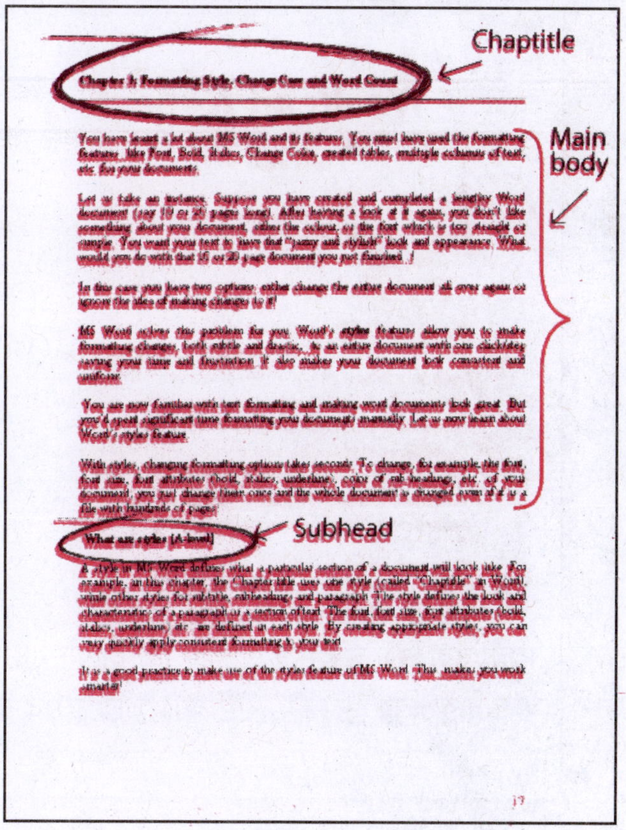

स्टाइल कंट्रोल

वर्ड में कई डिफाल्ट स्टाइल होते हैं, जैसे—नॉर्मल, हेडिंग 1, हेडिंग 2 आदि; लेकिन हम अपनी अलग से स्टाइल बनाकर प्रयोग करेंगे। इसे बनाने की कई विधियाँ हैं। आपके टेक्स्ट में स्टाइल निर्धारित करने की आसान विधि यह है

अतिरिक्त जानकारी : वर्ड में स्टाइल मौजूद हैं...!

आप अपने डॉक्यूमेंट में क्या टाइप करते हैं, उससे कोई मतलब नहीं, वर्ड आपके टेक्स्ट के लिए स्वयं ही एक स्टाइल निर्धारित कर देता है। डिफाल्ट से वर्ड नॉर्मल स्टाइल प्रयोग करता है, जिसमें टेक्स्ट टाइम्स न्यू रोमन 12 पॉइंट का होता है। जब आप टेक्स्ट में कोई बदलाव करते हैं, वर्ड स्वत: ही आपके लिए नई स्टाइल बना देता है। उदाहरण के लिए, जब आप टेक्स्ट टाइप करते हैं, वर्ड उसमें नॉर्मल स्टाइल निर्धारित करता है। जब आप उस पर बोल्ड एप्लाई करते हैं तो वर्ड एक अन्य स्टाइल 'नॉर्मल + बोल्ड' स्टाइल स्वत: ही निर्धारित कर देता है।

आप जब फॉरमेटिंग का छोटा सा भाग भी बदलते हैं तो वर्ड यही काम कर देता है। यह क्रिपटिक नेम प्रयोग करता है, जो समझने में कठिन है और यह चीजों को अचानक भ्रमपूर्ण बना देता है। अत: हम सलाह देंगे कि आप अपनी स्वयं की स्टाइल बनाएँ और प्रयोग करें।

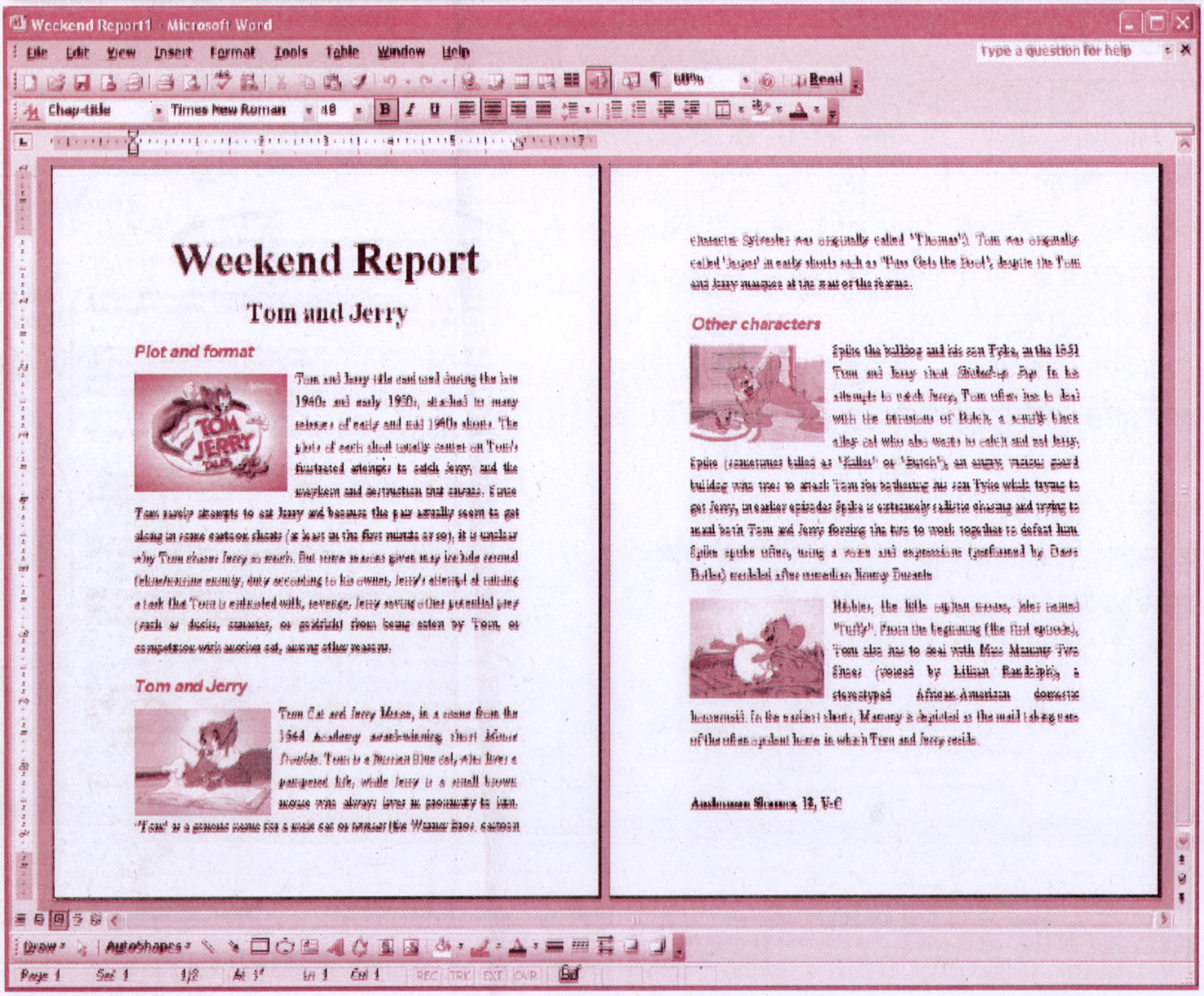

कि टास्क पैन में स्टाइल एंड फॉरमेटिंग का प्रयोग करें, जो फॉर्मेट मेन्यू **(Format > Styles and Formatting)** से खोला जा सकता है। आइए, एक्सप्लोर करें।

सोचिए कि आपको आपके प्रिय कार्टून कैरेक्टर पर 300-400 शब्दों में रिपोर्ट बनाने के लिए साप्ताहिक प्रोजेक्ट दिया गया है।

इस अध्याय में हम यह प्रोजेक्ट वर्ड स्टाइल का प्रयोग करके बनाएँगे।

यदि आप सभी स्टेप ठीक से लेते हैं तो आपकी अंतिम रिपोर्ट वैसी बनेगी जैसी यहाँ दिखाई गई है।

उपर्युक्त रिपोर्ट बनाने के लिए सावधानी से ये स्टेप लें

1. इस विषय पर कुछ जानकारी एकत्र करें। हम अपने प्रिय कार्टून कैरेक्टर के लिए टॉम एंड जेरी का प्रयोग करेंगे। आप अपनी इन्फॉरमेशन इंटरनेट से या वर्ड में टाइप करके एकत्र कर सकते हैं और संपादित कर सकते हैं।

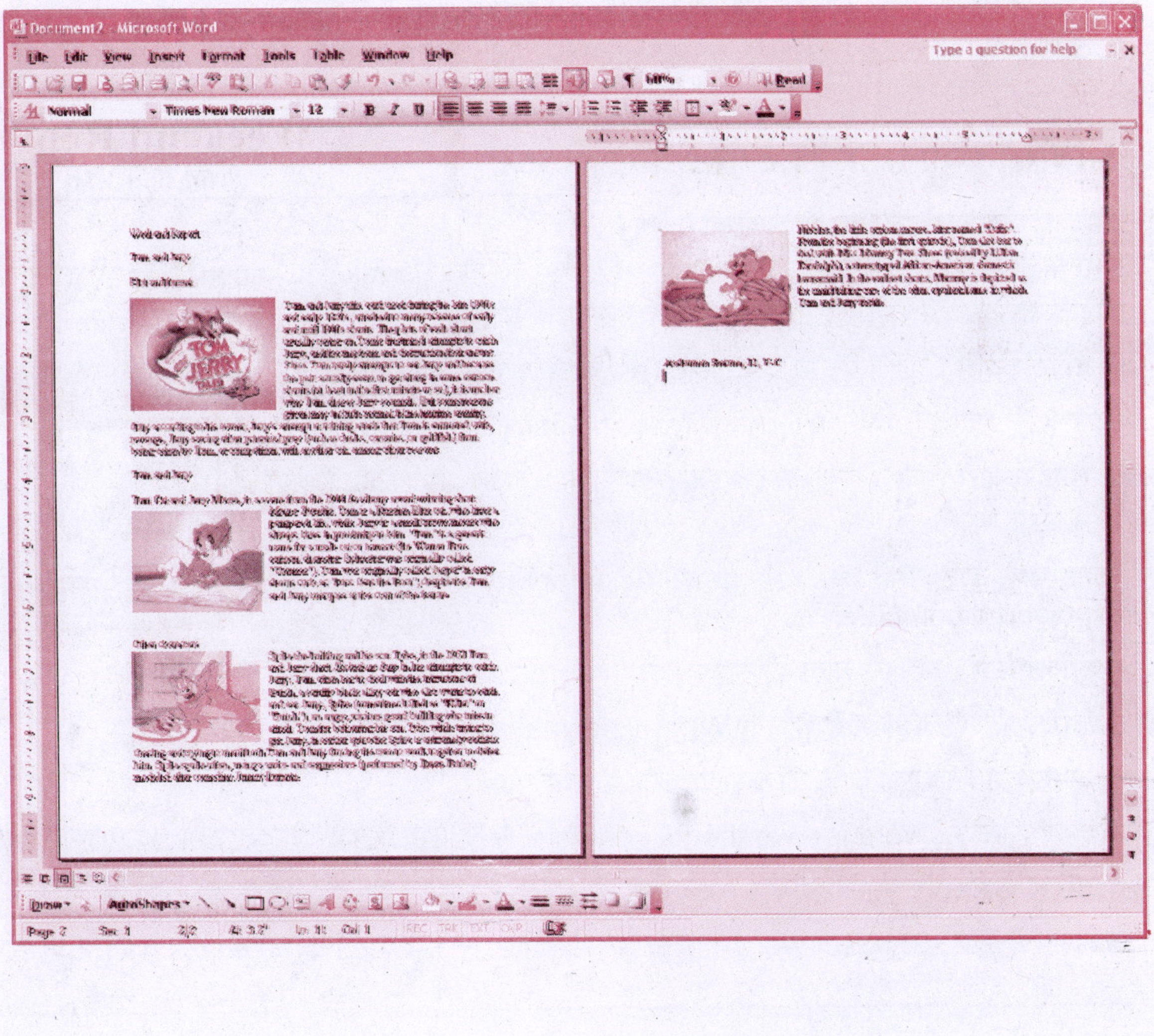

2. माउस से क्लिक और ड्रैग करके टाइटल चुनें। टाइटल का साइज **48 पॉइंट** बदलें, **बोल्ड** और **सेंटर एलाइन** करें।

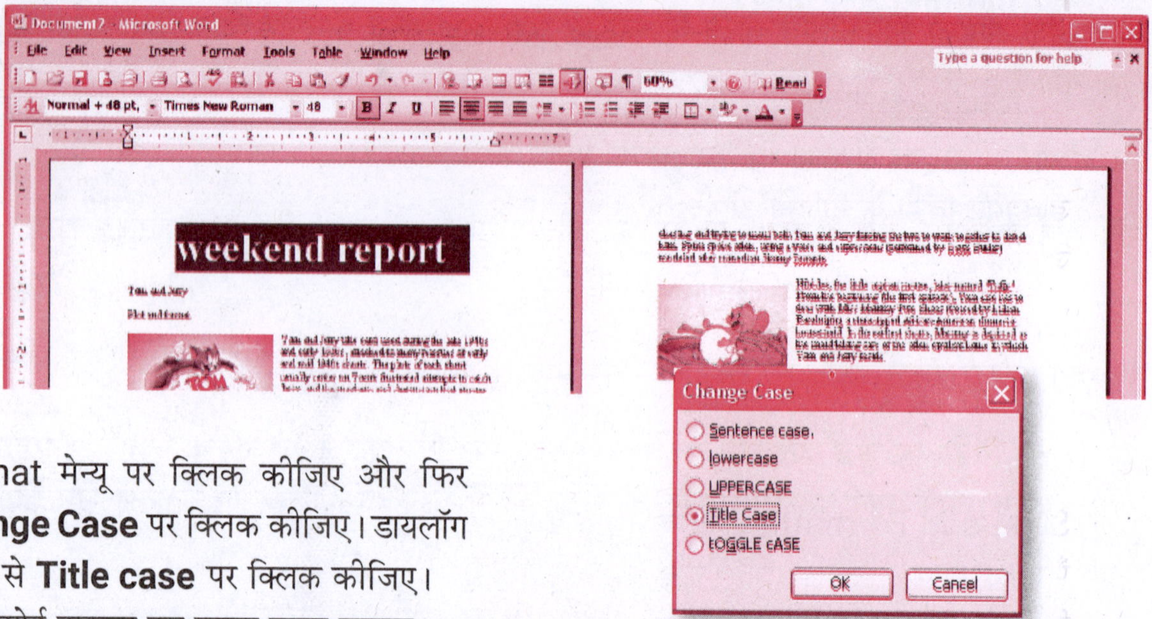

Format मेन्यू पर क्लिक कीजिए और फिर **Change Case** पर क्लिक कीजिए। डायलॉग बॉक्स से **Title case** पर क्लिक कीजिए। अब रिपोर्ट टाइटल इस प्रकार बदल जाएगा।

अतिरिक्त जानकारी : टेक्स्ट केस

टेक्स्ट कैपिटल या स्मॉल लेटर से लिखा जा सकता है। अंग्रेजी ग्रामर के नियम के अनुसार टेक्स्ट टाइप करने की कई विधियाँ हैं। आप **Formate>Change Case** का प्रयोग करके इन नियमों को फॉरमेट टेक्स्ट में लागू कर सकते हैं। सभी विकल्प यहाँ समझाए गए हैं।

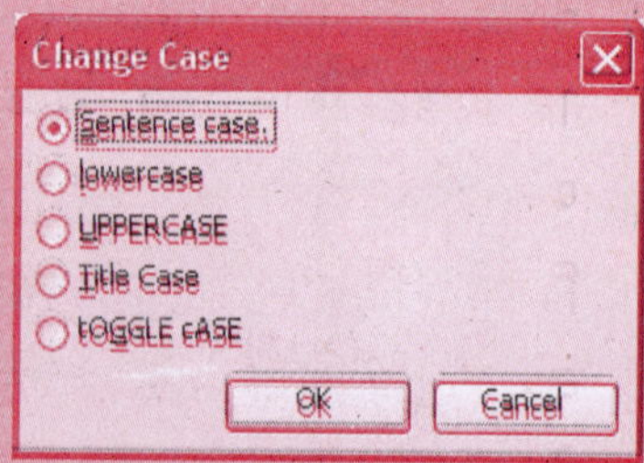

- **टाइटल केस :** यह प्रत्येक शब्द के पहले अक्षर को कैपिटल में बदल देगा।

उदाहरण के लिए : Tom and jerry → Tom And Jerry

- **सेनटेंस केस :** यह प्रत्येक लाइन के पहले अक्षर को कैपिटल और बाकी को स्मॉल में रखेगा।

उदाहरण के लिए : this is a very powerful computer. → This is a very powerful computer.

- **लोअर केस :** यह पूरी लाइन को स्मॉल लेटर में बदल देगा।

उदाहरण के लिए : Taj Mahal is in Agra. → taj mahal is in agra.

- **अपर केस :** यह पूरी लाइन को कैपिटल लेटर में बदल देगा।

उदाहरण के लिए : Word is a wonderful software. → WORD IS A WONDERFUL SOFTWARE.

- **टॉगल केस :** यह पूरी लाइन के कैपिटल लेटर को स्मॉल और स्मॉल को कैपिटल में बदल देगा।

उदाहरण के लिए : Styles in Word is a great feature. → STYLES IN wORD IS A GREAT FEATURE.

3. अब हम रिपोर्ट की टाइटल के लिए एक स्टाइल बनाएँगे, जिसका नाम चैपटाइटल होगा। **Format** मेन्यू में जाइए और **Style and Formatting** मेन्यू चुनिए।

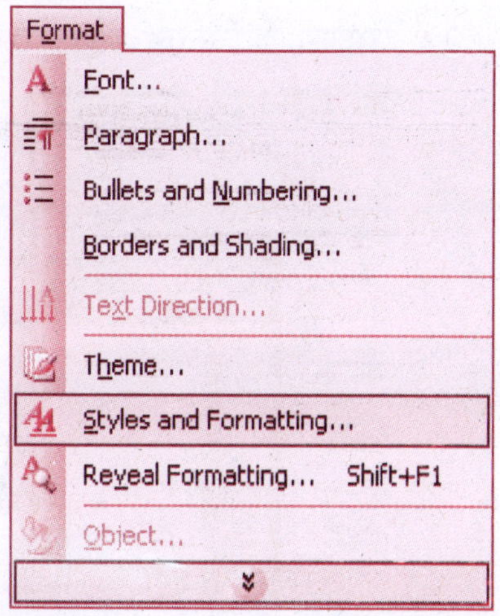

4. डॉक्यूमेंट विंडो के दाहिनी ओर Style and Formatting पैन आ जाता है।

5. Style and Formatting टास्क पैन उपलब्ध स्टाइल की सूची दिखाता है। ड्रॉप डाउन बॉक्स से **Formatting in use** विकल्प चुनिए, जैसा कि दिखाया गया है। यह डॉक्यूमेंट में प्रयोग हो रहे स्टाइल को दिखाता है। आप तीन एंट्री देखेंगे। **नॉर्मल, क्लियर फॉरमेटिंग** और **48 पॉइंट, बोल्ड, सेंटर**। माइक्रोसॉफ्ट वर्ड में डिफाल्ट स्टाइल नॉर्मल है (जो टाइम्स न्यू रोमन 12 पॉइंट है)। जब आप क्लियर फॉरमेटिंग का प्रयोग करते हैं तो वह किसी भी एप्लाई किए गए स्टाइल को हटा देता है और आपके टेक्स्ट में नॉर्मल स्टाइल लगा देता है। इस तरह वह टाइम्स न्यू रोमन 12 पॉइंट में बदल जाता है।

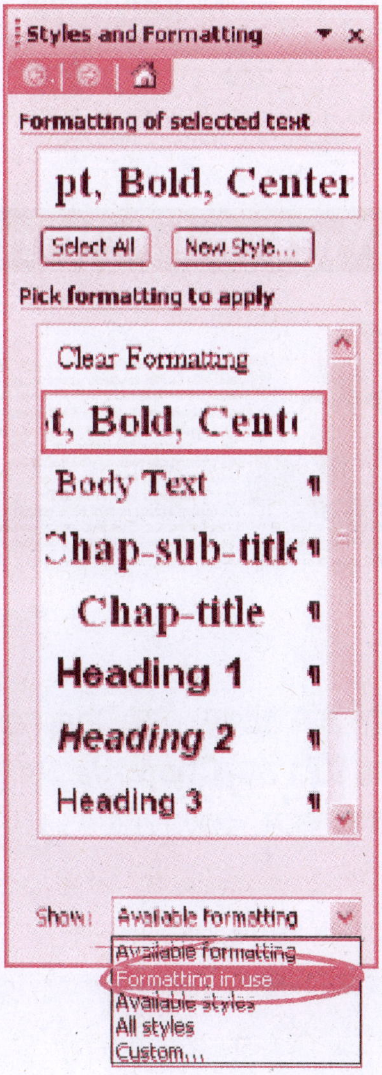

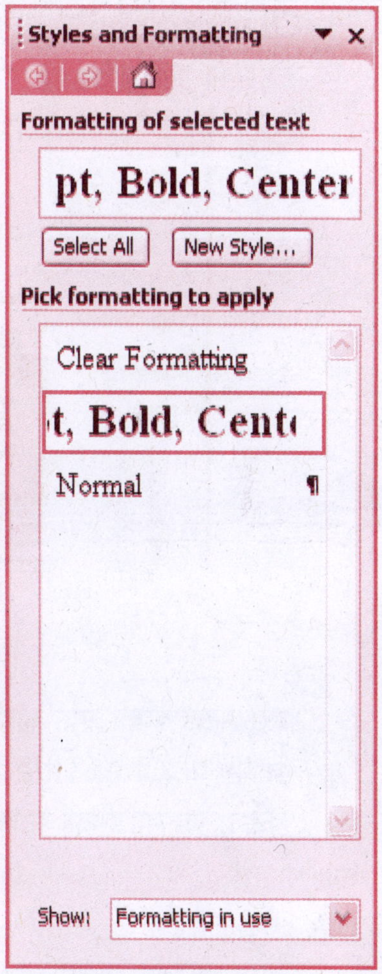

6. माउस से क्लिक और ड्रैग करके टाइटल चुनिए। उसका स्टाइल टास्क पैन में **Style and Formatting** में हाईलाइट हो जाता है।

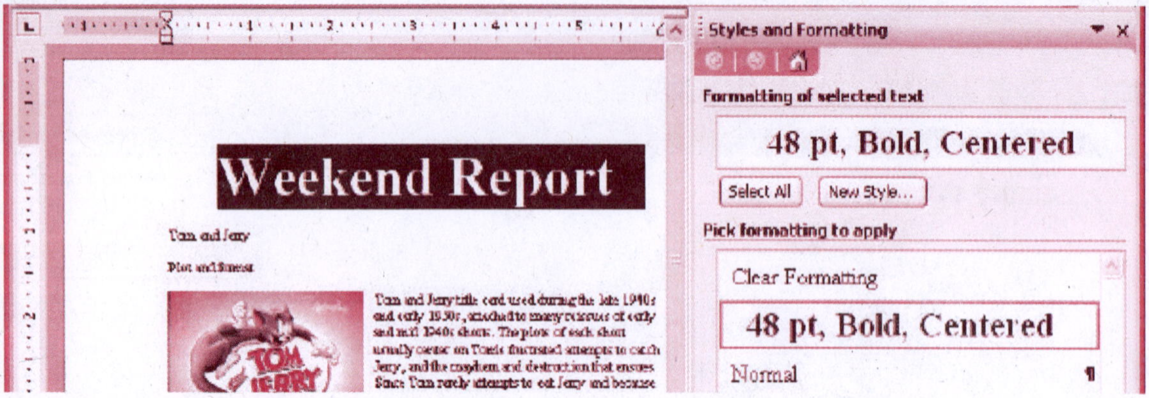

7. ड्रॉप डाउन ऐरो पर क्लिक कीजिए और **Modify Style** विकल्प चुनिए।

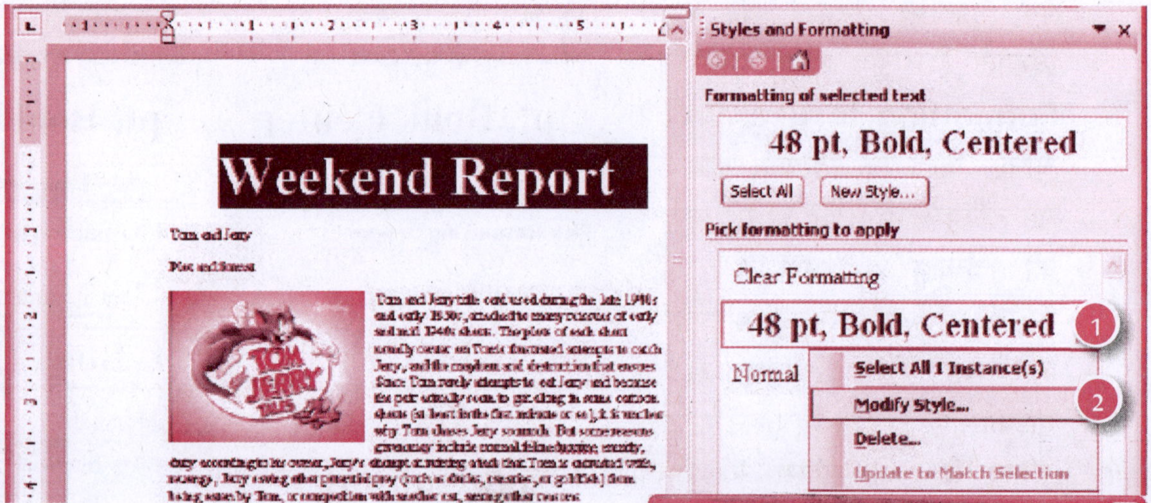

8. इस स्टाइल को एक अर्थपूर्ण नाम दीजिए, जैसे Chapter title या ChapTitle या CT। हम **Chaptitle** प्रयोग करेंगे, जो मोडिफाई स्टाइल बॉक्स में दिखाया गया है।

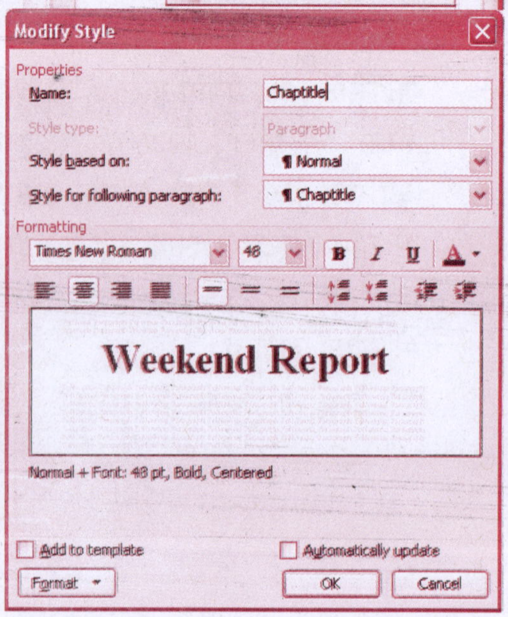

9. स्टाइल का नाम स्टाइल एंड फॉरमेटिंग टास्क पैन में दिखाया जाता है।

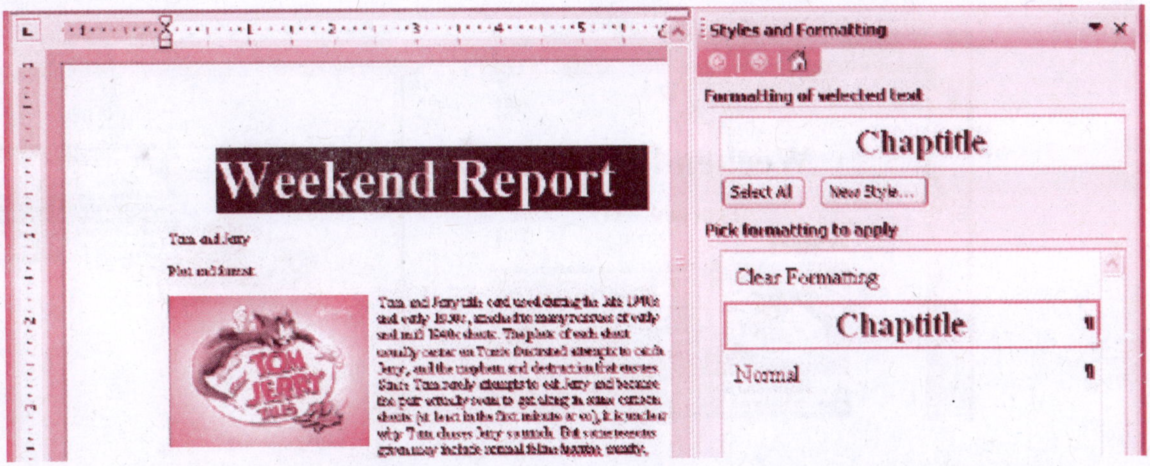

10. माउस को ड्रैग करके सब टाइटल चुनिए और सब टाइटल का साइज 28 पॉइंट में बदलकर उसे बोल्ड और सेंटर एलाइन कीजिए।

अब सब टाइटल इस प्रकार दिखाया जाता है—

11. सब टाइटल का स्टाइल बनाने के लिए स्टेप 4-9 दोहराइए। और उसका नाम **Chapsubtitle** कीजिए।

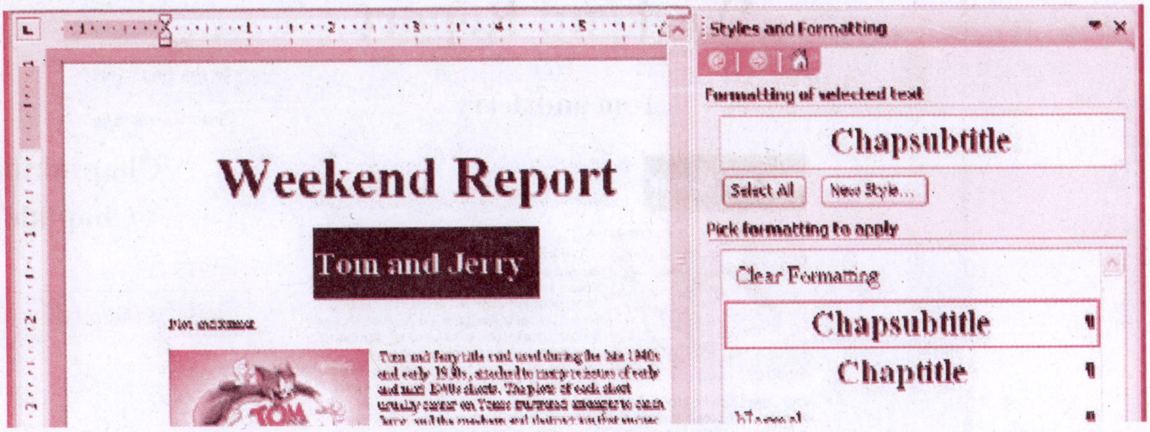

12. माउस से क्लिक और ड्रैग करके सबहेडिंग चुनिए और फॉण्ट को बदलकर **Formatting** टूलबार से **एरियल, 12 पॉइंट, बोल्ड, इटैलिक और लाल रंग** में सेट कीजिए।

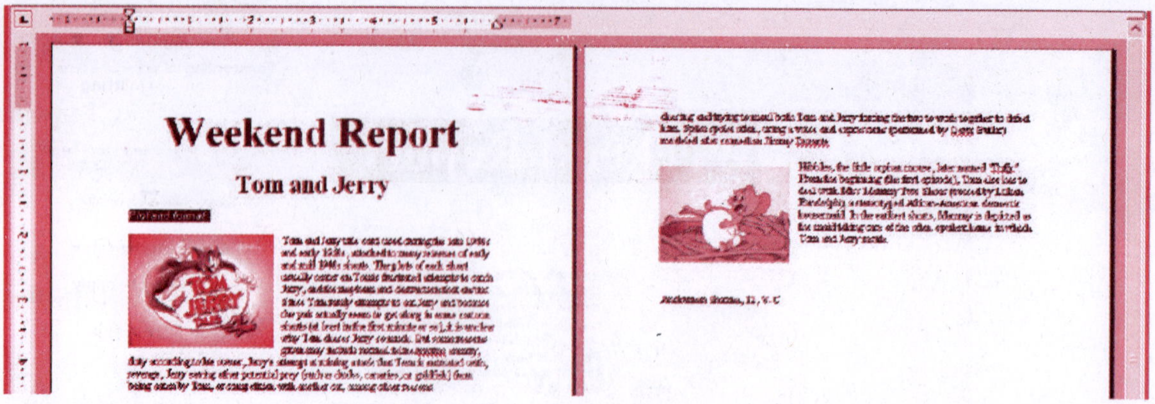

अब सबहेड निम्न प्रकार आ जाएगा।

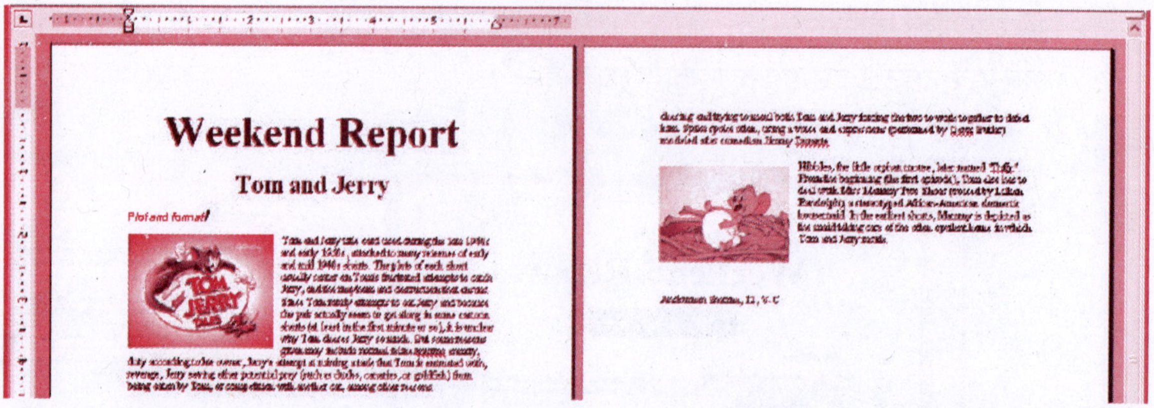

13. सब हेडिंग के लिए स्टेप 4-9 दोहराकर **Subheading** नाम से स्टाइल बनाइए।

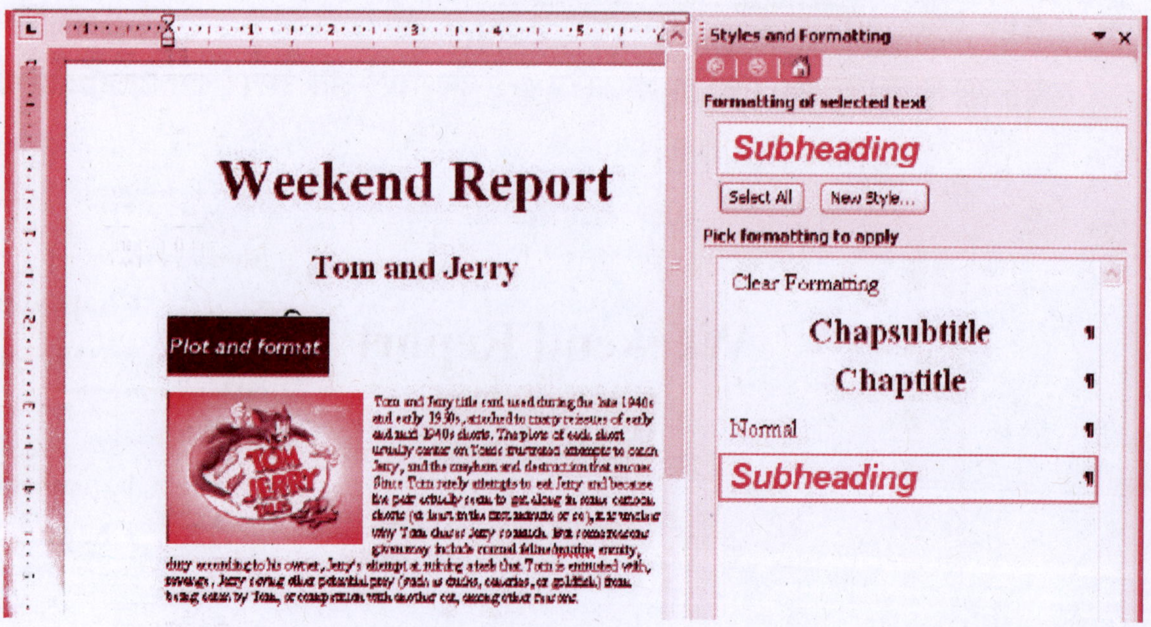

14. पैराग्राफ के लिए स्टेप 4-9 दोहराकर **Bodytext** नाम से स्टाइल बनाइए। टेक्स्ट का पहला पैराग्राफ चुनिए और उसे **टाइम्स न्यू रोमन, 14 पॉइंट, 1.5 लाइन स्पेसिंग** और **जस्टीफाइड** के साथ बदलिए।

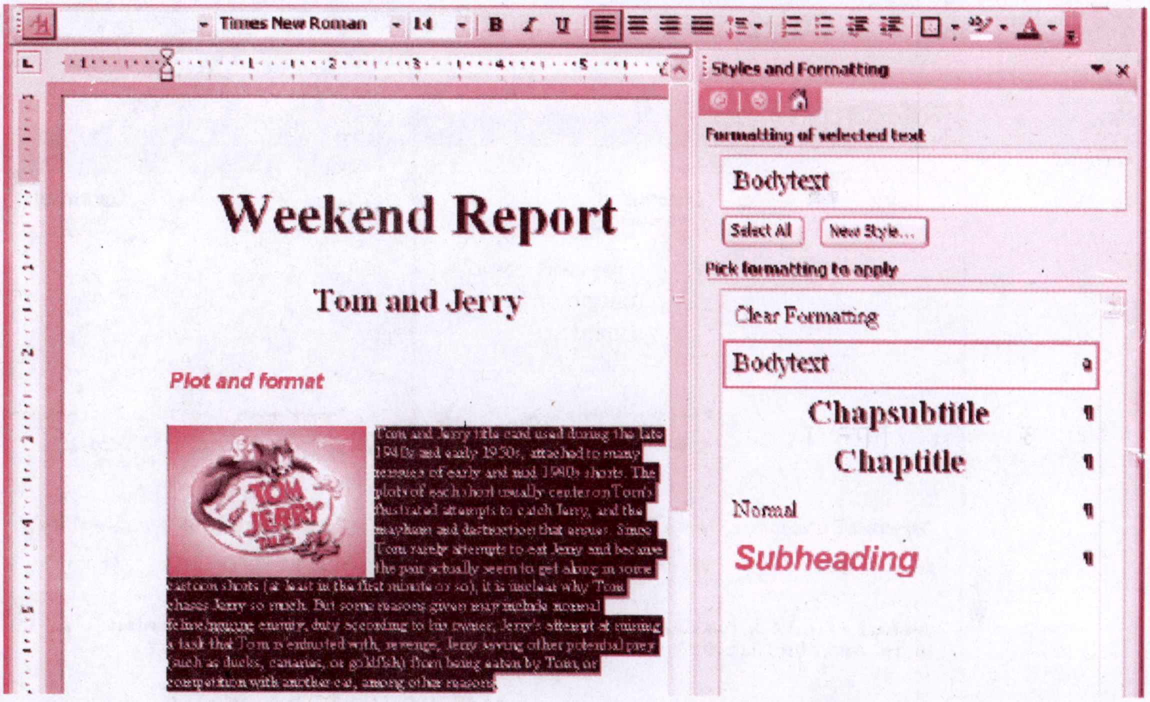

15. अब हम **Subheading** और **Bodytext** के लिए की-बोर्ड शॉर्टकट निर्धारित कीजिए। **Modify Style** डायलॉग बॉक्स में **Format** ड्रॉपडाउन बटन से **Shortcut key** विकल्प चुनिए।

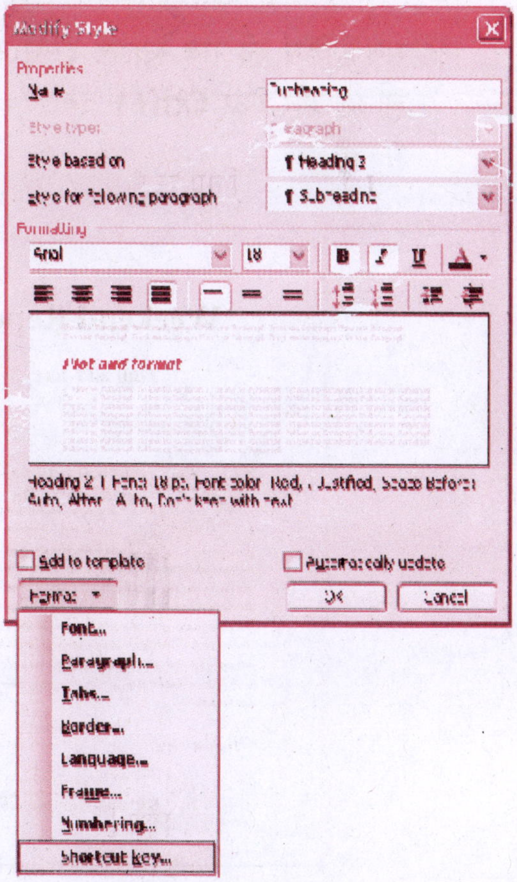

16. **Customize Keyboard** डायलॉग बॉक्स आ जाता है। शॉर्टकट की टेक्स्ट बॉक्स में क्लिक कीजिए और वह की कॉम्बीनेशन दबाइए, जो सब हेडिंग के लिए रखना चाहते हैं, जैसे—**Ctrl+1**, अब **Assign button** पर क्लिक और फिर **Close button** पर क्लिक कीजिए। यही स्टेप दोहराकर बॉडी टेक्स्ट के लिए शॉर्टकट की **Ctrl+2** के रूप में निर्धारित कीजिए।

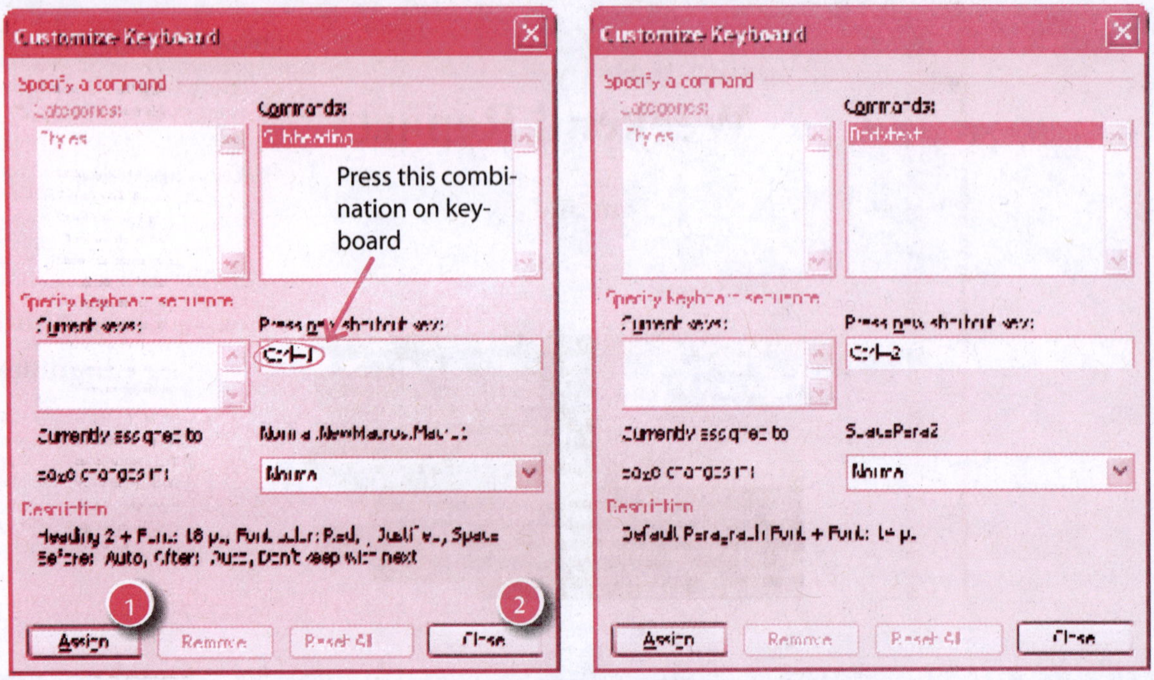

17. सब हेडिंग की सब स्टाइल दूसरी सब हेडिंग पर एप्लाई करने के लिए माउस से क्लिक और ड्रैग करके चुनिए और फिर **Ctrl+1** दबाइए। इस तरह वही स्टाइल एक-एक करके सभी सब हेडिंग पर लगाई जा सकती है।

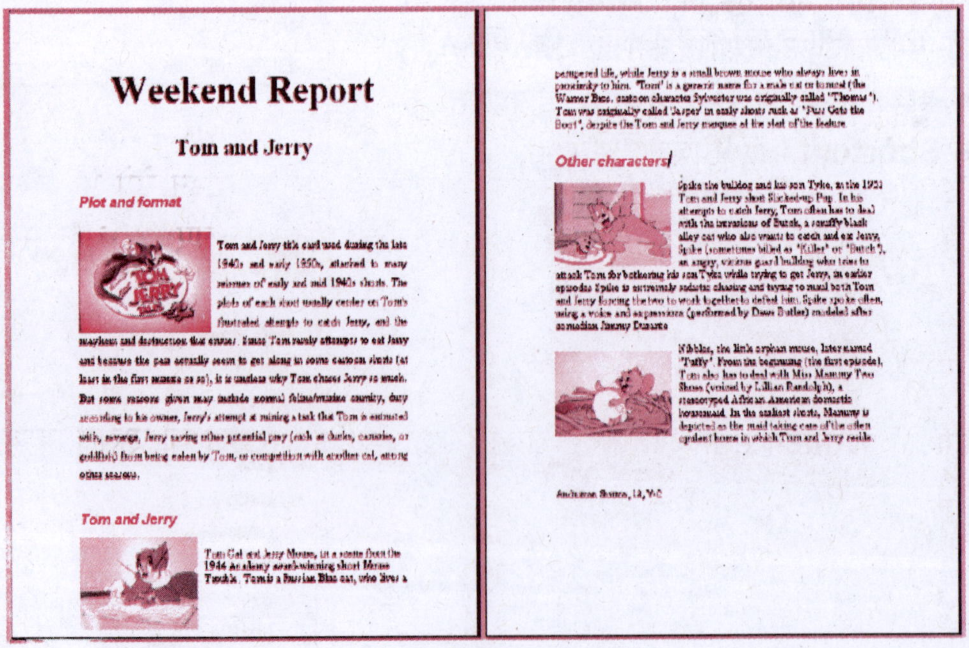

18. **बॉडी टेक्स्ट** स्टाइल को दूसरे पैराग्राफ में एप्लाई करने के लिए टारगेट पैराग्राफ में क्लिक कीजिए और फिर **Ctrl+2** दबाइए। यही स्टाइल सभी सब हेडिंग में बारी-बारी से लगानी होती है।

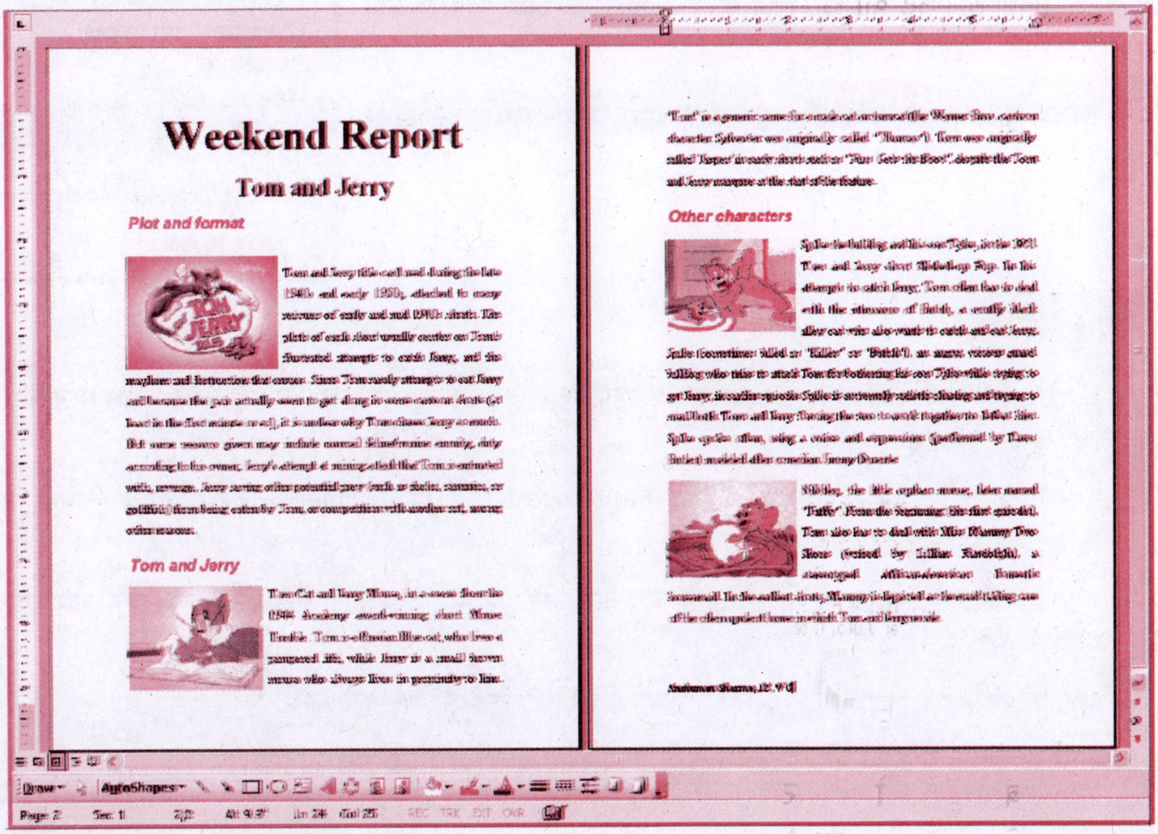

अब हमारा डॉक्यूमेंट तैयार है। लेकिन रुकिए, जब मैंने इसे अपने सहलेखक को दिखाया तो उन्होंने सब हेडिंग की स्टाइल को पसंद नहीं किया, जो इटैलिक के साथ बोल्ड है।

उन्होंने सुझाव दिया कि क्यों न इसे केवल बोल्ड रखा जाए।

ठीक है, कोई बात नहीं!

टास्क पैन में **Style and Formatting** पर जाइए। सब हेडिंग के ड्रापडाउन ऐरो पर क्लिक कीजिए और Modify पर क्लिक कीजिए। इटैलिक को हटाने के लिए और बोल्ड छोड़ने के लिए *I* बटन पर क्लिक कीजिए। **OK** बटन पर क्लिक कीजिए।

ये लीजिए, हो गया।

इससे सब हेडिंग की फॉरमेटिंग सभी जगह बदल जाएगी, जहाँ-जहाँ इस स्टाइल को एप्लाई किया गया है।

वर्ड काउंट

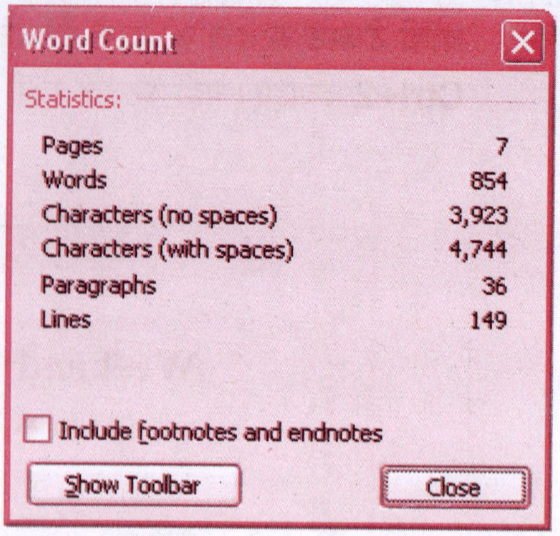

अपने डॉक्यूमेंट में शब्दों की संख्या गिनने के लिए **Tools>Word Count** चुनिए। Word Count डायलॉग बॉक्स एक वर्ड काउंट के साथ आ जाता है जिसमें पृष्ठों की संख्या, अक्षर, पैराग्राफ और लाइनों की संख्या भी दिखाई जाती है।

हमारे पास 354 शब्द हैं, जो 300-400 शब्द-सीमा के अंदर आते हैं।

याद करें

1. **Format** मेन्यू से **Change Case** का विकल्प टेक्स्ट को टाइटल, सेनटेंस, लोअर, अपर और टोगल केस में बदलने के लिए प्रयोग करते हैं।
2. वर्ड में एक स्टाइल परिभाषित करती है कि डॉक्यूमेंट में टेक्स्ट का एक पैराग्राफ किस तरह दिखाया जाएगा, स्टाइल डॉक्यूमेंट के रूप को समान रखने में सहायक है।
3. स्टाइल समय और झुँझलाहट को बचाता है, जब आप इसे डॉक्यूमेंट में बदलना चाहते हैं। जैसे—एक बार बदलाव करके वह पूरे डॉक्यूमेंट में उसे अपडेट कर देता है।
4. आप की-बोर्ड शॉर्टकट को एप्लाई करके कार्रवाई की गति तेज कर सकते हैं।
5. अपने डॉक्यूमेंट में शब्दों की संख्या गिनने के लिए **Tools>Word Count** चुनिए।

अभ्यास

(अ) प्रैक्टिकल

दूसरे ग्रहों पर जीवन विषय पर 500-600 शब्दों की साप्ताहिक रिपोर्ट बनाइए। रिपोर्ट को फॉरमेट करने के लिए स्टाइल फीचर का प्रयोग कीजिए। आप टेक्स्ट इंटरनेट से ले सकते हैं।

(ब) Change Case डायलॉग बॉक्स के निम्न विकल्प को समझाइए। प्रत्येक केस एप्लाई करके रिजल्ट दिखाकर उदाहरण दीजिए।

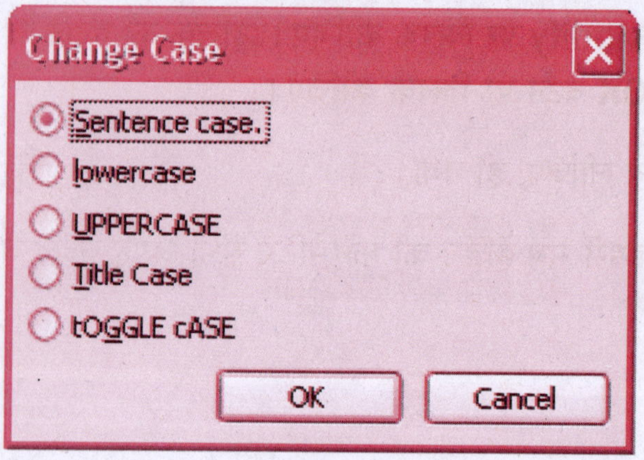

(स) स्टाइल के लिए शॉर्टकट की एप्लाई करने की स्टेप लिखिए।

(द) वर्ड काउंट फीचर पर संक्षिप्त टिप्पणी लिखिए। वर्ड काउंट डायलॉग बॉक्स से आप क्या-क्या जानकारियाँ पाते हैं?

शिक्षकों से

1. छात्रों को वर्ड काउंट फीचर और उसके लाभ प्रयोग एवं उदाहरण के साथ समझाएँ, जिसमें अखबार और मैगजीन के आर्टिकल से शब्दों की सीमा निर्धारित की जा सकती है।

बहुविकल्पीय प्रश्न

निम्न चार विकल्पों में से सही विकल्प पर (✔) निशान लगाएँ।

1. अपने डॉक्यूमेंट में शब्दों की संख्या गिनने के लिए इसे प्रयोग करते हैं।
   - अ. वर्ड काउंट
   - ब. स्पेलिंग और ग्रामर
   - स. थीसॉरस
   - द. इनमें से कोई नहीं
2. Change Case विकल्प यहाँ से प्रयोग किया जा सकता है।
   - अ. फाइल मेन्यू
   - ब. फॉरमेट मेन्यू
   - स. टूल मेन्यू
   - द. इंसर्ट मेन्यू
3. Change Case विकल्प टेक्स्ट को इसमें बदलने के लिए प्रयोग करते हैं।
   - अ. टाइटल केस
   - ब. सेनटेंस केस
   - स. लोअर, अपर और टोगल केस
   - द. उपर्युक्त सभी
4. वर्ड परिभाषित करता है कि डॉक्यूमेंट में टेक्स्ट का कोई विशेष पैराग्राफ किस तरह दिखेगा। इसके लिए प्रयोग करते हैं।
   - अ. फॉण्ट
   - ब. स्टाइल्स
   - स. थीम्स
   - द. पैराग्राफ
5. वर्ड काउंट फीचर गिनता है—
   - अ. पेज और वर्ड
   - ब. कैरेक्टर के साथ और बिना स्पेस के
   - स. पैराग्राफ और लाइन
   - द. उपर्युक्त सभी

3 मेल मर्ज

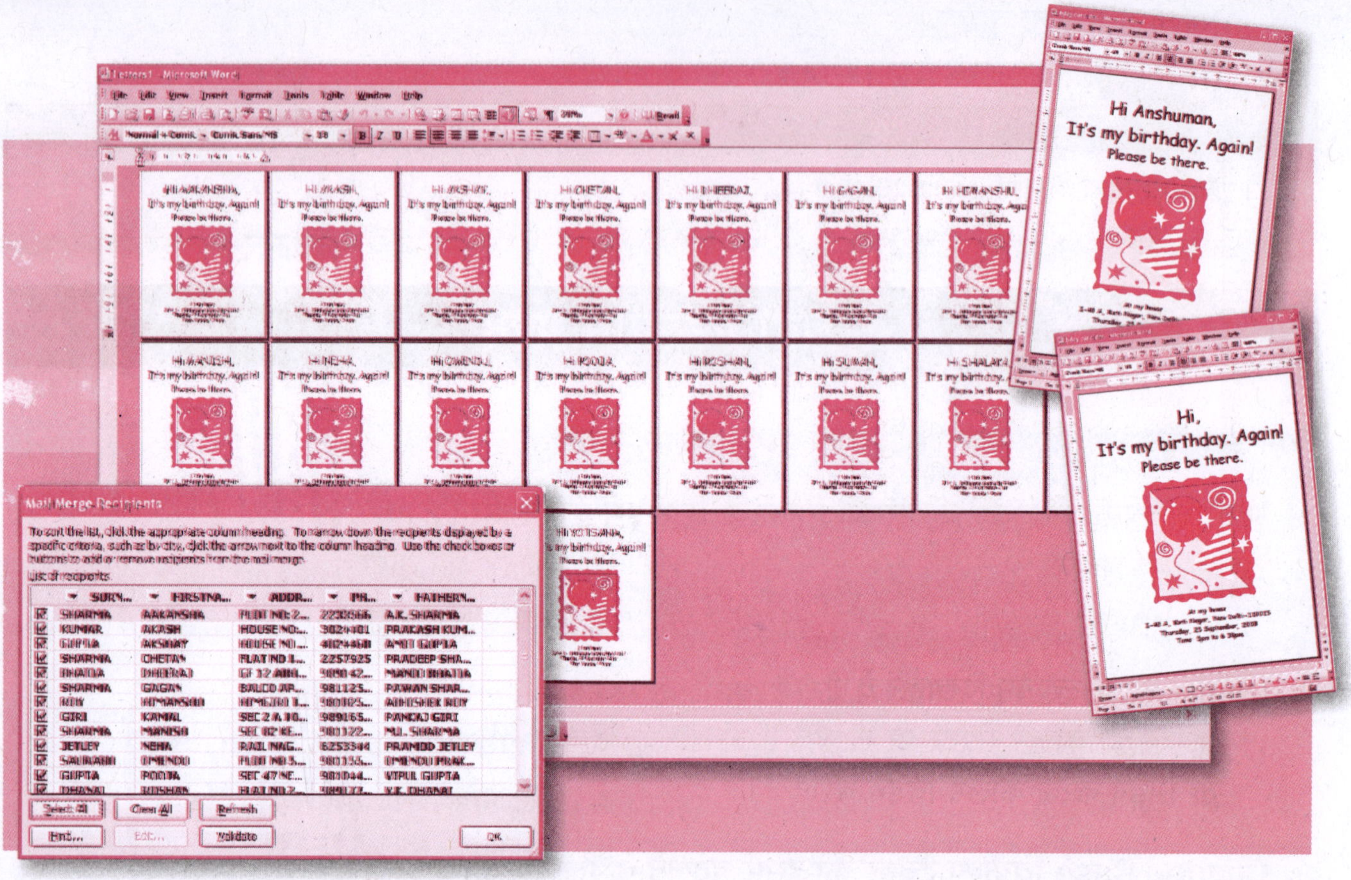

एक दृश्य सोचिए। आपका जन्मदिन अगले सप्ताह आने वाला है और आपको 15–20 मित्रों एवं भाई-बहनों को आमंत्रित करना है। आप क्या करेंगे? या तो आप नाम और पते स्वयं लिखेंगे अथवा कुछ क्लिक द्वारा यह काम कंप्यूटर और प्रिंटर से पूरा कर लेंगे। बाद वाली विधि अपनाने के लिए आपको निम्न दो चीजों की आवश्यकता होगी—

1. **मेन फाइल या डॉक्यूमेंट**—इसमें वह बर्थडे कार्ड होगा, जो आप सभी को भेजना चाहते हैं।
2. **डेटा सोर्स**—इसमें सभी के नाम और पतों की सूची होगी, जिन्हें लिफाफों पर लेबल के रूप में चिपकाने के लिए प्रिंट करना है।

आपने पिछली कक्षा में अपने मित्रों की सूची Friendslist.xls से नाम की फाइल में बनाकर सेव की थी, जिसमें मित्रों का नाम, पिता का नाम, एड्रेस, फोन नंबर था।

लेकिन यदि आप उस फाइल को अब खोल नहीं सकते तो उसे फिर से बनाने के लिए नीचे दी गई स्टेप्स का पुनरवलोकन कीजिए।

1. एक्सेल खोलिए और जैसा दिखाया गया है वैसे हेडिंग्स लिखिए (FIRSTANAME, SURNAME, FATHERNAME, ADDRESS, PHONE) कृपया सुनिश्चित करें First और Name, Father और Name आदि के बीच रिक्त स्थान न हो। ये **फील्ड नेम** या **फील्ड हेडिंग** कहलाते हैं। इसे स्प्रेडशीट की पहली रो में होना चाहिए।

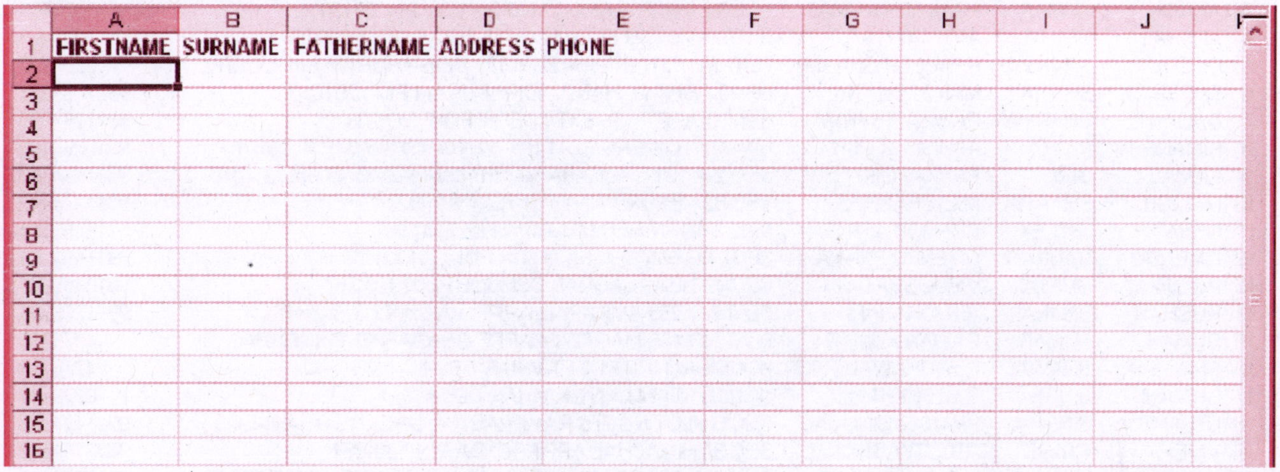

2. यदि पूरा फील्ड नेम दिखाई न दे तो कॉलम हेडिंग को ड्रैग करके कॉलम विड्थ बढ़ाइए। ऐसा करने के लिए पॉइंटर को कॉलम सेप्रेटर पर ले जाते हैं तो वह दो सिरवाले तीर में बदल जाता है और अब उसे दाहिनी तरफ ड्रैग करके कॉलम विड्थ बढ़ाते हैं।

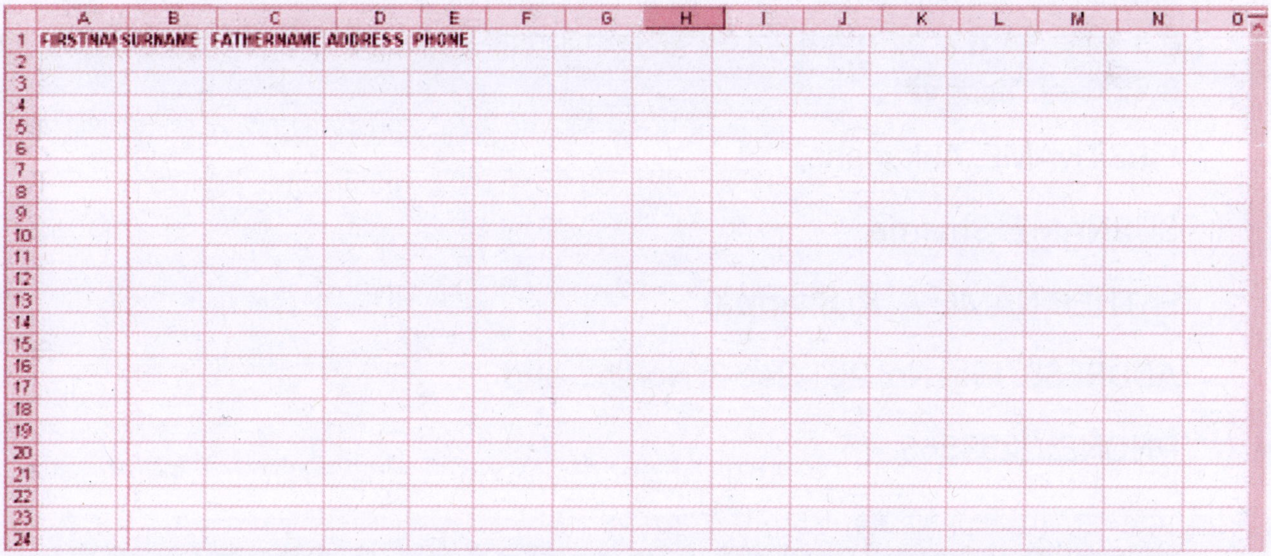

3. जैसा दिखाया गया है वैसे सभी मित्रों का नाम, पिता का नाम, एड्रेस और फोन नंबर टाइप कीजिए।

एक्सेल में डेटा की एक पूरी रो **Record** कहलाती है। एक रिकॉर्ड में किसी विशेष ऑब्जेक्ट के संबंध में सभी सूचनाएँ स्प्रेडशीट में एंटर की जाती हैं। रो के प्रत्येक फील्ड या सेल-सूचना का एक आइटम होता है।

	A	B	C	D	E
1	**FIRSTNAME**	**SURNAME**	**FATHERNAME**	**ADDRESS**	**PHONE**
2	AAKANSHA	SHARMA	A.K. SHARMA	PLOT NO: 201 SEC-2 NOIDA, U.P. PIN : 201301	2233566
3	AKASH	KUMAR	PRAKASH KUMAR	HOUSE NO: 333 SEC-22 NOIDA U.P. Pin: 201301	3024401
4	AKSHAY	GUPTA	AMIT GUPTA	HOUSE NO 339 SEC- 44 CHALLERA U.P. Pin 201301	4024460
5	CHETAN	SHARMA	PRADEEP SHARMA	FLAT NO 121 SHIPRA SUNCITY INDIRAPURAM Pin : 201010	2257925
6	DHEERAJ	BHATIA	MANOJ BHATIA	GF 12 ABHAY KHAND INDIRAPURAM PIN : 201010	9891425636
7	GAGAN	SHARMA	PAWAN SHARMA	BALCO APPT. I.P. EXTN DELHI FLAT NO 203	9811253698
8	HIMANSHU	ROY	ABHISHEK ROY	HIMGIRI TOWERS FLAT NO 778 KAUSHAMBI PIN: 201010	9810254369
9	KAMAL	GIRI	PANKAJ GIRI	SEC 2 A 101 SADHANA VAISHALI GHAZIABAD Pin: 201010	9891654789
10	MANISH	SHARMA	M.L. SHARMA	SEC 82 KENDRIYA VIHAR FLAT NO -323	9811225447
11	NEHA	JETLEY	PRAMOD JETLEY	RAIL NAGAR SEC 50 NOIDA FLAT NO 999	6253344
12	OMENDU	SAURABH	OMENDU PRAKASH	PLOT NO 555 SEC 62 NOIDA PIN : 201301	9811552336
13	POOJA	GUPTA	VIPUL GUPTA	SEC 47 NEAR JAGRAN SCHOOL PLOT NO 767	9810445665
14	ROSHAN	DHANAI	V.K. DHANAI	FLAT NO 233 AMRAPALI APPT. VAISHALI GHAZIABAD	9891778998
15	SUMAN	KUMAR	PAWAN KUMAR	FLAT NO 465 MAGALAM APPT GHAZIABAD PIN:201010	4775295
16	SHALAKA	BHAWAL	R.S. BHAWAL	HOUSE NO 878 PREET VIHAR DELHI	4775210
17	SHIVANI	SINGH	B.S. SINGH	HOUSE NO 344 VIVEK VIHAR DELHI	6225545
18	UTSAV	SINGHAL	PRANAV SINGHAL	SEC 6 PLOT NO 775 RAMPRASTHA GREENS GHAZIABAD	9891424353
19	VIVEK	TYAGI	ATUL TYAGI	SEC 37 HIMACHAL APPT. NOIDA PIN : 201301	9811151262
20	YAMINI	THAKUR	O.P. THAKUR	FLAT NO 889 PRASHANT VIHAR KAUSHAMBI GHAZIABAD	9810745547
21	YOTSANA	TRIPATHI	B.K. TRIPATHI	HOUSE NO 321 SEC 27 NEAR KAILASH HOSPITAL NOIDA	9891523653
22					

आप 20 रिकॉर्ड देख सकते हैं। पहली रो में फील्ड नेम होते हैं और उसके बाद वाली रो में उस फील्ड से संबंधित वैल्यू रखी जाती है।

रो 1 फील्ड नेम रो है, जो सभी फील्ड नेम का विवरण रखती है। इसे हेडिंग रो भी कहते हैं। आइए, दूसरी रो का पहला रिकॉर्ड पढ़ें।

FIRSTNAME: Aakansha,

SURNAME: Sharma,

FATHER NAME: A. K. Sharma,

ADDRESS: Plot No: 201 Sec-2, Noida... and

PHONE: 2233566.

इसी तरह यदि हम ग्यारहवाँ रिकॉर्ड पढ़ेंगे तो वह बारहवीं रो में होगा, जो ओमेंदु सौरभ के बारे में है।

4. फाइल को उपयुक्त नाम जैसे—**Friendslist.xls** देकर **My Documents** में सेव कीजिए।

डेटा सोर्स बनाने के लाभ और आवश्यकता

1. डेटा का पुन: प्रयोग। एक बार बनाने के बाद आप इसे अनेक बार प्रयोग कर सकते हैं।
2. स्पेलिंग की गलती से बचाव। बिल्ट इन स्पेल चेक फीचर से आप स्पेलिंग की गलतियों को बचा सकते हैं।
3. साफ-सुथरी प्रस्तुति। लिखते समय कटिंग करने या मिटाने की आवश्यकता नहीं होती।
4. आप किसी भी मित्र को बुलाना नहीं भूलेंगे और आपकी मित्रता को खतरा नहीं होगा।
5. बार-बार बनाना शीघ्रता से किया जा सकता है।

नोट

एक्सेल में डेटा टाइप करने में कुछ समय लगता है। ठहरिए चिंता न कीजिए। आप कुछ भाग एक बार टाइप कर सकते हैं और फिर उसे सेव करके फाइल को दुबारा खोलकर बाकी भाग टाइप कर सकते हैं।

मेन डॉक्यूमेंट आरंभ करना

एक्सेल में अपने मित्रों की सूची बनाने के बाद अब हमें वर्ड में मेन डॉक्यूमेंट के रूप में बर्थ डे का निमंत्रण-पत्र बनाना चाहिए और उसे ऊपर वाली फ्रैंड लिस्ट में जोड़कर एक साथ 20 इन्वीटेशन कार्ड बनाने चाहिए।

1. वर्ड में एक नया ब्लैंक डॉक्यूमेंट खोलिए और जैसे दिखाया गया है वैसे कार्ड बनाइए। हमने गुब्बारे का चित्र **Clip Art Organizer** से लिया है। निमंत्रण के लिए टेक्स्ट टाइप कीजिए और अपना पता, डेट व टाइम टाइप कीजिए, जैसा कि दिखाया गया है।

2. **Tool>Lettersand Mailings>Mail Merge** चुनकर **मेल मर्ज** विजर्ड टास्क पैन में डिसप्ले कीजिए।

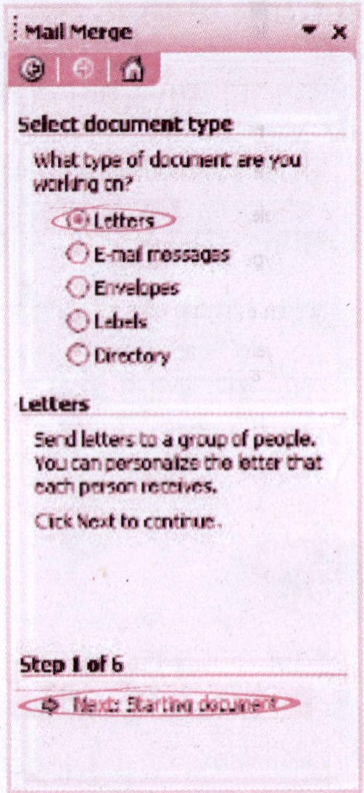

3. विजर्ड की पहली स्टेप में **(डॉक्यूमेंट टाइप चुनिए), Letters** बटन को मार्क कीजिए और यह संकेत कीजिए कि एक लेटर बनाना चाहते हैं।

नोट

लेटर विकल्प थोड़ा भ्रम उत्पन्न करता है। इसका अर्थ यह नहीं है कि केवल पत्र ही भेजे जा सकते हैं। आप कोई भी डॉक्यूमेंट अनेक लोगों को भेज सकते हैं। जैसे कि इस अध्याय में हम बर्थडे कार्ड भेज रहे हैं।

4. टास्क पैन के नीचे **Next:Starting Document** पर क्लिक कीजिए।

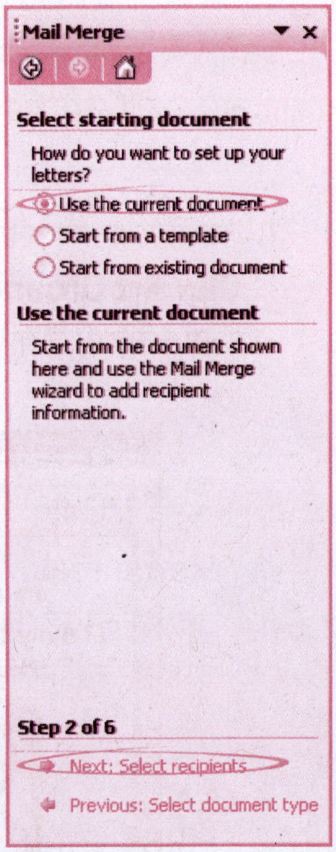

5. विजर्ड के दूसरे स्टेप में **(डॉक्यूमेंट का आरंभ सिलेक्ट कीजिए) Use the current document** बटन मार्क कीजिए।

6. टास्क पैन के नीचे **Next:select recipients** पर क्लिक कीजिए।

7. विजर्ड की तीसरी स्टेप में **(Select Recipient)** हम एक्सेल में बनाई गई लिस्ट का प्रयोग करेंगे। **'Use an existing list'** मार्क कीजिए।

   सिलेक्ट डेटा सोर्स डायलॉग बॉक्स दिखाने के लिए Browse Link पर क्लिक कीजिए। माई डॉक्यूमेंट्स से **'Friendslist.xls'** चुनिए। सिलेक्ट ऑल बटन पर क्लिक कीजिए और फिर **OK** बटन पर क्लिक कीजिए।

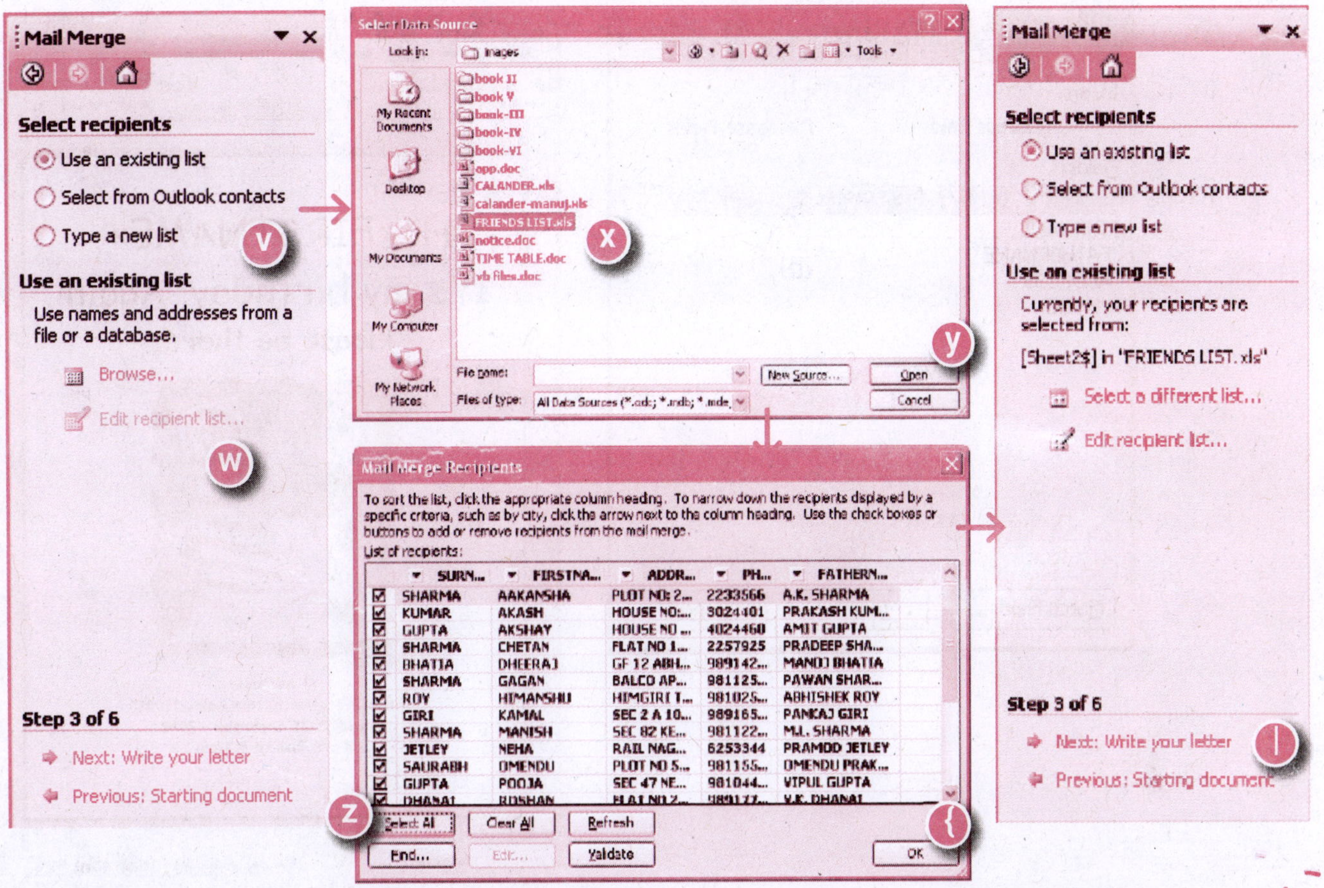

8. डेटा सोर्स का नाम टास्क पैन में आ जाता है। यदि आप चाहें तो डेटा सोर्स को एडिट भी कर सकते हैं। **Next** पर क्लिक कीजिए।

9. विजर्ड की स्टैप 4 में **More Items** पर क्लिक कीजिए और **Insert Merge Field** सिलेक्ट कीजिए। इसके बाद इन्फॉरमेशन स्वत: आने के लिए फील्ड प्लेस होल्डर बन जाएगी। यह <<>> चिह्न से दिखाया जाता है, जैसा कि स्क्रीनशॉट में दिखाया गया है।

10. FIRSTNAME सिलेक्ट कीजिए और इंसर्ट पर क्लिक कीजिए। << FIRSTNAME>> फील्ड प्लेस होल्डर आपके इनविटेशन कार्ड इंसर्ट हो जाएगा, जैसा कि दिखाया गया है।

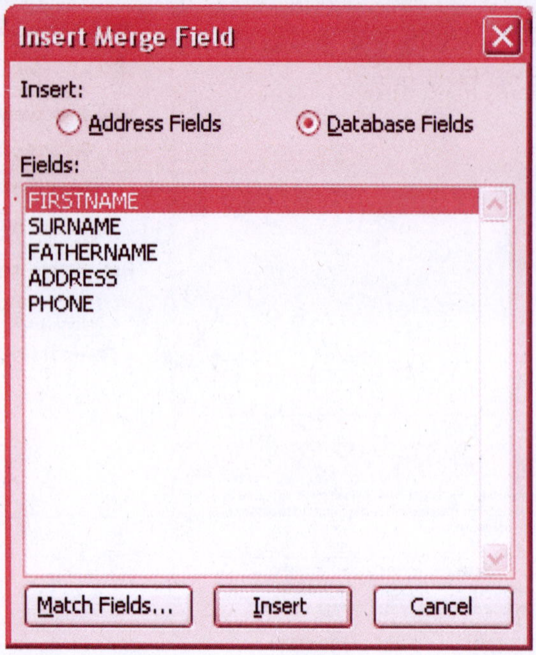

11. विजर्ड की स्टेप 5 में (इनविटेशन कार्ड का प्रिव्यू देखें और यह जानें कि सबकुछ ठीक है) **complete the merge option** पर क्लिक कीजिए। सभी रिकॉर्ड मर्ज करने के लिए All पर क्लिक कीजिए।

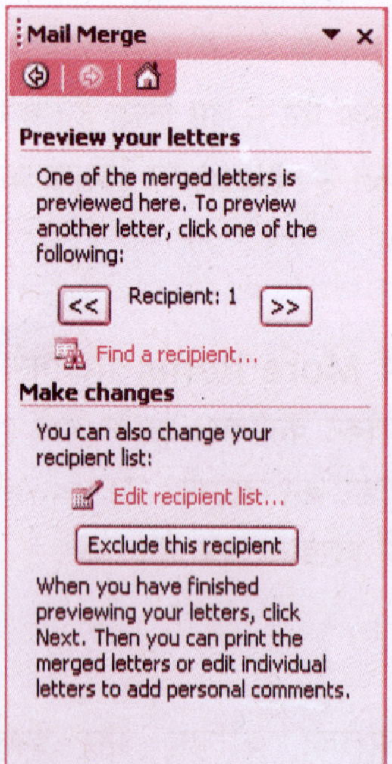

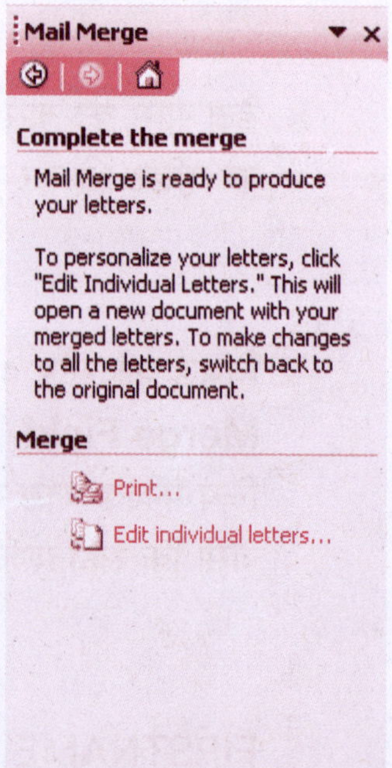

12. विजर्ड की स्टेप 6 में आप सभी लेटर्स प्रिंटर से प्रिंट कर सकते हैं या किसी भी लेटर को एडिट कर सकते हैं।

13. लेटर को एडिट करने पर 20 बर्थडे इनविटेशन विभिन्न नामों से एक नए डॉक्यूमेंट में खुलेंगे और साथ ही सभी

मित्रों का पता उनमें से एक-एक पर जुड़ जाएगा। आप इन्हें प्रिंटर से प्रिंट कर सकते हैं या बाद में प्रयोग के लिए फाइल के रूप में सेव कर सकते हैं।

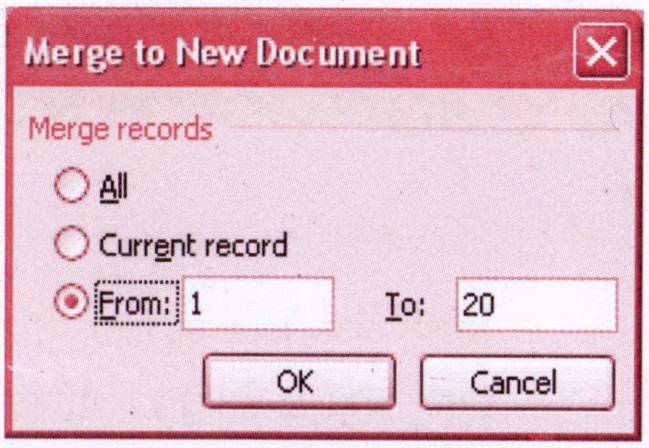

याद करें

1. यदि आप एक ही विषय-वस्तु अनेक लोगों को भेजना चाहते हैं, लेकिन उनके नाम, पते आदि भिन्न हैं तो मेल मर्ज बहुत ही लाभदायक फीचर सिद्ध होगा। यह विषय-वस्तु को व्यक्तिगत अहसास देता है।
2. आप पर्सनलाइज्ड कार्ड, लेटर, लिफाफे और लेबल आदि मेल मर्ज के प्रयोग से प्रिंट कर सकते हैं।
3. मेल मर्ज शुरू करने से पहले आपको डेटा सोर्स नाम, एड्रेस आदि के साथ तैयार रखना चाहिए।
4. मेल मर्ज का प्रयोग करके बिना किसी त्रुटि के तेज, साफ-सुथरा और स्मार्ट परिणाम प्राप्त किया जा सकता है।
5. मेल मर्ज विजर्ड में 6 स्टेप होते हैं।

   अ. लेटर्स विकल्प चुनते हैं।

   ब. मेन डॉक्यूमेंट चुनते हैं।

   स. मेन डॉक्यूमेंट डिजाइन करते हैं।

   द. नाम और एड्रेस का डेटा सोर्स चुनते हैं।

   च. मेन डॉक्यूमेंट में फील्ड प्लेस होल्डर इंसर्ट करते हैं।

   छ. पत्र को मर्ज, प्रिव्यू, प्रिंट करते हैं।

अभ्यास

(अ) प्रैक्टिकल

पेंटिंग कंपटीशन के लिए नोटिस बनाइए। भाग लेनेवाले 20 लोगों को पेंटिंग के लिए सामान साथ लाने के लिए अनुरोध लिखकर भेजिए। उन्हें कंपटीशन का समय और स्थान भी बताइए। यह काम करने के लिए मेल मर्ज फीचर का प्रयोग कीजिए।

संकेत : आपको प्रतियोगिता में भाग लेनेवाले लोगों के 20 नामवाला डेटा सोर्स आ जाएगा। नोटिस बनाइए और फिर उसे 20 मेल नामों के साथ मर्ज कीजिए।

(ब) निम्न प्रश्नों के उत्तर दीजिए।

1. मेल मर्ज और डेटा सोर्स पर संक्षिप्त टिप्पणी लिखिए।
2. मेल मर्ज के क्या लाभ हैं ?
3. एड्रेस डेटा टाइप करना लिफाफे पर हाथ से लिखने से बेहतर है, इस बात को स्पष्ट कीजिए।
4. मेल मर्ज के कम-से-कम तीन एप्लीकेशन बताइए, जिन्हें आप प्रयोग करना चाहते हैं।
5. मेल मर्ज के मुख्य स्टेप लिखिए।

(स) सही के लिए (स) और गलत के लिए (ग) लिखिए—

1. मेल मर्ज में डिजिटल डेटा का पुनः प्रयोग संभव नहीं है। ☐
2. जब एक्सेल में एड्रेस डेटा टाइप करते हैं तो Spell check का प्रयोग करके उसकी स्पेलिंग की गलतियाँ बचाई जा सकती हैं। ☐
3. मेल मर्ज से बनाए गए लेटर देखने में साफ-सुथरे होते हैं। ☐
4. मेल मर्ज से लेटर को जल्दी बनाया जा सकता है और बार-बार तैयार किया जा सकता है। ☐

बहुविकल्पीय प्रश्न

निम्न चार विकल्पों में से सही विकल्प पर (✔) निशान लगाएँ।

1. मेल मर्ज प्रयोग करके आप बना सकते हैं—

अ. पर्सनलाइज लेटर

ब. पर्सनलाइज ग्रीटिंग

स. लिफाफे और लेबल पर नाम और एड्रेस प्रिंट करना

द. ये सभी

2. .... में वह वास्तविक डॉक्यूमेंट होता है, जिसे आप मेल मर्ज से सभी को भेजना चाहते हैं।

अ. डेटा सोर्स

ब. मेन डॉक्यूमेंट

स. न्यू डॉक्यूमेंट

द. इनमें से कोई नहीं

3. .... में लिफाफे और लेबल पर प्रिंट होनेवाले नाम और एड्रेस की लिस्ट होती है।

अ. डेटा सोर्स

ब. मेन डॉक्यूमेंट

स. न्यू डॉक्यूमेंट

द. इनमें से कोई नहीं

4. फील्ड प्लेस होल्डर का संकेत यह होता है—

अ. >> <<

ब. << >>

स. { }

द. [ ]

5. मेल मर्ज का प्रयोग इसके लिए हो सकता है—

अ. बहुत सारे लोगों की लिस्ट व्यवस्थित करने के लिए

ब. एक ही व्यक्ति को अनेक डेटा भेजने के लिए

स. बहुत सारे लोगों को पर्सनलाइज विभिन्न डेटा भेजने के लिए

द. उपर्युक्त में से कोई नहीं

6. यदि आपके पास पर्सनलाइज इन्फॉरमेशन के साथ भेजने के लिए पत्रों की संख्या .... नहीं है तो आपको मेल मर्ज फीचर का प्रयोग नहीं करना चाहिए।

अ. 1

ब. 10

स. 100

द. 1000

4 लिफाफे और लेबल्स

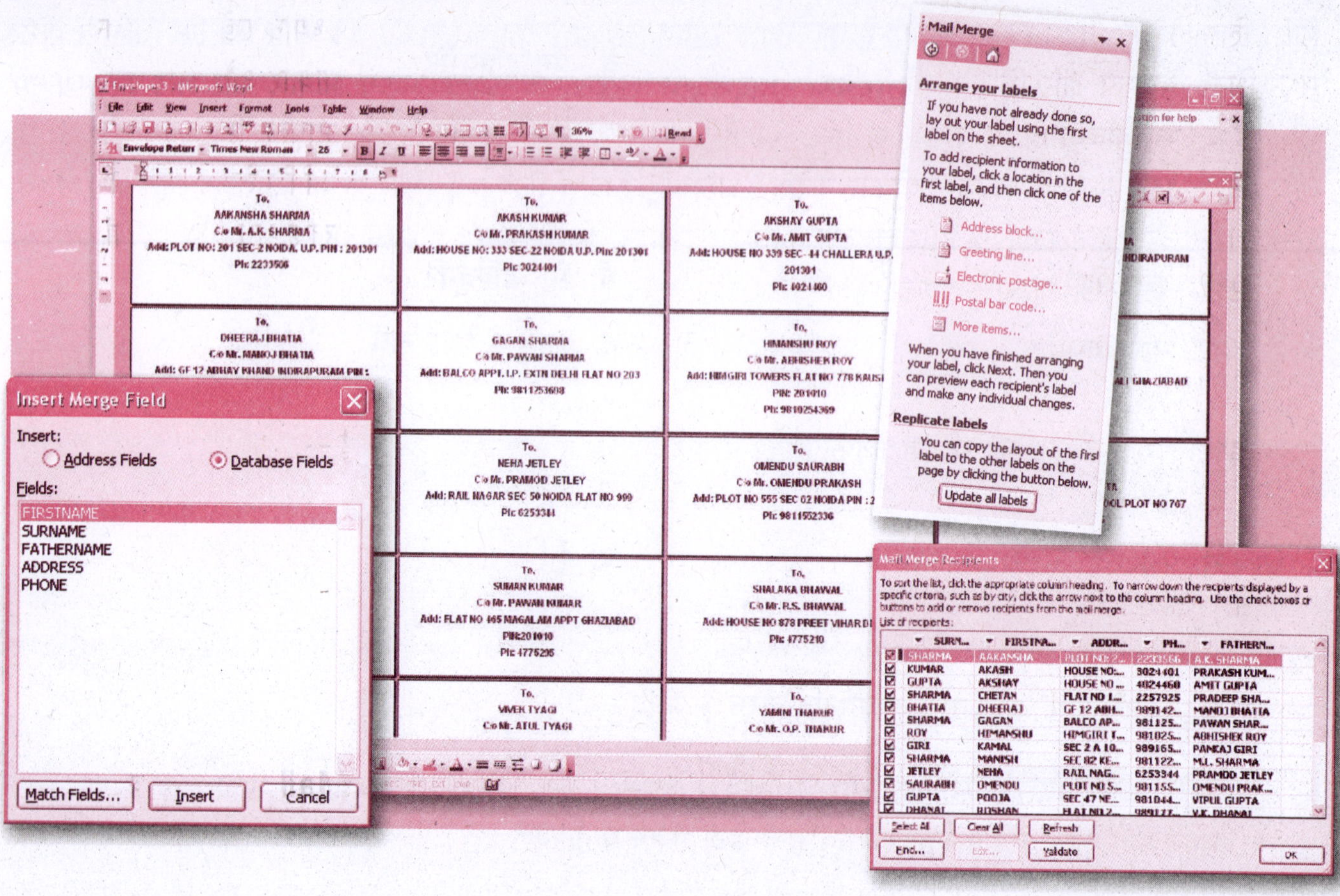

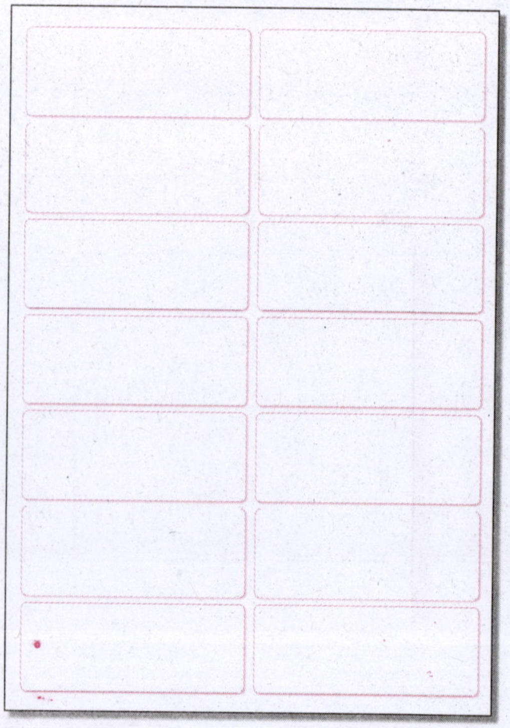

पिछले अध्याय में आपने अपने मित्रों और भाई-बहनों को भेजने के लिए बर्थडे निमंत्रण-पत्र बनाया था। अब कार्ड तैयार है और हमें उसे भेजना है। भेजने के लिए हमें उसे लिफाफे में रखना होगा और मित्रों व भाई-बहनों के नाम और पते लिखने होंगे। नाम और पते स्वत: रखने में माइक्रोसॉफ्ट वर्ड आपकी सहायता करता है। यह आसान, तेज और स्मार्ट है।

लिफाफे पर नाम और पता रखने की दो विधियाँ हैं। या तो आप सीधे लिफाफे पर उसे प्रिंट कर सकते हैं अथवा उसे स्टिकर लेबल पर प्रिंट करके लिफाफे पर चिपका सकते हैं। स्टिकर लेबल बाजार में उपलब्ध हैं। ये छोटे स्टिकर८४ साइज में आते हैं। प्रिंट करने के बाद आप इन्हें निकालकर लिफाफे पर चिपका सकते हैं। वैकल्पिक रूप

से आप साधारण पेपर का प्रयोग भी कर सकते हैं। प्रिंट करने के बाद आप इन्हें सही आकार में काटकर लिफाफे पर गोंद से चिपका सकते हैं। आप नाम व पते को लिफाफे और लेबल पर प्रिंट करके निमंत्रण-पत्र उसमें रखकर अपने सभी मित्रों को बर्थडे पार्टी में बुलाने के लिए भेज सकते हैं। यदि आपके पास लेबल नहीं है और आपका प्रिंटर लिफाफे का प्रिंट निकाल सकता है तो आप इस विकल्प का प्रयोग कर सकते हैं। ध्यान रखें कि विभिन्न प्रिंटर में विभिन्न विकल्प और प्रिंटिंग की विधियाँ होती हैं। ये लिफाफे के अलग-अलग आकार और भार को स्वीकार करते हैं। कृपया अध्यापक से पूछिए या प्रिंटर स्पेसीफिकेशन देखकर यह जानिए कि आपका प्रिंटर किस प्रकार के और कितने भार के लिफाफे को स्वीकार करेगा। आपको प्रिंटर में लिफाफा रखने के ओरिएंटेशन की जाँच करनी चाहिए। इस तरह कुछ लिफाफे और लेबल्स को बरबाद करने से बचा सकते हैं। हम सलाह देंगे कि वह सेटिंग और ओरिएंटेशन याद रखें, जिसमें आपका लेबल या लिफाफा प्रिंटर में सही लगता हो।

सीधे लिफाफे पर प्रिंट करना

इस अभ्यास में हम जो स्टैंडर्ड लिफाफे का प्रयोग कर रहे हैं वह निम्न प्रकार है—

1. खाली डॉक्यूमेंट को खोलिए और **Tools>Letters and Mailings>Mail Merge** को सिलेक्ट कीजिए।

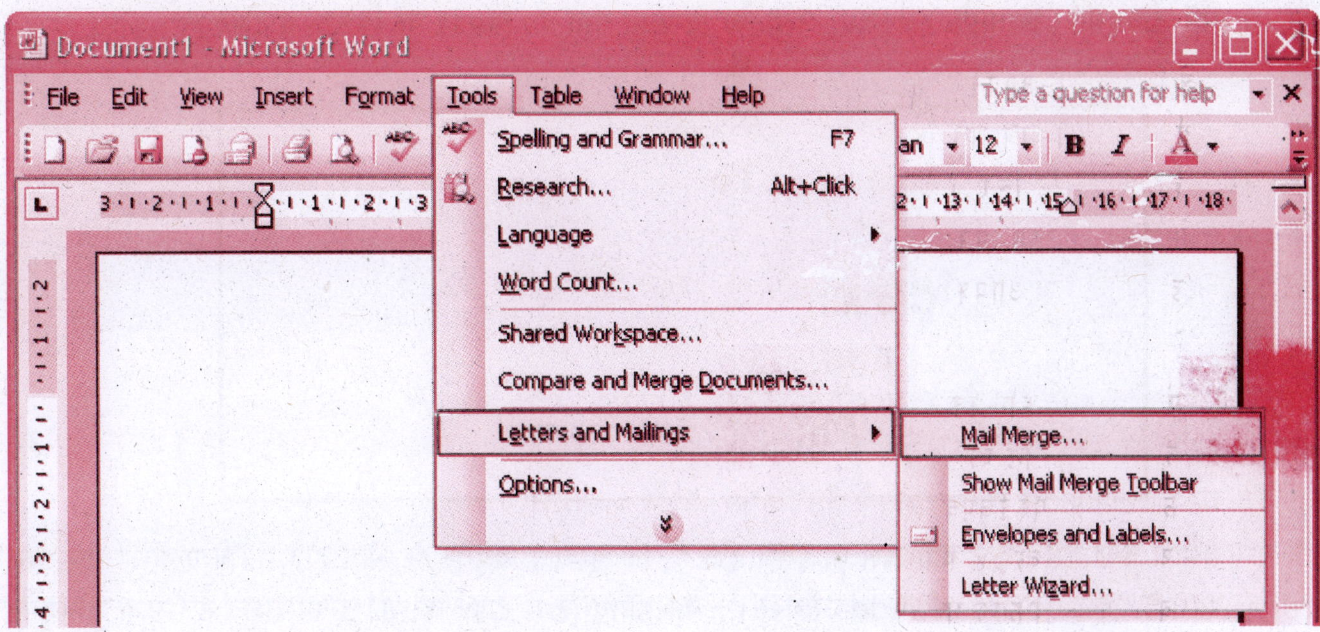

2. विजर्ड की स्टेप 1 में **Envelopes** विकल्प चुनिए। **Next** पर क्लिक कीजिए।

3. विजर्ड की स्टेप 2 में **Envelopes options** विकल्प पर क्लिक कीजिए और लिफाफे का साइज चुनिए।

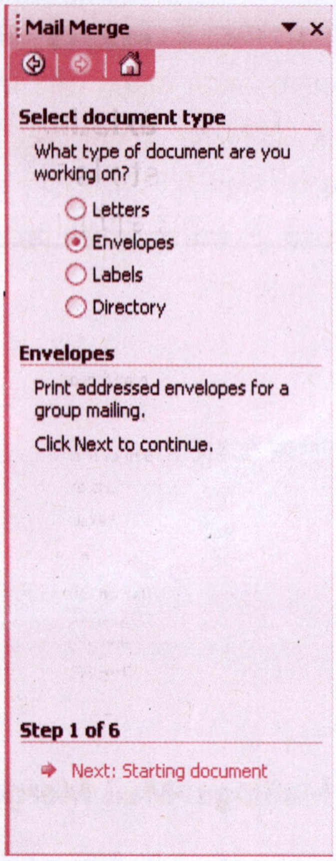

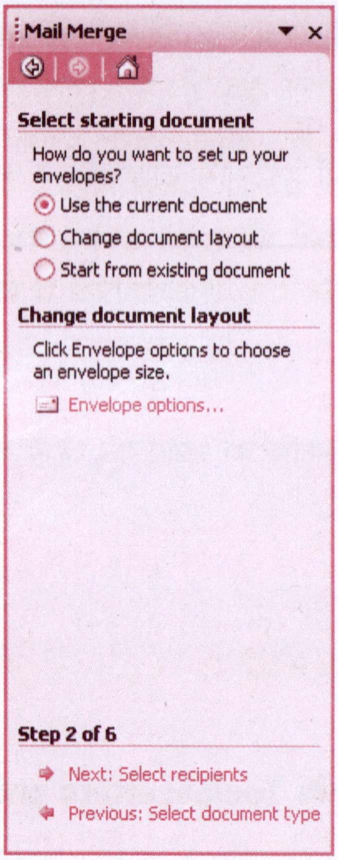

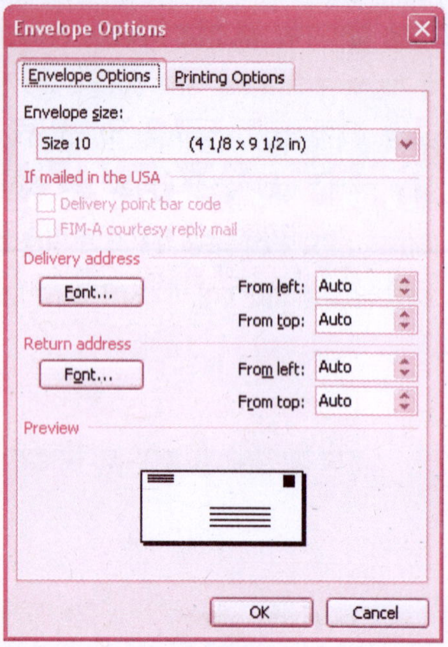

4. मेन डॉक्यूमेंट (**लिफाफे**) बनाइए, जैसा कि दिखाया गया है। **Next** पर क्लिक कीजिए।

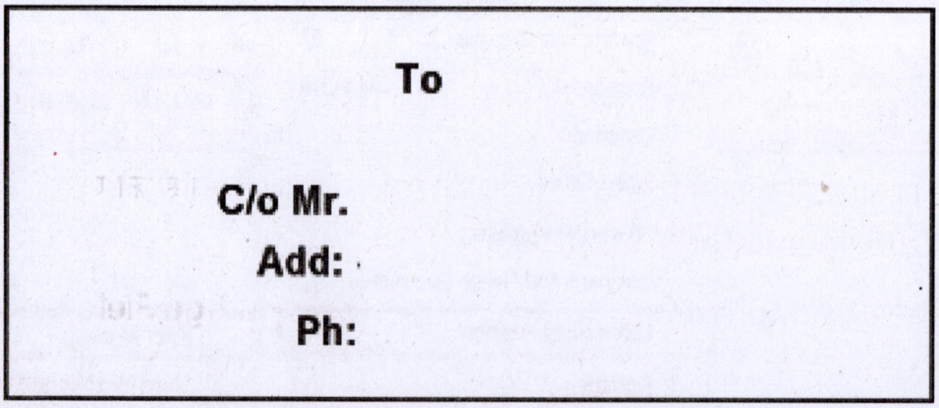

हमेशा कुछ ऐसे टेक्स्ट ग्राफिक्स या इमेज होते हैं, जो मुख्य डॉक्यूमेंट के भाग होते हैं। ये एलीमेंट एक जैसे रहते हैं, जैसे—Care of, Add और Ph : मेन डॉक्यूमेंट में टाइप की गई इन्फॉरमेशन उन सभी डॉक्यूमेंट में दोहराई जाती है, जो मेल मर्ज के परिणाम-स्वरूप बनते हैं।

चेतावनी

जब मेन डॉक्यूमेंट बनाते हैं तो बहुत ही सावधान रहें, जिससे प्लेस होल्डर्स गलती के साथ न इंसर्ट हो, वरना वह मेल मर्ज में सभी डॉक्यूमेंट में गलती कर देगा।

5. विजर्ड के स्टेप 3 में एक्सेल में पहले से बनाया डेटा सोर्स खोलें। **Use an existing list** पर क्लिक करें। माई डॉक्यूमेंट्स या जहाँ भी डेटा सोर्स फाइल सेव है वहाँ से friendslist.xls चुनें। मेल मर्ज प्राप्त करनेवालों की लिस्ट दिखाई जाएगी। इसमें सभी एंट्री एक्सेल में की गई दिखाई जाएँगी। अब **Select All** पर क्लिक कीजिए और फिर **OK** बटन पर क्लिक कीजिए।

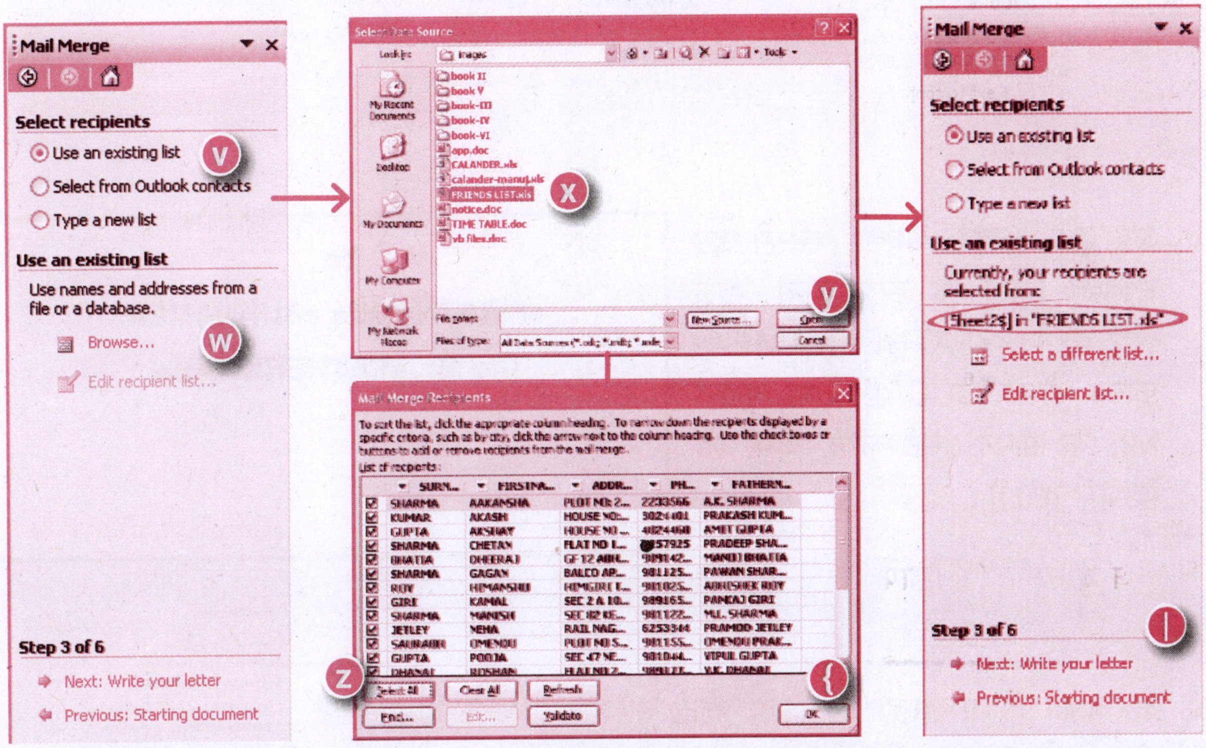

6. डेटा सोर्स का नाम टास्क पैन में दिखाया जाता है। यदि आप चाहें तो डेटा सोर्स को एडिट भी कर सकते हैं। **Next: Write your letter** पर क्लिक करें।

7. विजर्ड की स्टेप 4 में **More items** पर क्लिक कीजिए। **Insert Merge Field** डायलॉग बॉक्स खुल जाएगा।

8. FIRSTNAME सिलेक्ट कीजिए और Insert पर क्लिक कीजिए। <<FIRSTNAME>> फील्ड प्लेस होल्डर आपके **लिफाफे** में इंसर्ट हो जाएगा। इसी तरह <<SURNAME>> फील्ड प्लेसहोल्डर मेन डॉक्यूमेंट में To के बाद इंसर्ट कीजिए।

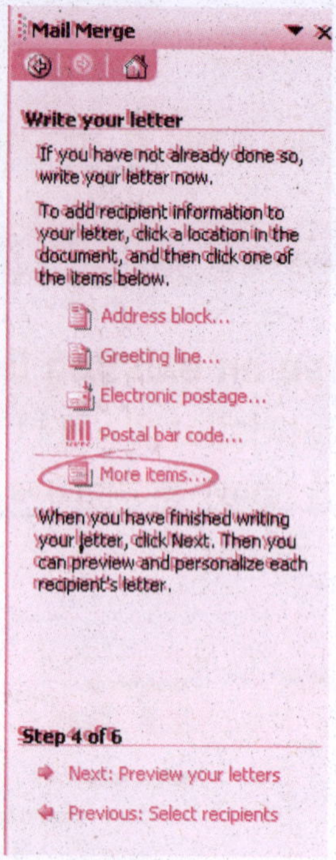

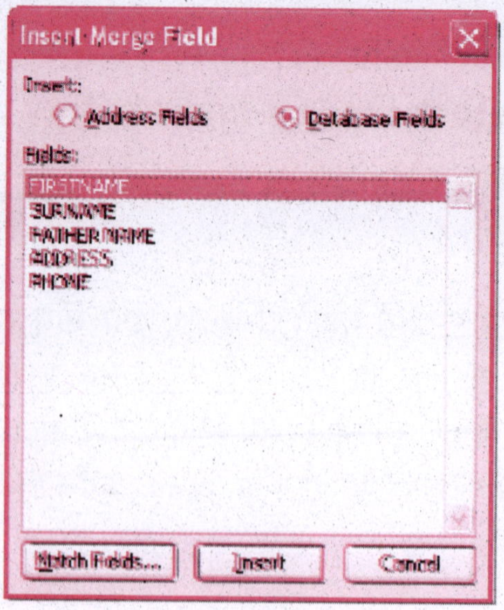

9. अब हम बाकी फील्ड प्लेसहोल्डर्स उपयुक्त टेक्स्ट के साथ उनसे पहले इंसर्ट करेंगे। <<FATHERNAME>> फील्ड प्लेसहोल्डर C/o (केयर ऑफ) Mr. के सामने इंसर्ट करेंगे, जैसा कि दिखाया गया है।

To
«FIRSTNAME» «SURNAME»
C/o Mr. «FATHERNAME»

10. अब बाकी फील्ड प्लेसहोल्डर्स (पता, फोन) उपयुक्त टेक्स्ट के सामने इंसर्ट करने के लिए ऊपरवाली स्टेप दोहराइए। जैसा कि दिखाया गया है।

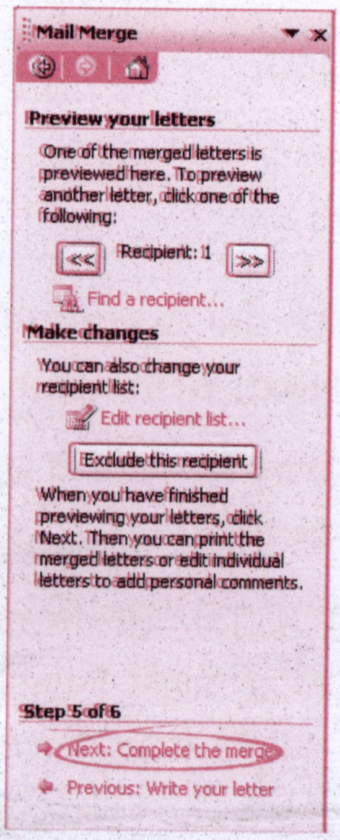

To,
«FIRSTNAME» «SURNAME»
C/o Mr. «FATHERNAME»
Add: «ADDRESS»
Ph: «PHONE»

11. विजर्ड के स्टेप 5 में अपने **लिफाफे** को प्रिव्यू कीजिए और देखिए, सबकुछ ठीक आ रहा है। **Complete the merge** विकल्प पर क्लिक कीजिए।

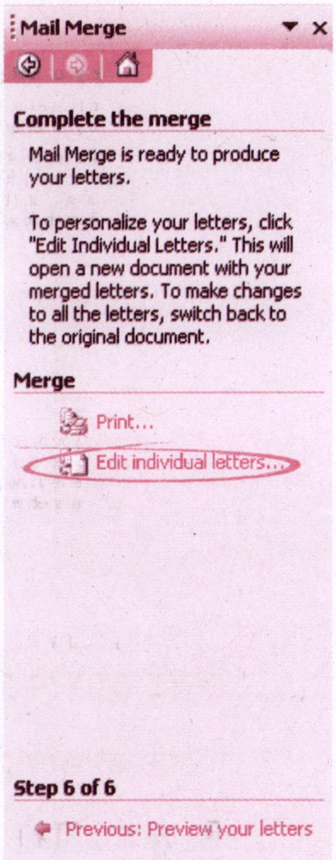

12. विजर्ड के स्टेप 6 में आप सभी पत्रों को प्रिंट कर सकते हैं या अलग-अलग एडिट कर सकते हैं।

13. लिफाफे को अलग-अलग एडिट करने के लिए एक नए डॉक्यूमेंट में 20 **लिफाफे** विभिन्न नाम व पतों के साथ खुलेंगे, जैसा कि दिखाया गया है।

आप या तो प्रिंटर से इसे प्रिंट कर सकते हैं या बाद में प्रयोग के लिए इसे सेव कर सकते हैं।

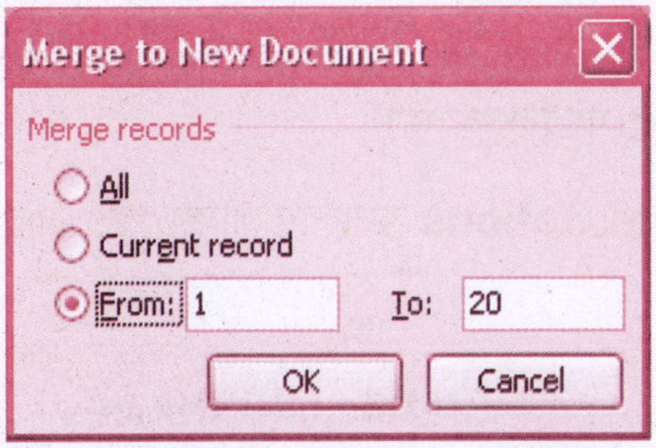

लेबल्स बनाना

1. वर्ड में एक नया ब्लैंक डॉक्यूमेंट खोलें और **Tools->Letters and Mailings->Mail Merge** सिलेक्ट करें।

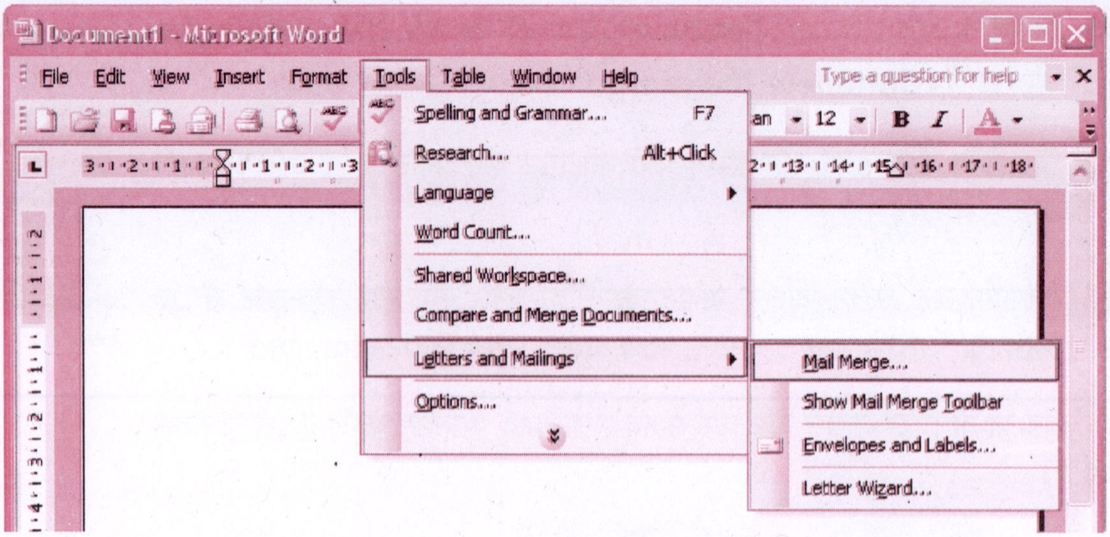

2. विजर्ड की स्टेप 1 में **Labels** विकल्प चुनें। **Next** पर क्लिक करें।

3. विजर्ड की स्टेप 2 में Labels विकल्प चुनें। **Label Options** डायलॉग बॉक्स खुल जाता है।

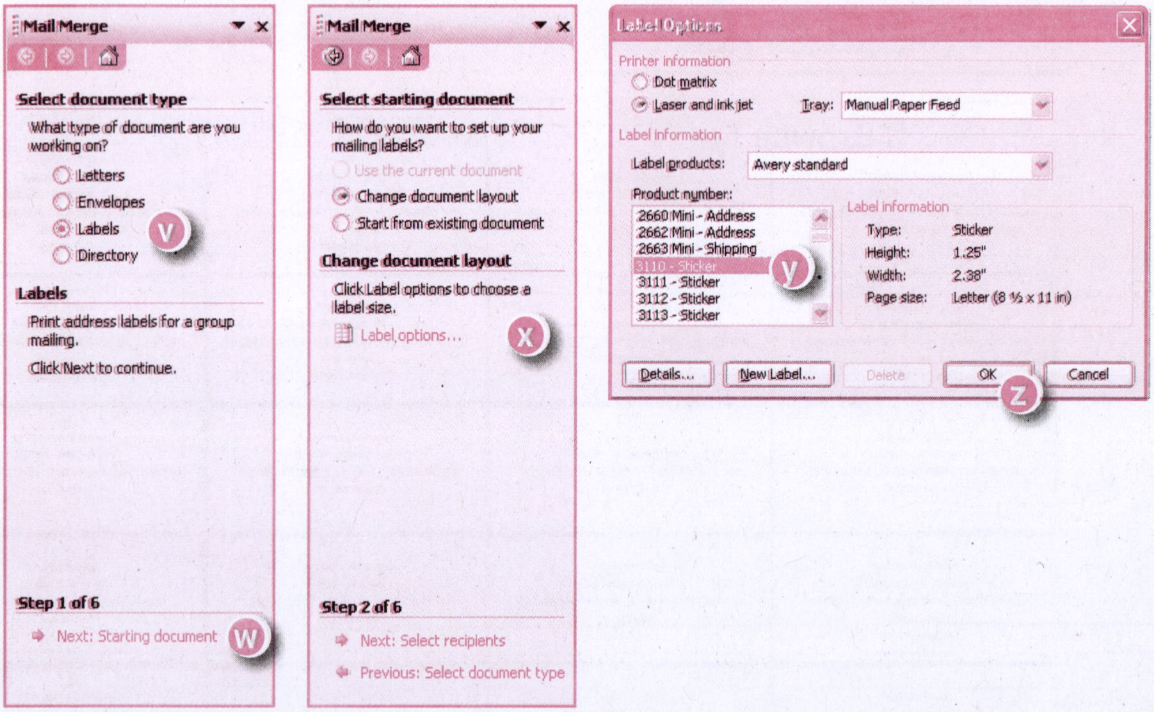

4. मेन डॉक्यूमेंट में लेबल शीट आएगी।

5. फील्ड प्लेसहोल्डर के लिए उपयुक्त टेक्स्ट To, C/o, Mr., Add:, Ph: टाइप कीजिए, जिससे लेबल डिजाइन होगा।

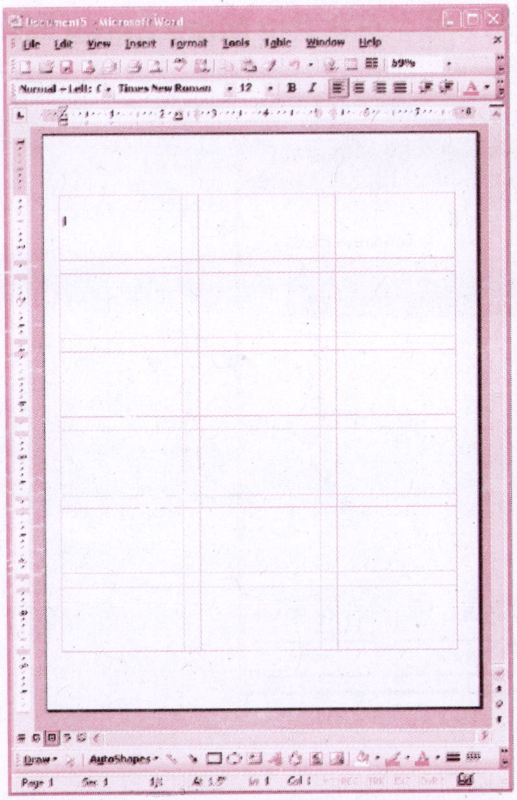

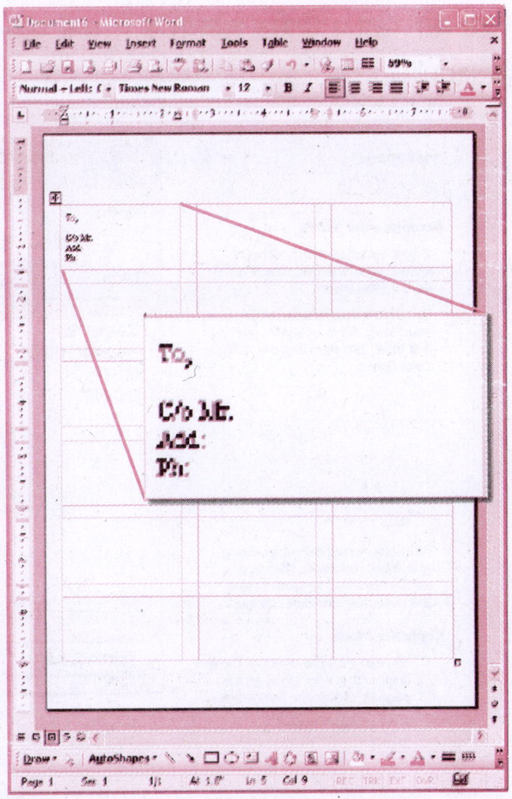

6. विजर्ड की स्टेप 3 में **Browse** विकल्प पर क्लिक करके डेटा सोर्स friendslist.xls सिलेक्ट कीजिए।

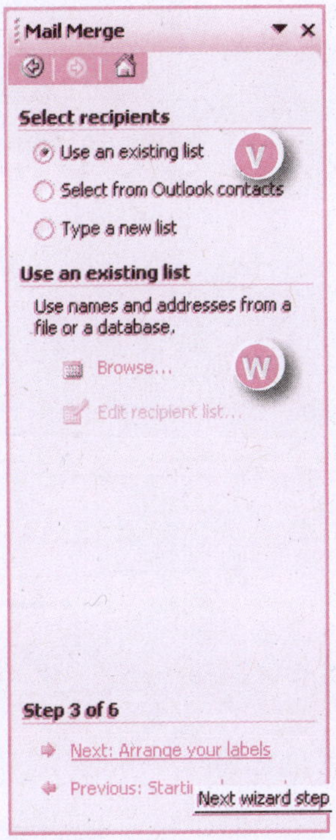

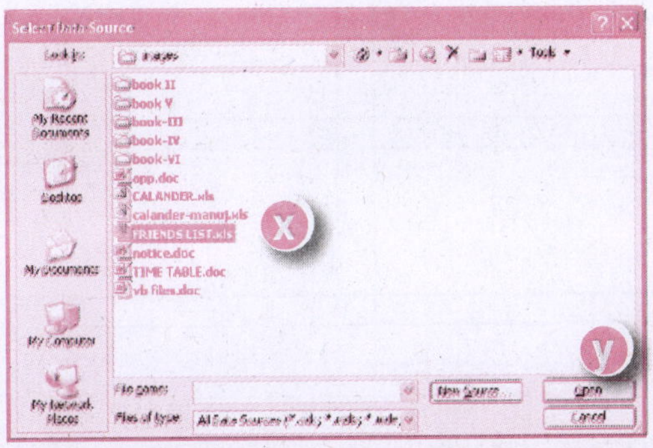

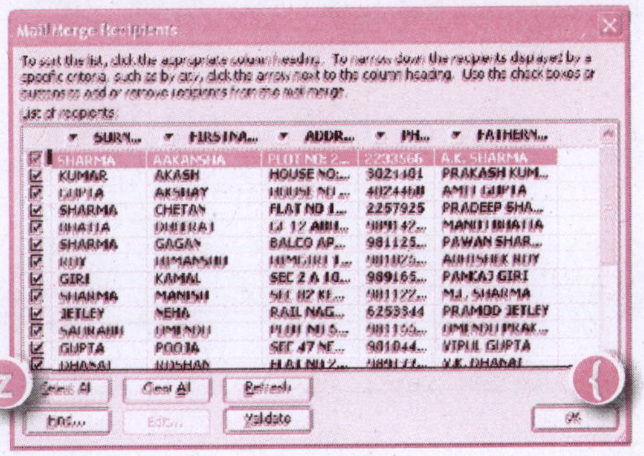

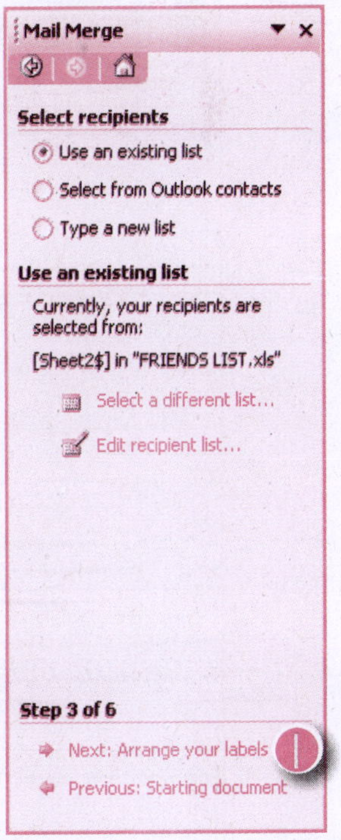

7. विजर्ड की स्टेप 4 में मेन डॉक्यूमेंट में मर्ज फील्ड्स इंसर्ट करने के लिए **More items** विकल्प पर क्लिक कीजिए।

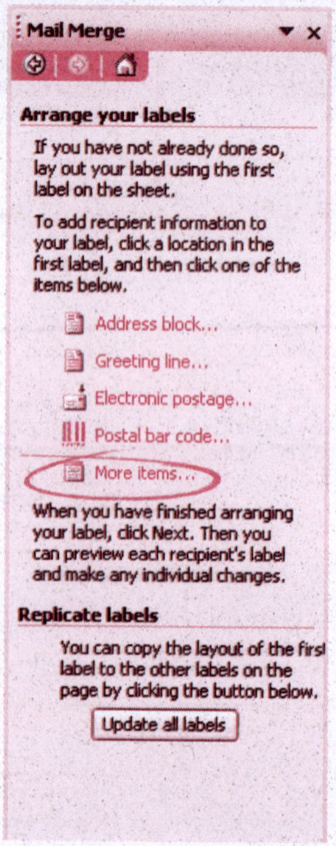

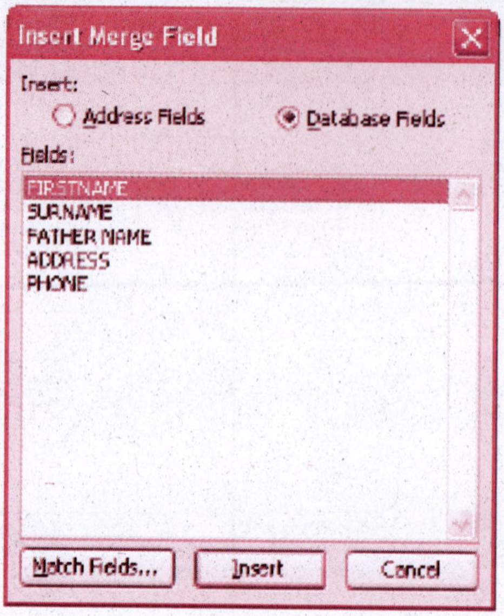

8. मर्ज फील्ड को बारी-बारी से चुनिए और मेन डॉक्यूमेंट में उपयुक्त टेक्स्ट के सामने इंसर्ट कीजिए।

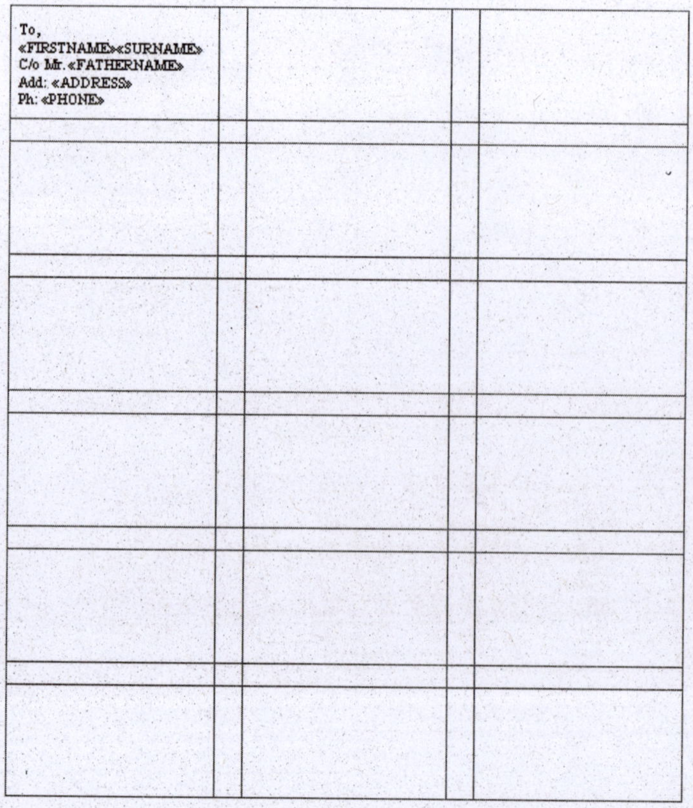

9. सभी मित्रों के लेबल अपडेट करने के लिए **update all labels** बटन पर क्लिक कीजिए। **Next** पर क्लिक कीजिए।

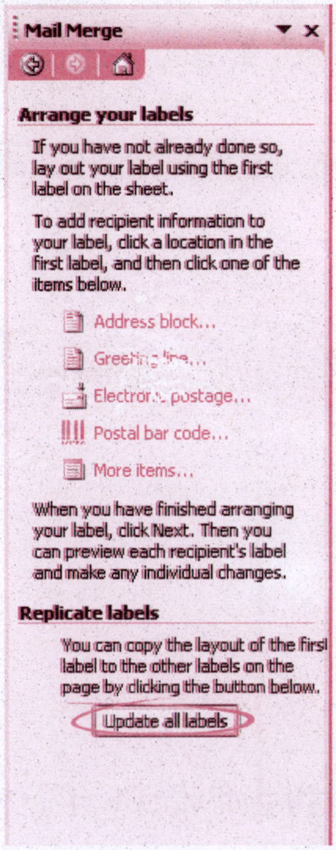

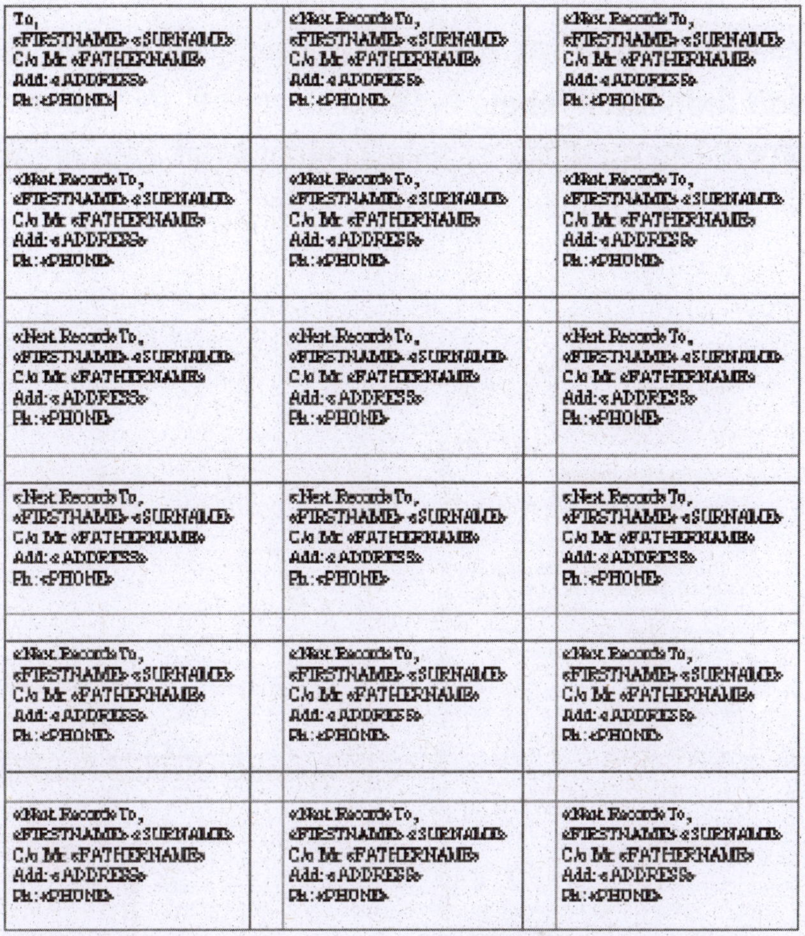

10. विजर्ड की स्टेप 5 में अपने लेबल्स का प्रिव्यू कीजिए। **Next: Complete the Merge** पर क्लिक कीजिए।

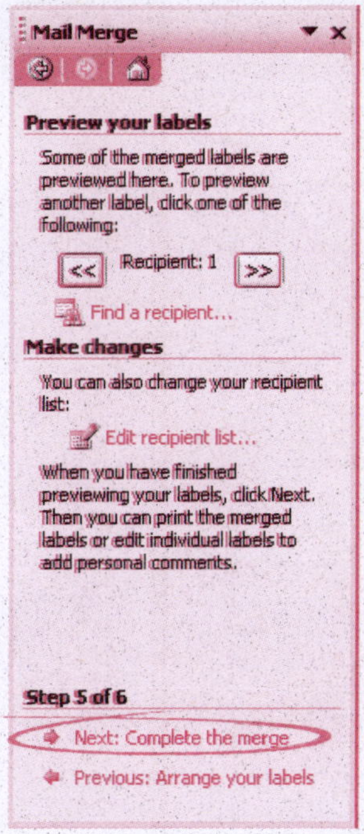

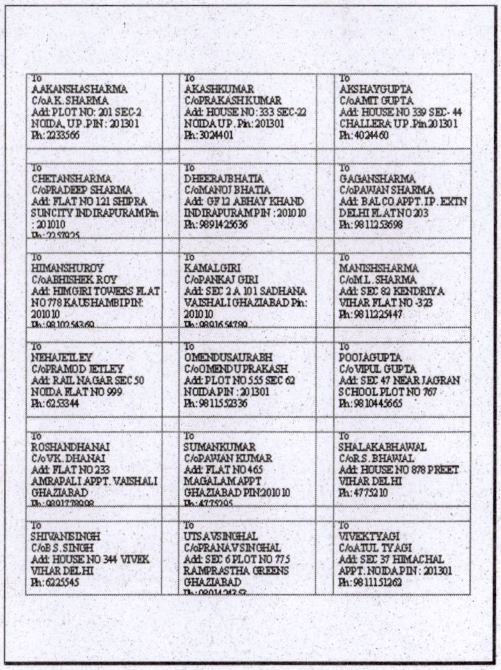

11. विजर्ड की स्टेप 6 में आप सेप्रेट डॉक्यूमेंट में अलग-अलग लेबल को **Edit** या **Print** कर सकते हैं।

आप **Print** विकल्प का प्रयोग लेबल को सीधे प्रिंटर से प्रिंट करने के लिए कर सकते हैं। वैकल्पिक रूप से आप अलग डॉक्यूमेंट शीट में लेबल मर्ज करने के लिए **edit individual labels** पर क्लिक कर सकते हैं और डॉक्यूमेंट को बाद में प्रयोग करने के लिए सेव या प्रिंट कर सकते हैं। प्रिंटिंग के बाद प्रिंटेड शीट से एक-एक लेबल को निकालकर आप लिफाफे पर चिपका सकते हैं।

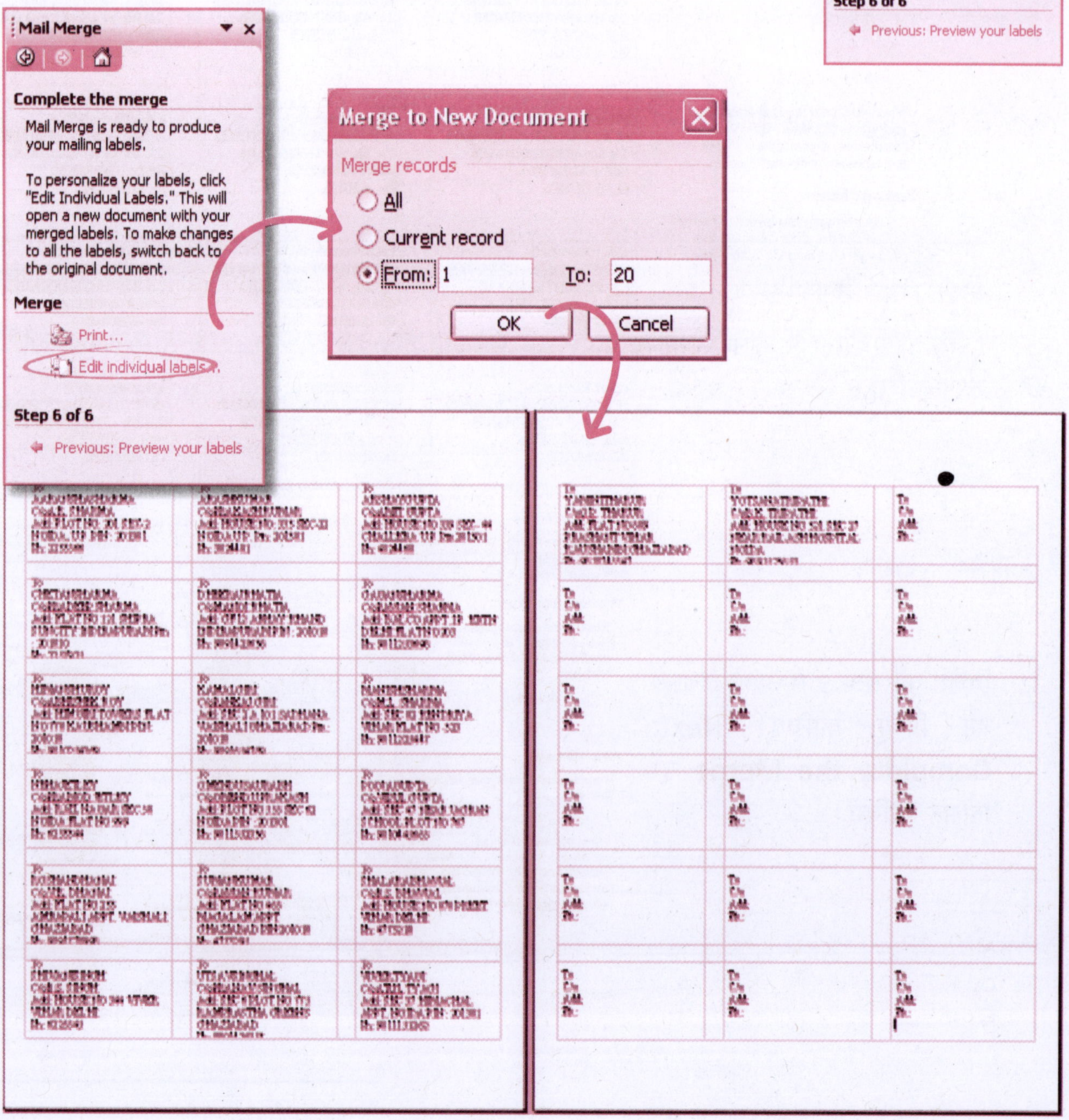

याद करें

1. लिफाफे और लेबल्स विकल्प में विजर्ड में 6 स्टेप्स होते हैं।
   अ. लेबल या **लिफाफे** विकल्प चुनिए।
   ब. **लिफाफे** या लेबल साइज चुनिए।
   स. मेन डॉक्यूमेंट डिजाइन करिए।
   द. नाम और पते का डेटा सोर्स सिलेक्ट करिए।
   च. मेन डॉक्यूमेंट में प्लेसहोल्डर्स इंसर्ट करिए।
   छ. लिफाफे या लेबल को मर्ज, प्रिव्यू और प्रिंट करिए।

अभ्यास

(अ) प्रैक्टिकल

अपने स्कूल की सभी सब्जेक्ट की नोट बुक और कॉपियों के लिए माइक्रोसॉफ्ट वर्ड का लेबल फीचर प्रयोग करके लेबल बनाइए। लेबल में आपका नाम, क्लास, सेक्शन, सब्जेक्ट्स और सेशन लिखा होना चाहिए।

(संकेतः एक्सेल में सभी सब्जेक्ट की लिस्ट बनाइए और उसका प्रयोग मेल मर्ज में डेटा सोर्स की तरह करिए)

(ब) कम-से-कम ऐसी तीन स्थितियाँ बताइए, जहाँ मेल मर्ज में लिफाफे/लेबल विकल्प का आप प्रयोग करना चाहेंगे।

(स) मेल मर्ज में प्रिंटर या एडिट इंडिविजुअल लेबल में क्या भिन्नता है?

(द) मेल मर्ज में लिफाफे और लेबल्स दोनों ऑप्शन में क्या विभिन्नता है?

(च) फील्ड प्लेसहोल्डर्स क्या है?

(छ) जब एक डॉक्यूमेंट का मेल मर्ज कर रहे हैं और आपको पहले व 20वें एड्रेस को छोड़कर मर्ज करना है तो आप इस डायलॉग बॉक्स का कैसे प्रयोग करेंगे।

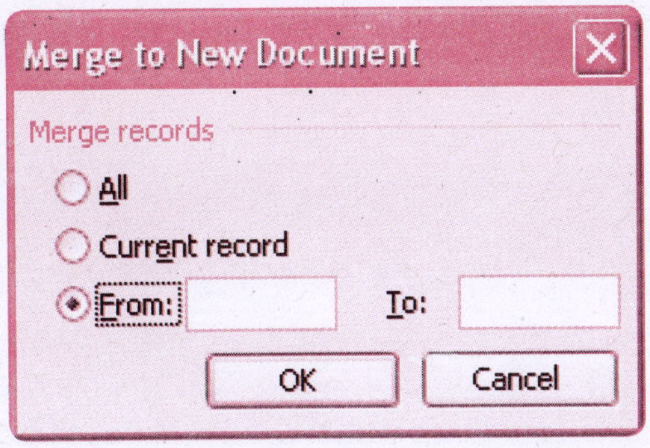

(ज) यदि पहला छोड़ के बाकी सभी रिसीपेंट को चुनना है तो क्लिक के सही क्रम लिखिए।

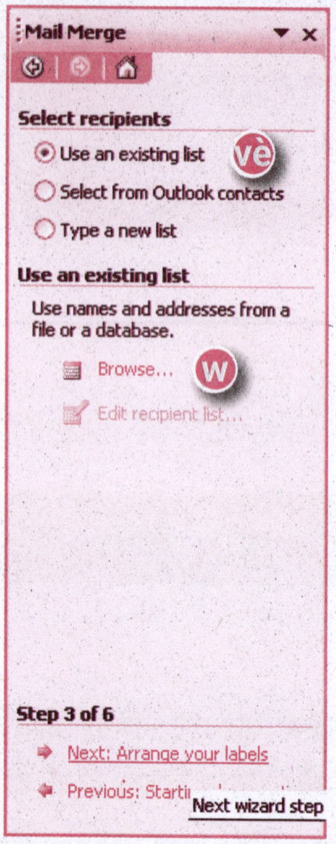

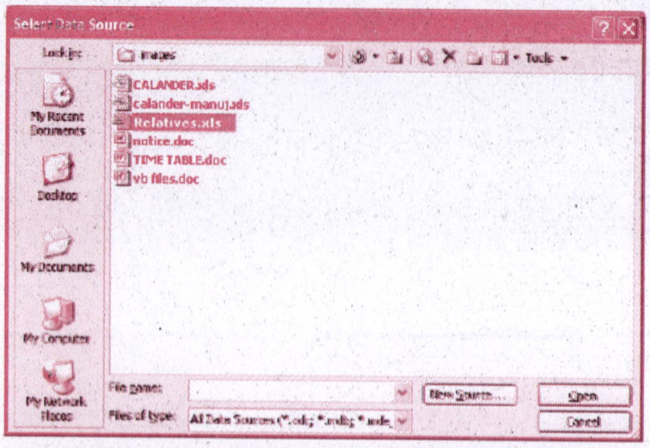

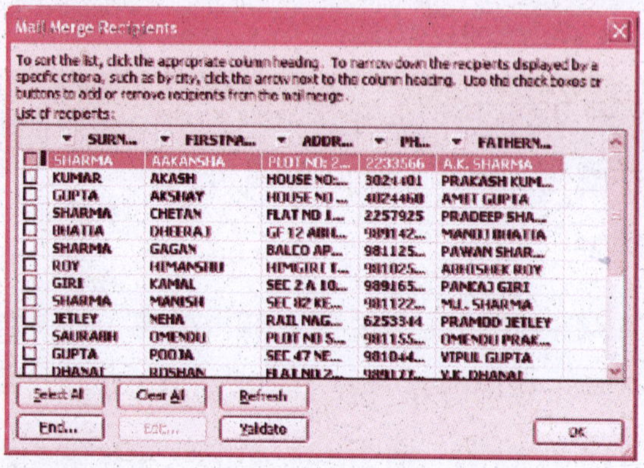

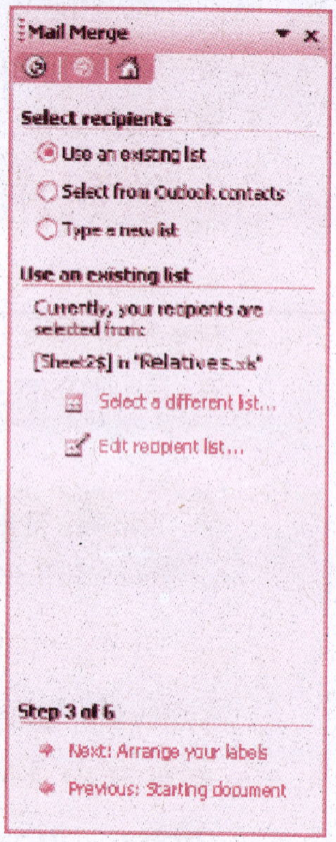

(झ) सही के लिए (स) और गलत के लिए (ग) लिखिए—

1. मेल मर्ज में **लिफाफे** और लेबल विकल्प बिलकुल लेटर की तरह ही होते हैं। ☐
2. **लिफाफे** और लेबल में एक ही एड्रेस डेटा प्रयोग किया जाता है। ☐
3. लेबल्स बनाना समय की बरबादी है। हमें सीधे **लिफाफे** का विकल्प प्रयोग करना चाहिए। नाम और एड्रेस हाथ से लिखना चाहिए, जो (मेल मर्ज से) तेज और बिना गलती के होगा। ☐

बहुविकल्पीय प्रश्न

निम्न चार विकल्पों में से सही विकल्प पर (✔) निशान लगाएँ।

1. मेल मर्ज का प्रयोग करके आप बना सकते हैं—

अ. विभिन्न नामों के साथ पर्सनलाइज लेटर

ब. विभिन्न नामों और संपर्क-सूत्र के साथ लिफाफे

स. विभिन्न नामों और संपर्क-सूत्र के साथ लेबल्स

द. उपर्युक्त सभी

2. मेल मर्ज के बारे में क्या सही नहीं है—

अ. बहुत से लोगों की एक बड़ी सूची के साथ संवाद करने के लिए केवल एक डॉक्यूमेंट बनाने की आवश्यकता होती है।

ब. प्रत्येक डॉक्यूमेंट प्रत्येक व्यक्ति के लिए विशेषता के साथ बनाया जा सकता है।

स. इसमें सबके लिए एक जैसी विषय-वस्तु होती है, चाहे वे संबंधित हों या नहीं।

द. मेन डॉक्यूमेंट और डेटा सोर्स देकर सभी डॉक्यूमेंट के परिणामों से गलतियाँ कम कर सकते हैं।

3. मेल मर्ज के लिए आप इस डेटा सोर्स का प्रयोग कर सकते हैं—

अ. XLS फाइल

ब. वर्ड डॉक्यूमेंट

स. Text फाइल्स

द. उपर्युक्त सभी सोर्स और अन्य भी

4. आप मेल मर्ज को इसके लिए प्रयोग कर सकते हैं।

अ. लिफाफे या लेबल पर एड्रेस प्रिंट करने के लिए

ब. 133 लोगों को एक ही डॉक्यूमेंट बनाकर भेजने के लिए

स. नई एड्रेस लिस्ट बनाना

द. अ और ब दोनों

5. आप मेल मर्ज में डेटा सोर्स फिल्टर करके इस फिल्टर रिसीपेंट के लिए डॉक्यूमेंट बना सकते हैं।

अ. सत्य

ब. असत्य

स. संभव नहीं है

द. मुझे नहीं पता

5 मैक्रोज

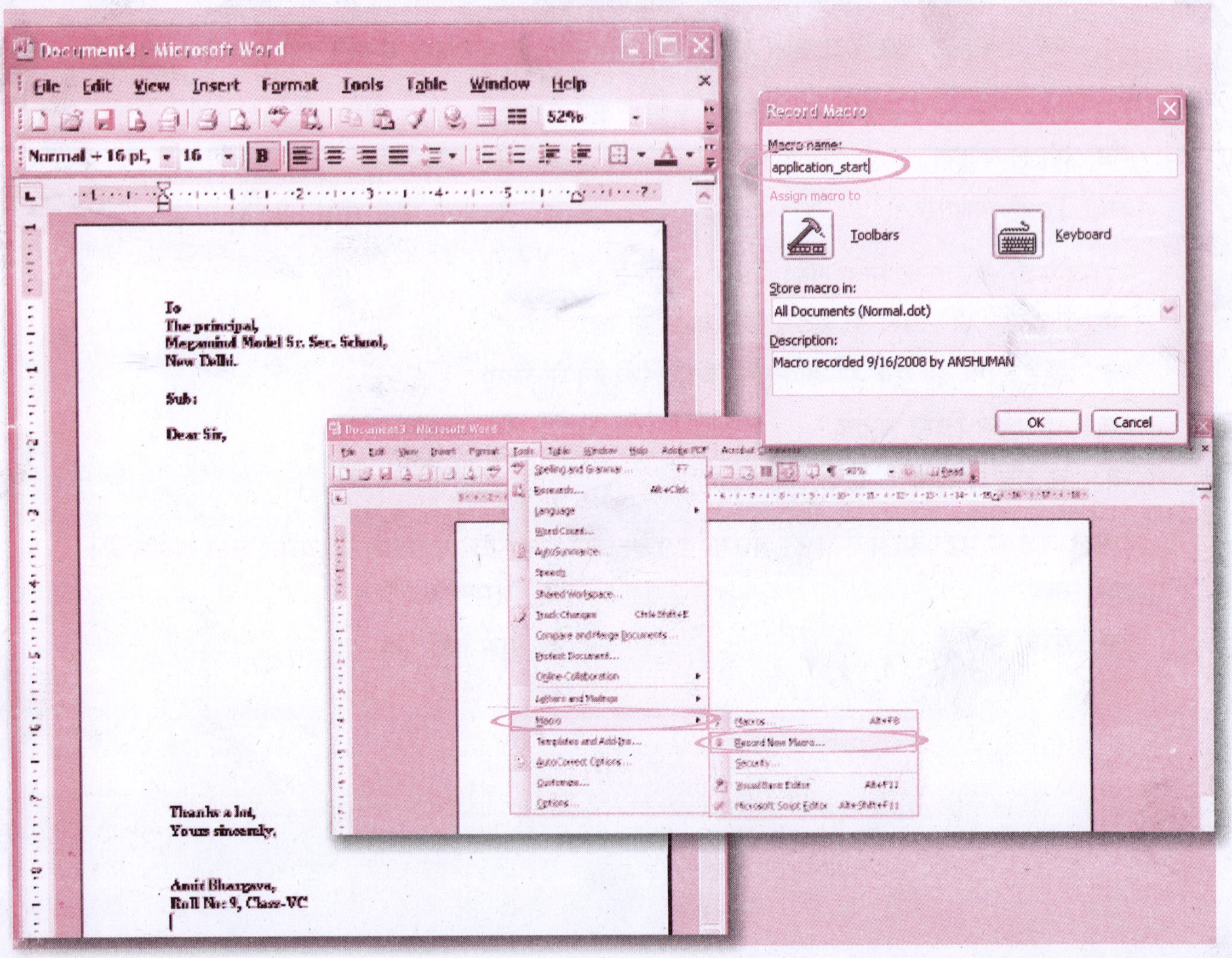

मैक्रोज का परिचय

आज कंप्यूटर हमारे जीवन का अभिन्न अंग बन चुका है। हम कंप्यूटर पर प्रतिदिन बार-बार अनेक काम करते हैं। प्रतिदिन हजारों क्लिक और की स्ट्रोक। एक ही काम को बार-बार करते हैं। आपने ध्यान दिया होगा कि जब आप किसी काम को बार-बार, कई बार करते हैं तो आपको वही की स्ट्रोक और माउस क्लिक दोहराने होते हैं। इसमें बहुत समय और मेहनत लगती है।

वर्ड का **मैक्रोज** फीचर हमें बार-बार एक ही काम में लगनेवाला समय और श्रम बचाने में हमारी सहायता करता है। इस प्रकार वह हमारा 10 प्रतिशत से 70 प्रतिशत समय और श्रम बचाता है। वर्ड का मैक्रोज फीचर प्रयोग करने से आपका काम शीघ्रता से हो जाता है।

मैक्रोज बनाने के लिए आपको यह समझना और पहचानना होता है कि वर्ड में क्या काम बार-बार करना होगा। एक बार पहचानने के बाद आप उन्हें मैक्रोज की तरह रिकॉर्ड करके प्ले कर सकते हैं। यह करना बहुत आसान है। उदाहरण के लिए, यदि आपको अपने स्कूल के प्रिंसिपल से आकस्मिक कार्य या बीमारी की छुट्टी माँगने के लिए एप्लीकेशन टाइप करनी है तो आपको सदैव इस तरह टाइपिंग शुरू करनी होगी—

To

The Principal,

Megamind Model Sr. Sec. School,

New Delhi.

Sub:

Dear Sir,

और एप्लीकेशन के अंत में इस प्रकार लिखकर उसका अंत करना होगा—

Thanks a lot,

Yours sincerely,

Amit Bhargava,

Roll No: 9, Class 5-C

आपको जब कभी यह या ऐसी ही एप्लीकेशन लिखनी होगी तो यह काम बार-बार करना होगा। इस काम को आप सीधे 2 सेकंड में ऑटोमैटिक विधि से कर सकते हैं। इसके लिए आपको वर्ड में मैक्रो बनाने और रिकॉर्ड करने की आवश्यकता होगी। इसके बाद की-बोर्ड शॉर्टकट प्रयोग करके आप इसे पलक झपकते ही कर सकते हैं।

इसे कैसे करते हैं, आइए देखें—

मैक्रो बनाने के स्टेप

1. एक ब्लैंक डॉक्यूमेंट खोलें **Tools>Macro>Record New Macro** सिलेक्ट करें।

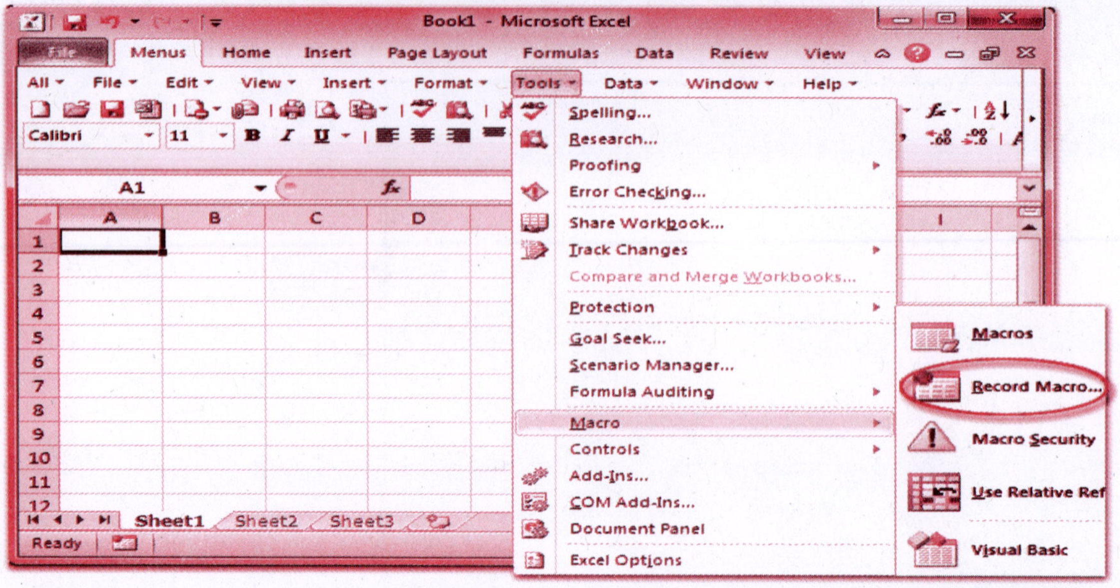

2. **Record Macro** डायलॉग बॉक्स दिखाई देगा। मैक्रोज का नाम लिखिए, जैसे **application_start** और **Keyboard** विकल्प पर क्लिक कीजिए। **OK** बटन पर क्लिक कीजिए।

वैकल्पिक रूप से आप इस मैक्रो को टूलबार पर बटन की तरह भी निर्धारित कर सकते हैं। इस विकल्प को आप स्वयं ढूँढ़िए।

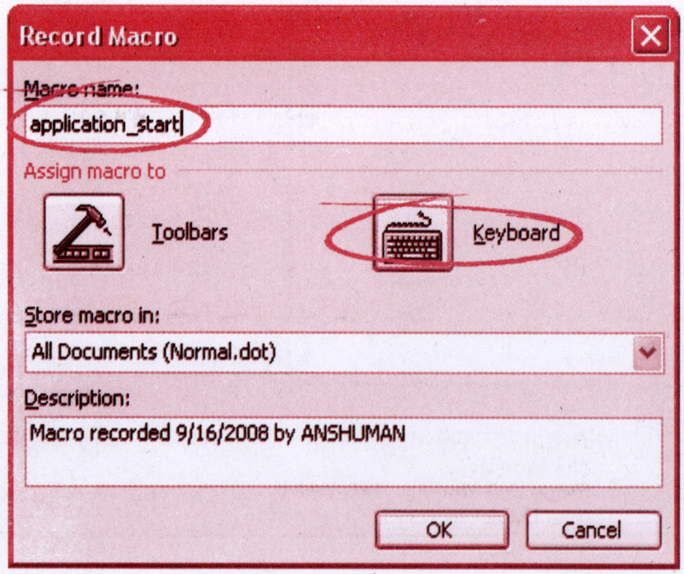

3. की कॉम्बीनेशन दबाइए। उदाहरण के लिए, **Ctrl+1** और **Assign** बटन पर क्लिक कीजिए। मैक्रोज रिकॉर्डिंग आरंभ करने के लिए **Close** बटन पर क्लिक कीजिए।

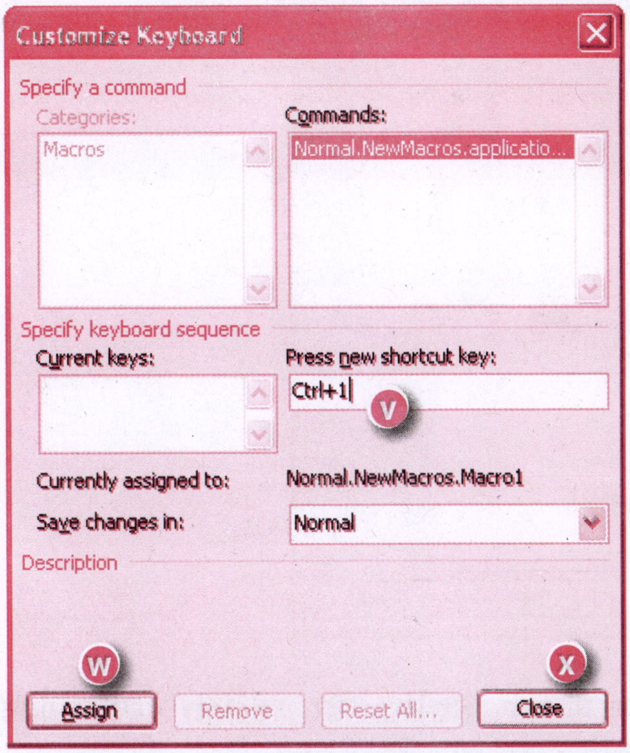

4. मैक्रोज रिकॉर्ड करने के लिए जैसा दिखाया गया है, एप्लीकेशन के आरंभ का टेक्स्ट टाइप कीजिए। जब आप समाप्त कर लें तो मैक्रोज टूलबार पर **Stop recording** बटन पर क्लिक करें।

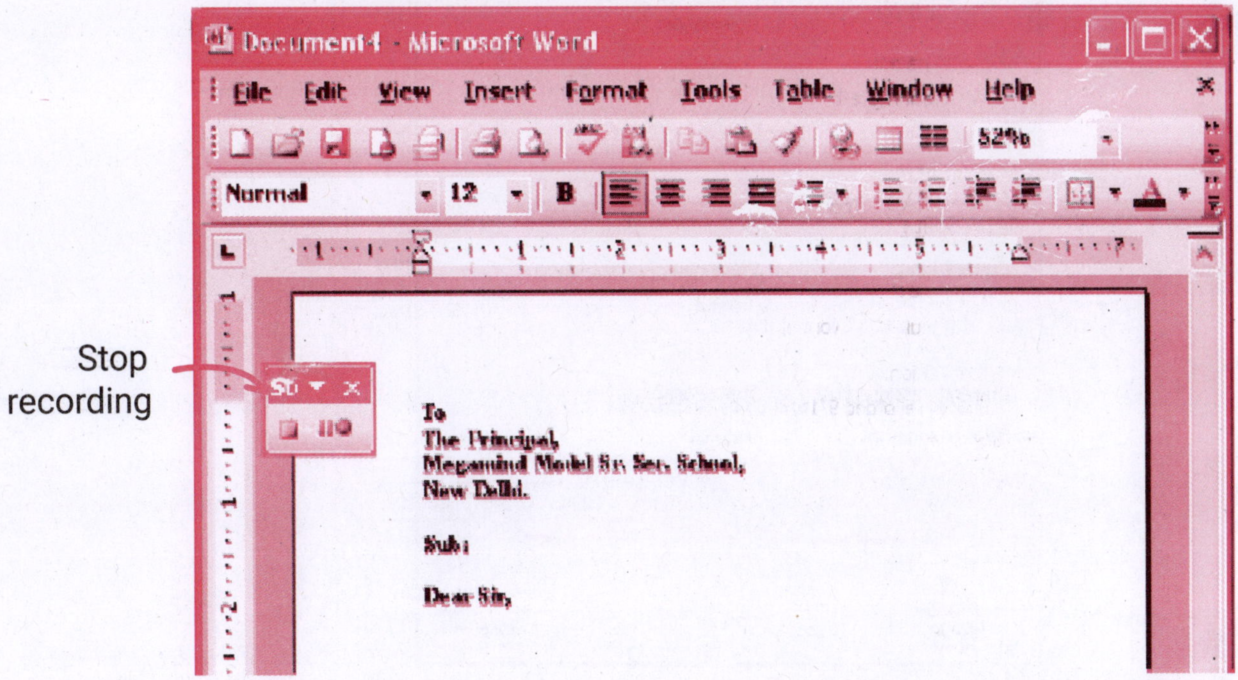

5. एप्लीकेशन के अंत के लिए पुन: Record New Macro विकल्प खोलिए।

6. Record Macro डायलॉग बॉक्स आ जाता है। मैक्रो का नाम लिखिए, जैसे **application_ end** और **Keyboard** विकल्प पर क्लिक कीजिए। **OK** बटन पर क्लिक कीजिए।

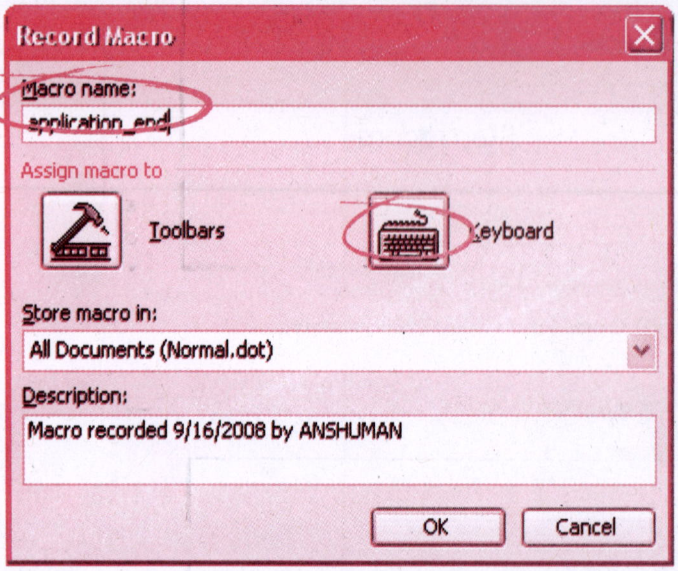

7. की कॉम्बीनेशन दबाइए। उदाहरण के लिए, **Ctrl+2** और **Assign** बटन पर क्लिक कीजिए। मैक्रो रिकॉर्डिंग आरंभ करने के लिए **Close** बटन पर क्लिक कीजिए।

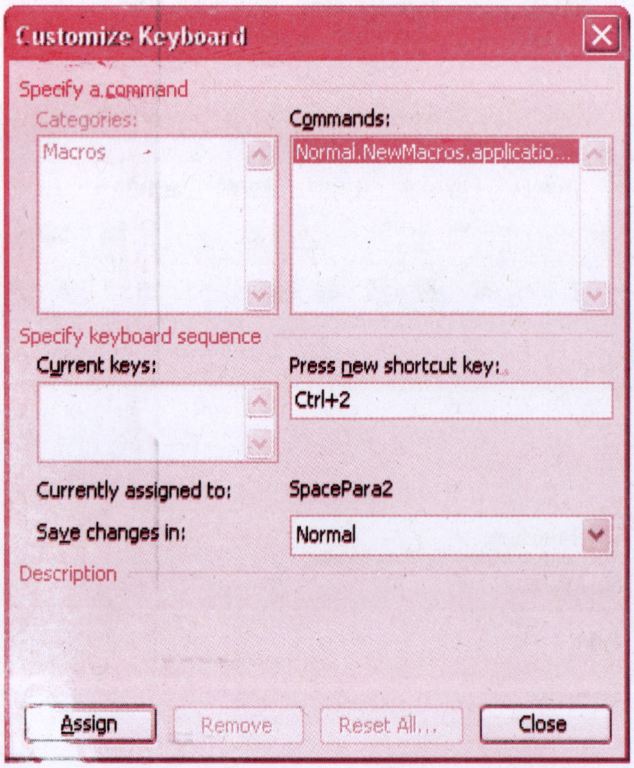

8. मैक्रो रिकॉर्ड करने के लिए जैसा दिखाया गया है, एप्लीकेशन के अंत का टेक्स्ट टाइप कीजिए। जब आप समाप्त कर लें तो मैक्रो टूलबार पर **Stop recording** बटन पर क्लिक करें।

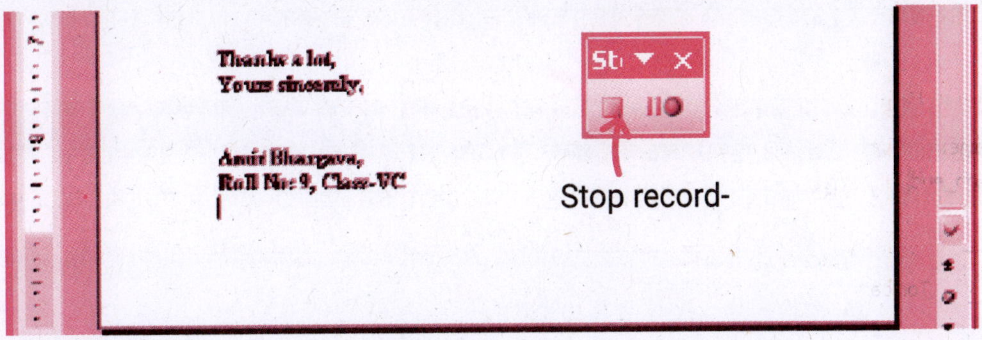

9. **Ctrl+1** और **Ctrl+2** दबाने पर एप्लीकेशन निम्न प्रकार की दिखेगी—

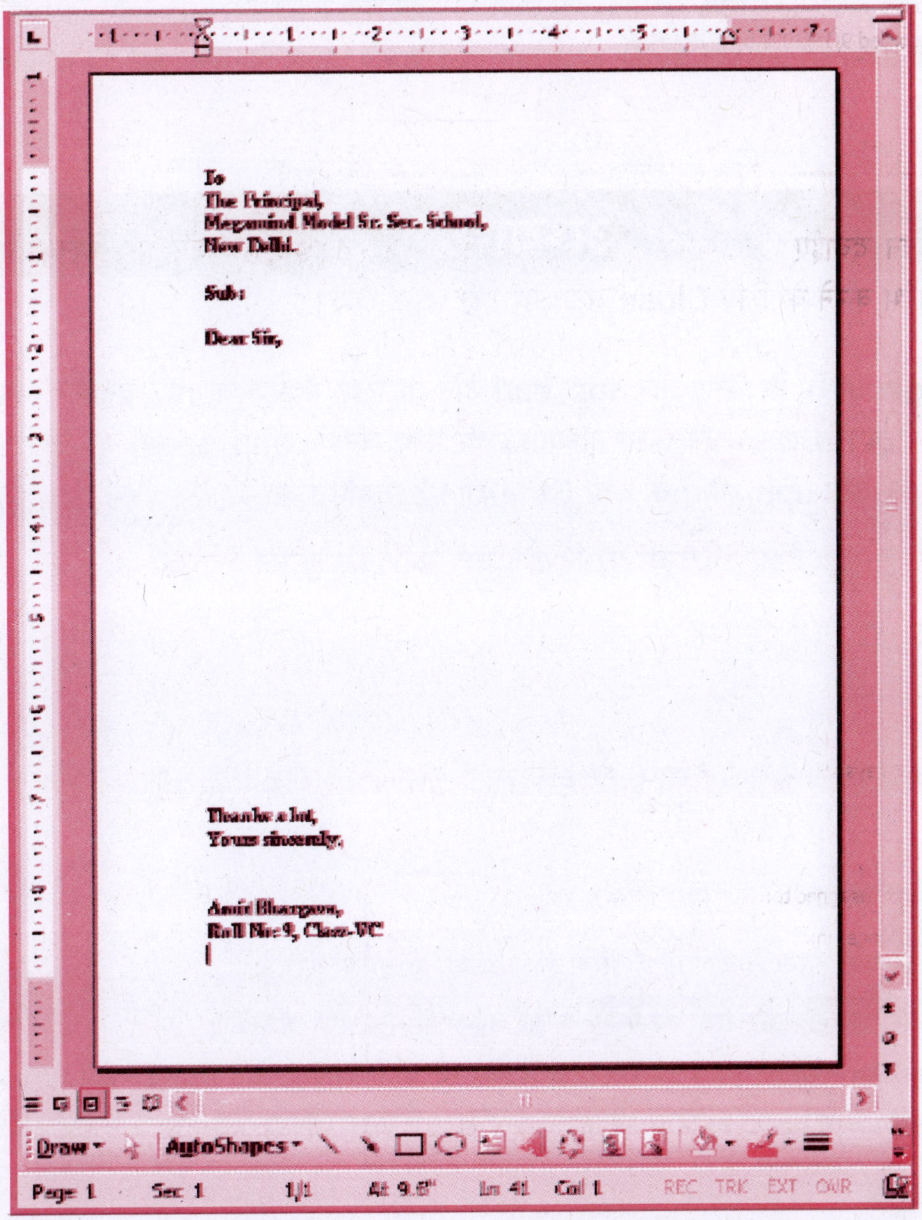

नोट

अब आप जब भी प्रिंसिपल के लिए एप्लीकेशन लिखना चाहें तो ब्लैंक डॉक्यूमेंट खोलकर **Ctrl+1** और **Ctrl+2** से आरंभ और अंत का मैटर इंसर्ट कर सकते हैं। अब आपको केवल एप्लीकेशन का मैटर टाइप करना होगा या आप उसके लिए भी मैक्रो बना सकते हैं।

आप एप्लीकेशन का मैटर भी मैक्रो में बना सकते हैं, जैसे—बीमारी की छुट्टी के लिए एक मैक्रो, आवश्यक कार्य के लिए दूसरा मैक्रो और इसे की-बोर्ड शॉर्टकट जैसे Ctrl+3 में निर्धारित कर सकते हैं। अब जब कभी भी आपको ऐसी एप्लीकेशन टाइप करनी हो तो **Ctrl+1, Ctrl+3, Ctrl+2** टाइप कीजिए एवं डेट बदल दीजिए और इस तरह आपकी एप्लीकेशन तैयार हो जाएगी।

याद करें

- मैक्रोज कंप्यूटर पर बार-बार होनेवाले कार्यों को रिकॉर्ड और प्ले करने के लिए प्रयोग किया जाता है।
- मैक्रोज आधारित टाइपिंग करके आप 10% से 70% तक समय और श्रम बचा सकते हैं।
- आप मैक्रो को रिकॉर्ड करके उसे की-बोर्ड शॉर्टकट या टूलबार बटन के रूप में निर्धारित कर सकते हैं। यह आगे काम की गति बढ़ा देगा।

अभ्यास

(अ) प्रैक्टिकल

app_begin आरंभ के लिए और app_end अंत के लिए मैक्रोज के नाम बनाकर अपने एड्रेस में परिवर्तन की एप्लीकेशन अपने कक्षा अध्यापक के लिए बनाएँ। app_begin के लिए शॉर्टकट की Ctrl+Alt+1 और app_end के लिए Ctrl+Alt+2 निर्धारित करें।

(ब) निम्न टूलबार का नाम बताइए और उस पर दिखनेवाले बटन के लेबल लिखिए—

1. ....
2. ....

(स) नया मैक्रो बनाने के लिए और उसकी शॉर्टकट की निर्धारित करने के लिए स्टेप्स लिखिए।

शिक्षकों से

1. बच्चों को मैक्रोज के अभ्यास करने को दें, तभी वे इसके लाभ के बारे में समझ पाएँगे।
2. ऐसा उदाहरण दें, जिसमें पूरा डॉक्यूमेंट मैक्रो का प्रयोग करके कई भागों में बनाया जा सके।
3. बार-बार होनेवाले कार्यों का उदाहरण स्कूल मैगजीन में सभी पेजों पर आनेवाले हेडर और फुटर हैं। इन्हें मैक्रोज में रिकॉर्ड किया जा सकता है और प्रत्येक बार डॉक्यूमेंट में प्ले करके काम को पूरा किया जा सकता है। छात्रों से यह कार्य करवाएँ।

बहुविकल्पीय प्रश्न

निम्न चार विकल्पों में से सही विकल्प पर (✔) निशान लगाएँ।

1. मैक्रोज ऑप्शन इसमें मौजूद है—

अ. इंसर्ट मेन्यू	ब. फॉरमेट मेन्यू

स. टूल मेन्यू	द. एडिट मेन्यू

2. मैक्रोज इसमें निर्धारित हो सकते हैं—

अ. कीबोर्ड	ब. टूलबार

स. अ और ब दोनों	द. इनमें से कोई नहीं

3. कौन सा बटन मैक्रो टूलबार में नहीं है?

अ. रिकॉर्डिंग को बंद करना	ब. रिकॉर्डिंग रोकना

स. मैक्रो चलाना	द. इनमें से कोई नहीं

4. आप टेबल की फॉरमेटिंग की गति इससे बढ़ा सकते हैं और पलक झपकते ही एक जटिल टेबल का फॉरमेट दूसरी टेबल पर लगा सकते हैं—

अ. टेबल	ब. फॉरमेटिंग

स. फॉरमेट प्रिंटर	द. मैक्रोज

5. मैक्रोज—

अ. बार-बार होनेवाले कामों में सहायक है।

ब. केवल रिकॉर्डेड कमांड है, जिनको बार-बार चलाया जा सकता है।

स. ये काम की गति बहुत ही तेज कर देते हैं।

द. उपर्युक्त सभी।

6 एक्सेल 2003 में चार्ट का प्रयोग

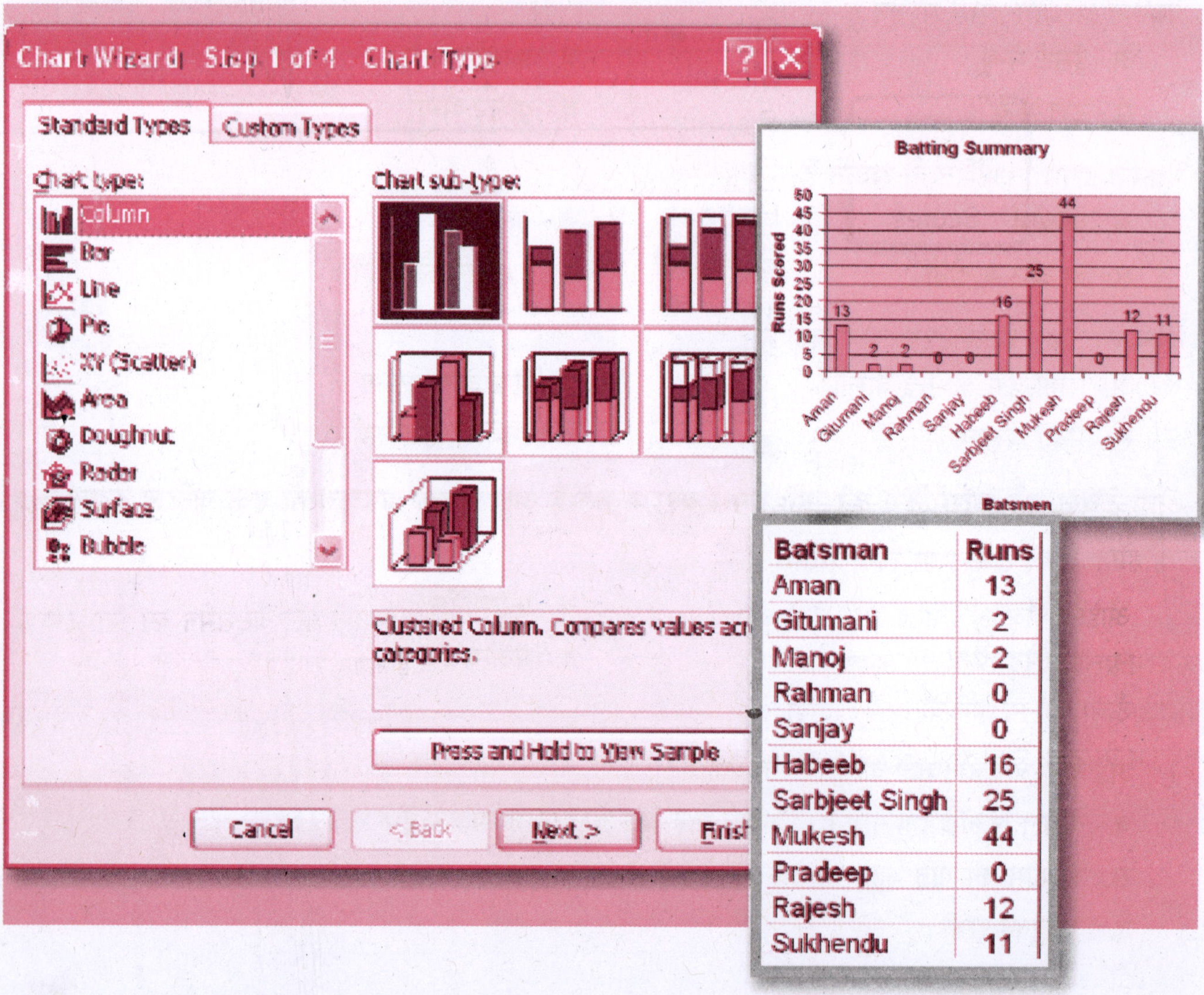

Batsman	Runs
Aman	13
Gitumani	2
Manoj	2
Rahman	0
Sanjay	0
Habeeb	16
Sarbjeet Singh	25
Mukesh	44
Pradeep	0
Rajesh	12
Sukhendu	11

अब तक आपने एक्सेल के बारे में बहुत कुछ सीखा और उसके कई फीचर का प्रयोग करके काम किया। इस अध्याय में आप एक्सेल के कुछ अन्य महत्त्वपूर्ण फीचर्स के बारे में जानेंगे, जिन्हें चार्ट कहते हैं। आइए, इसके बारे में जानें।

चार्ट क्या है?

चार्ट डेटा या इन्फॉरमेशन की विजुअल प्रस्तुति है। इनको बड़ी मात्रा में टेबुलर डेटा को एक्सेल में देखने की अपेक्षा देखना और समझना बहुत आसान है। इनको फील्ड की बहुत ही विस्तृत वैराइटी के लिए प्रयोग किया जाता है और हाथ से (ग्राफ पेपर पर) या एक्सेल अथवा किसी अन्य एप्लीकेशन का प्रयोग करके कंप्यूटर पर बना सकते हैं।

आइए, नीचे दी गई टेबल का अवलोकन करें। इस टेबल में एक क्रिकेट मैच की टीम-ए के बैट्समैन द्वारा बनाए गए रनों का स्कोर रखा गया है। इस टेबल में डेटा देखें और यह ज्ञात करें कि सबसे अधिक रन किसने बनाए।

Team **A** Scores

Batsman	Runs
Aman	13
Gitumani	2
Manoj	2
Rahman	0
Sanjay	0
Habeeb	16
Sarbjeet Singh	25
Mukesh	44
Pradeep	0
Rajesh	12
Sukhendu	11

आपको डेटा ढूँढ़ने और टॉप स्कोरिंग बैट्समैन का पता लगाने में निश्चित ही 5-7 सेकंड (या अधिक) समय लगा होगा।

आइए, अब नीचेवाला चार्ट देखें और टीम में सबसे अधिक स्कोरिंग बनानेवाले बैट्समैन का पता लगाएँ। कॉलम प्रत्येक बैट्समैन द्वारा बनाए गए रनों को दिखाते हैं। कॉलम की ऊँचाई बनाए गए रनों की संख्या दिखाती है। सबसे ऊँचा कॉलम अधिकतम रन दिखाता है। प्रत्येक कॉलम एक बैट्समैन के नाम के ऊपर है। आप सबसे ऊँचेवाले कॉलम के ठीक नीचे देखेंगे तो वह नाम मिलेगा। इस तरह काम हो जाएगा।

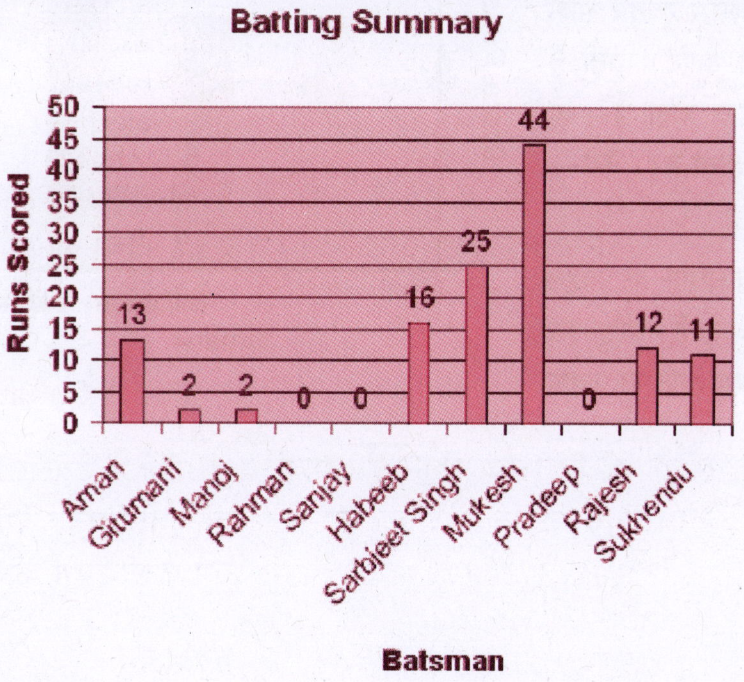

हमने अभी देखा कि इन्फॉरमेशन को विजुअल के माध्यम से कितनी तेजी से और आसानी से देखा जा सकता है। अतः हम चार्ट का महत्त्व समझ गए हैं। आइए, अब सीखें कि एक्सेल में चार्ट कैसे बनाते हैं।

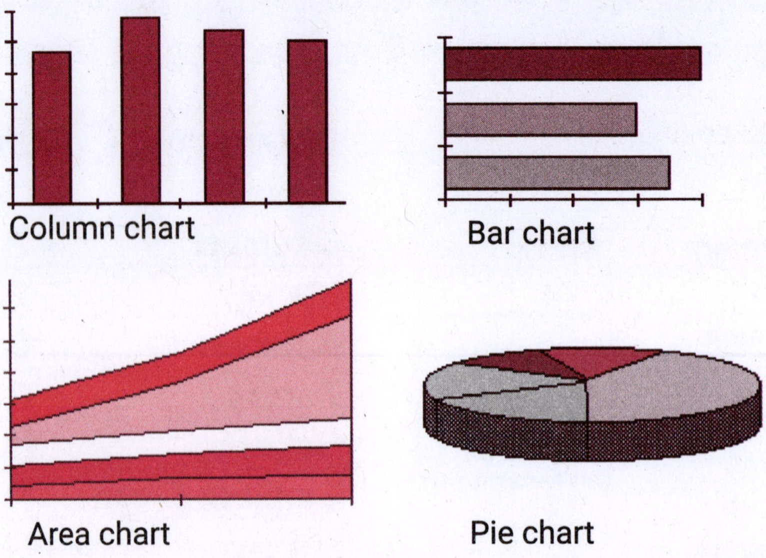

Commonly used chart types available in Excel

एक्सेल में चार्ट

माइक्रोसॉफ्ट एक्सेल में 14 से अधिक प्रकार के चार्ट और सैकड़ों सह चार्ट होते हैं। लेकिन हम केवल कॉलम चार्ट के बारे में सीखेंगे, जो बहुत ही कॉमन और समझने में आसान है। अन्य प्रकार के चार्ट के बारे में अध्यापक की सहायता से आप स्वयं जान सकते हैं। अन्य प्रकार के चार्ट के बारे में आप ऊँची कक्षा में सीखेंगे।

कॉलम चार्ट

एक कॉलम चार्ट में सामान्यतः दो अक्ष होते हैं, जिन्हें 3 एक्सेस (हॉरिजोंटल या लेटा हुआ) और 4 एक्सेस (वर्टिकल या खड़ा) कहते हैं। 3 एक्सेस स्वतंत्र राशि (बैट्समैन के नाम, टाइम आदि) होती हैं और 4 एक्सेस निर्भर डेटा होता है—जो इन्फॉरमेशन पर आधारित होता है। (जैसे—स्कोर, रन, विकेट आदि)।

यद्यपि ये चार्ट साधारण से बहुत जटिल चार्ट तक बढ़ सकते हैं, परंतु इस कक्षा में हम केवल साधारण चार्ट पर ध्यान देंगे।

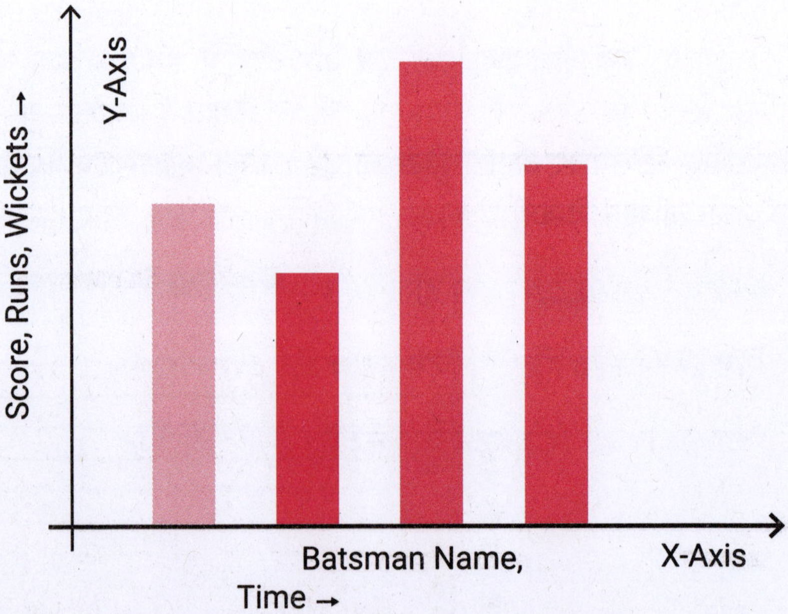

Basic Column chart

कॉलम चार्ट के एलीमेंट

Data Series

Batsman	Runs
Aman	13
Gitumani	2
Manoj	2
Rahman	0
Sanjay	0
Habeeb	16
Sarbjeet Singh	25
Mukesh	44
Pradeep	0
Rajesh	12
Sukhendu	11

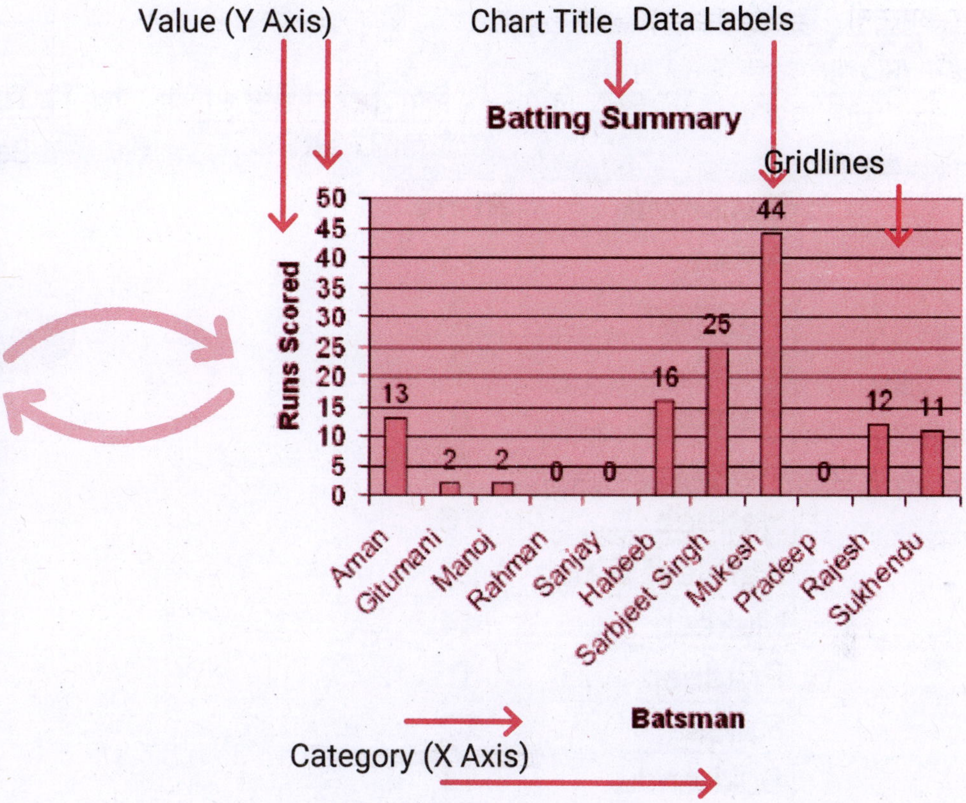

चार्ट बनाने के लिए आपको डेटा की टेबल की आवश्यकता होती है। यह टेबल, जो डेटा सीरीज कहलाती है, कॉलम चार्ट का भाग दिखाती है।

चार्ट टाइटल चार्ट का नाम होता है। इसे स्पष्ट रूप से चार्ट के कंटेंट दिखाने चाहिए।

ग्रिड लाइन ग्राफ होता है, जिस पर चार्ट बनाया जाता है।

डेटा लेबल बार या कॉलम के वास्तविक मान होते हैं।

चार्ट विजर्ड से चार्ट बनाना

एक्सेल में एक बहुत ही रोचक और महत्त्वपूर्ण फीचर **चार्ट विजर्ड** है। एक्सेल में आसानी से चार्ट बनाने के लिए चार्ट विजर्ड का प्रयोग करते हैं। टास्क विजर्ड आपको चार्ट बनाने के पूरे कार्य को एक-एक स्टेप करके बताता रहता है। एक्सेल डेटा को डालकर जहाँ आप बताते हैं, वर्कशीट वहाँ चार्ट बना देता है।

आपको 4 डायलॉग बॉक्स द्वारा गाइड किया जाता है, जिससे आप चार्ट बना सकते हैं—

चार्ट टाइप, चार्ट सोर्स, चार्ट ऑप्शन और चार्ट लोकेशन

अब हम स्कूल की क्रिकेट टीम के बैट्समैन द्वारा बनाए गए रनों का स्कोर दिखाने के लिए कॉलम चार्ट प्रयोग करके Batting Summary बनाएँगे।

चार्ट बनाने की स्टेप

1. बैट्समैन और रनों का स्कोर दिखाने के लिए **डेटा सीरीज** बनाइए, जैसा कि दिखाया गया।

Batsman	Runs
Aman	13
Gitumani	2
Manoj	2
Rahman	0
Sanjay	0
Habeeb	16
Sarbjeet Singh	25
Mukesh	44
Pradeep	0
Rajesh	12
Sukhendu	11

2. डेटा सीरीज सिलेक्ट कीजिए और **स्टैंडर्ड** टूलबार में **चार्ट विजर्ड** आइकन पर क्लिक कीजिए या **Insert>Chart** सिलेक्ट कीजिए।

Batsman	Runs
Aman	13
Gitumani	2
Manoj	2
Rahman	0
Sanjay	0
Habeeb	16
Sarbjeet Singh	25
Mukesh	44
Pradeep	0
Rajesh	12
Sukhendu	11

3. **Chart Wizard** डायलॉग बॉक्स आ जाता है। विजर्ड की पहली स्टेप में **Chart type** और **Chart sub-type** सिलेक्ट कीजिए। **Next** बटन पर क्लिक कीजिए।

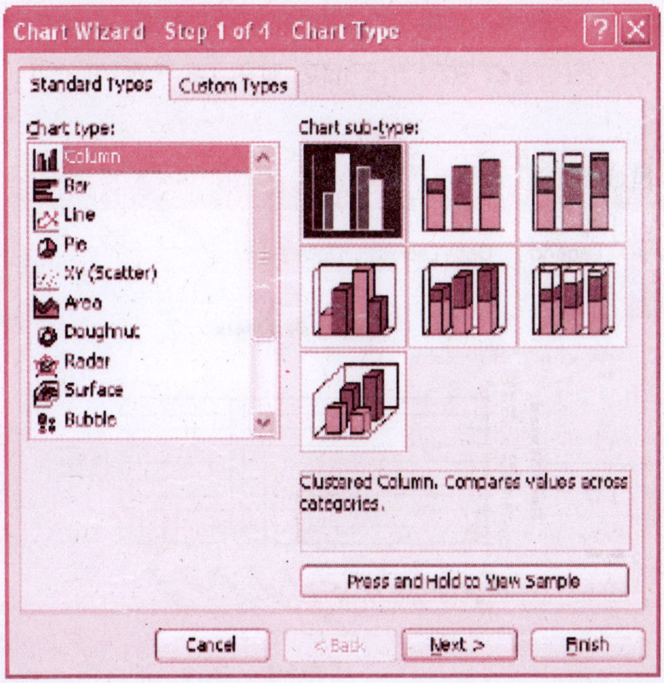

4. विजर्ड की स्टेप 2 पहले से सिलेक्ट की गई डेटा सीरीज दिखाती है। यह चार्ट का प्रिव्यू भी दिखाती है। **Next** बटन पर क्लिक कीजिए।

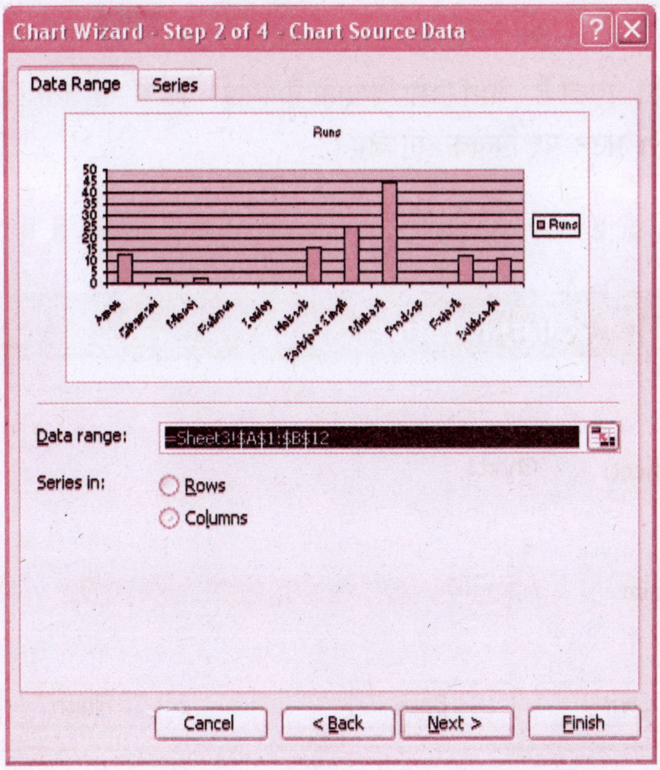

5. विजर्ड का स्टेप 3 चार्ट विकल्प दिखाता है, जैसे—टाइटल, एक्सेस, ग्रिडलाइंस, लीजेंड, डेटा लेबल्स और डेटा टेबल। अपनी आवश्यकता के अनुसार विकल्प चुनिए।

6. चार्ट टाइटल में निम्न बदलाव कीजिए। **Data Labels** टैब पर जाइए और **Value** विकल्प चुनिए। **Next** बटन पर क्लिक कीजिए।

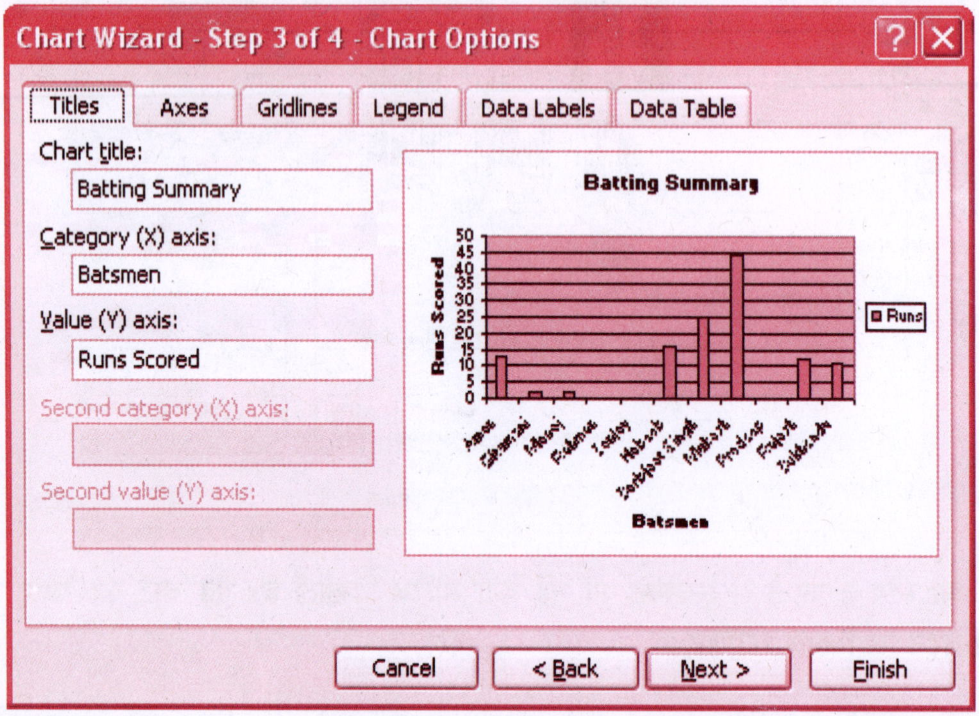

7. विजर्ड का स्टेप 4 चार्ट की स्थिति पूछता है, जहाँ उसे दिखाना है (नई शीट में या वर्तमान शीट में)। किसी एक विकल्प को चुनकर **Finish** बटन पर क्लिक कीजिए।

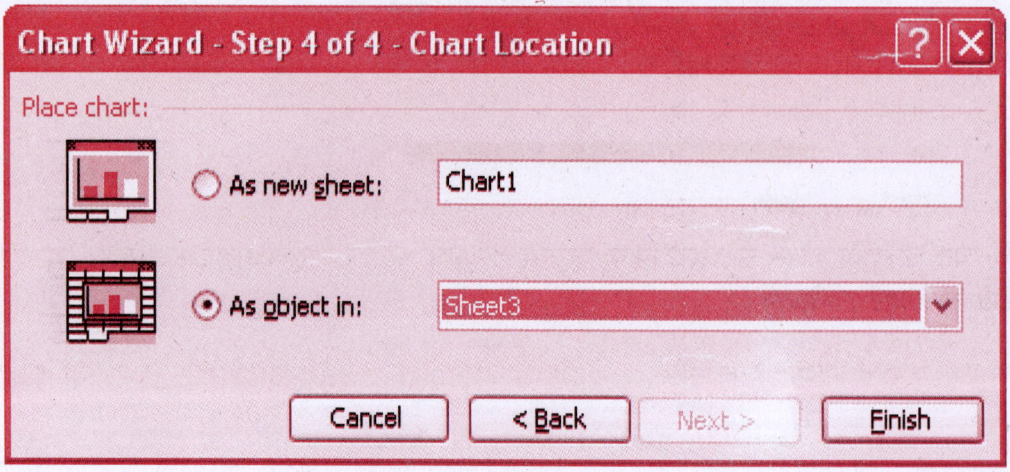

8. चार्ट शीट में निम्न प्रकार से आ जाएगा

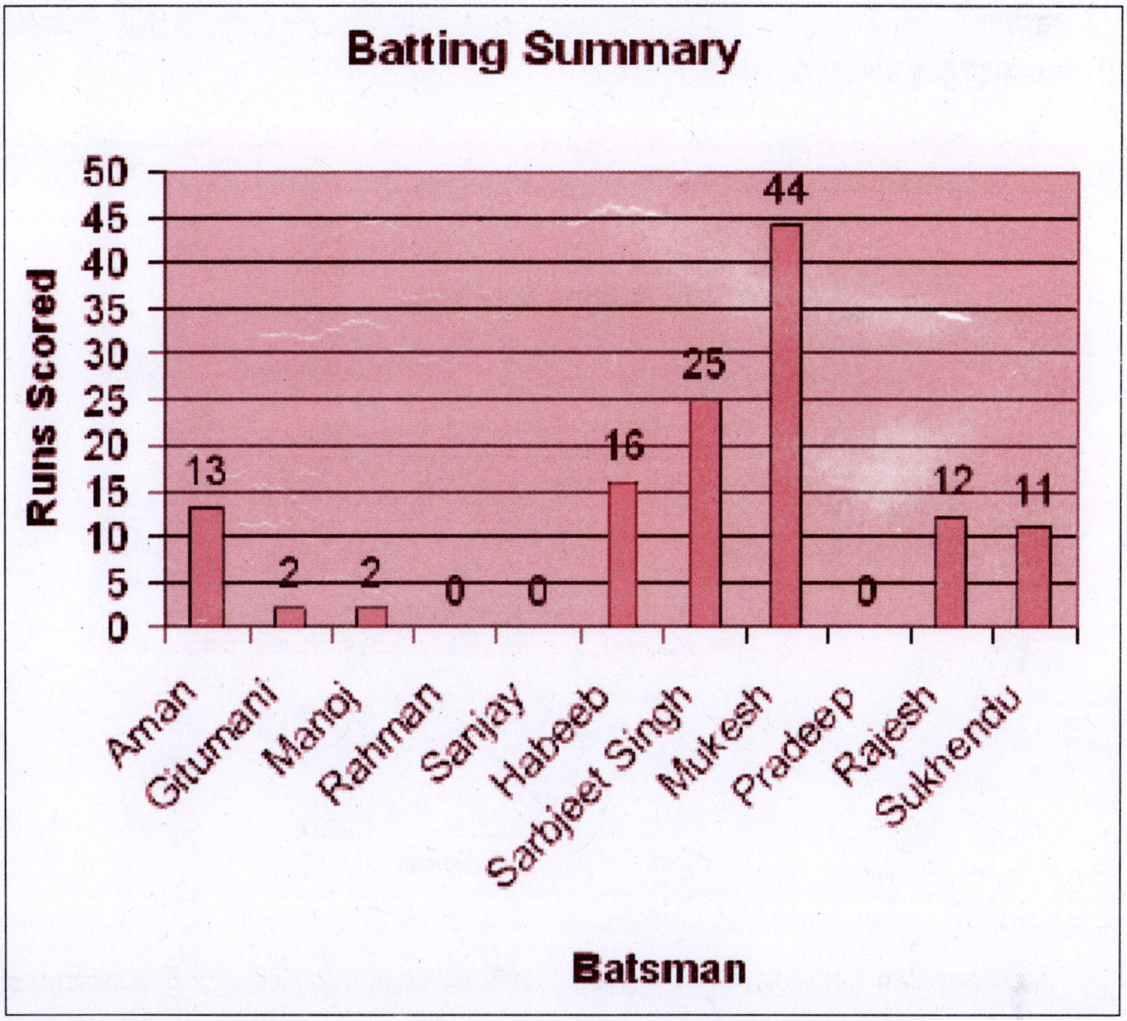

याद करें

1. चार्ट डेटा या इन्फॉरमेशन की विजुअल प्रस्तुति होता है।
2. चार्ट में सामान्यतया दो अक्ष होते हैं, जिन्हें X एक्सेस (होरिजोंटल या लेटा हुआ) और Y एक्सेस (वर्टिकल या खड़ा) कहते हैं।
3. एक्सेल में 14 से अधिक प्रकार के चार्ट और सैकड़ों सह चार्ट होते हैं।
4. आपको चार डायलॉग बॉक्स से गाइड किया जाता है, जिससे आप चार्ट बना सकते हैं—**चार्ट टाइप, चार्ट सोर्स, चार्ट ऑप्शंस और चार्ट लोकेशन**।

अभ्यास

(अ) प्रैक्टिकल

1. निम्न चार्ट के कंपोनेंट्स के लेबल लिखिए।

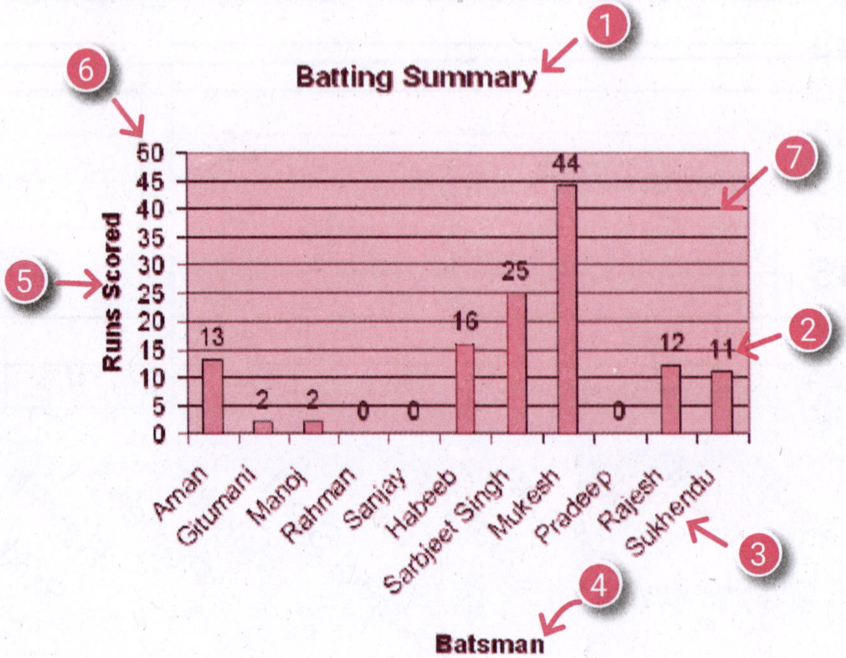

1. .... 2. .... 3. ....

4. .... 5. .... 6. ....

7. ....

Batsman	Runs
Aman	13
Gitumani	2
Manoj	2
Rahman	0
Sanjay	0
Habeeb	16
Sarbjeet Singh	25
Mukesh	44
Pradeep	0
Rajesh	12
Sukhendu	11

2. **किसने सबसे अधिक रन बनाए? किसने सबसे कम रन बनाए?**

3. **बार, लाइन और पाई चार्ट बनाने के लिए यहाँ दिए गए डेटा का प्रयोग करिए।** लाइन और पाई चार्ट बनाने के लिए शिक्षक की सहायता लीजिए।

4. डेटा सीरीज और कॉलम चार्ट बनाकर एक्सेल में नाम और आयु दिखाइए। चार्ट की सहायता से अपनी क़क्षा में सबसे छोटे और सबसे बड़े स्टूडेंट का नाम याद करिए।

(ब) सही के लिए (स) और गलत के लिए (ग) लिखिए—

1. चार्ट बनाने के लिए डेटा की टेबल की आवश्यकता होती है। यह टेबल डेटा सीरीज कहलाती है। ☐
2. चार्ट के भाग हैं—

   अ. चार्ट टाइटल चार्ट का वास्तविक डेटा है। ☐

   ब. ग्रिडलाइंस ग्राफ है, जिस पर चार्ट बनाते हैं। ☐

   स. डेटा लेबल्स बार से दिखाए जानेवाले काल्पनिक मान हैं। ☐

शिक्षकों से

1. यदि छात्र चाहें तो उन्हें दूसरे चार्ट टाइप जैसे लाइन, पाई के बारे में बताइए और दैनिक जीवन के उदाहरण दीजिए, जैसे क्रिकेट मैच सारांश आदि।
2. उदाहरण लेकर स्टूडेंट को साधारण चार्ट के बारे में समझाइए। चार्ट पर आधारित इन्फॉरमेशन ढूँढ़ने के लिए अभ्यास दिया जा सकता है।

बहुविकल्पीय प्रश्न

निम्न चार विकल्पों में से सही विकल्प पर (✔) निशान लगाएँ।

1. चार्ट की X एक्सेस को कहते हैं—

अ. होरीजोंटल एक्सेस　　ब. स्लीपिंग एक्सेस

स. अ और ब दोनों　　द. इनमें से कोई नहीं

2. चार्ट की Y एक्सेस को कहते हैं—

अ. वर्टिकल　　ब. स्टैंडिंग

स. अ और ब दोनों　　द. इनमें से कोई नहीं

3. चार्ट बनाने के लिए जो डेटा टेबल चाहिए होती है, उसे कहते हैं—

अ. डेटा सीरीज　　ब. चार्ट टाइटल

स. ग्रिडलाइंस　　द. डेटा लेबल्स

7 पावर पॉइंट 2003 का परिचय

वर्ड और एक्सेल को सीखने के बाद हमें विश्वास है कि आप इन दोनों एप्लीकेशंस में दक्षता प्राप्त करने की ओर अग्रसर हैं। आइए, अब माइक्रोसॉफ्ट ऑफिस सुइट की एक और महत्त्वपूर्ण एप्लीकेशन के बारे में जानकारी प्राप्त करें। इसे माइक्रोसॉफ्ट पावर पॉइंट कहते हैं। आइए, इसके बारे में जानें।

माइक्रोसॉफ्ट पावर पॉइंट

माइक्रोसॉफ्ट पावर पॉइंट माइक्रोसॉफ्ट ऑफिस सुइट का एक बहुप्रचलित प्रेजेंटेशन प्रोग्राम है। इसे आप स्लाइड शो बनाने के लिए प्रयोग कर सकते हैं। जिसमें टेक्स्ट, ग्राफिक्स, मूवी और साउंड आदि को रखा जा सकता है। इसे एल.सी.डी. प्रोजेक्टर का प्रयोग करके बड़ी स्क्रीन पर प्रेजेंटर द्वारा दिखाया जा सकता है, कंप्यूटर मॉनीटर पर दूर बैठे किसी यूजर द्वारा देखा जा सकता है या कागज पर छापा जा सकता है।

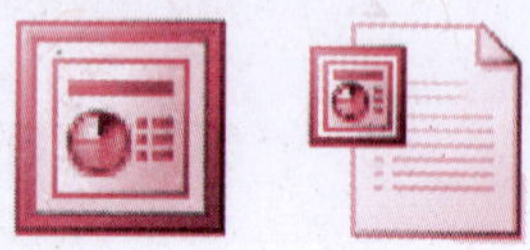

पावर पॉइंट प्रेजेंटेशन में एनिमेशन, मूवीज, वीडियो, आवाज, म्यूजिक, वर्ड आर्ट

और शेप आपकी आवश्यकता के अनुसार रखे जा सकते हैं। पावर पॉइंट में बनाई गई फाइल का एक्सटेंशन .श्क्ष्ह होता है।

पावर पॉइंट स्क्रीन

यहाँ पावर पॉइंट की पहली स्क्रीन दिखाई गई है। आप इसके भागों और कामों के बारे में पहले ही जानते हैं।

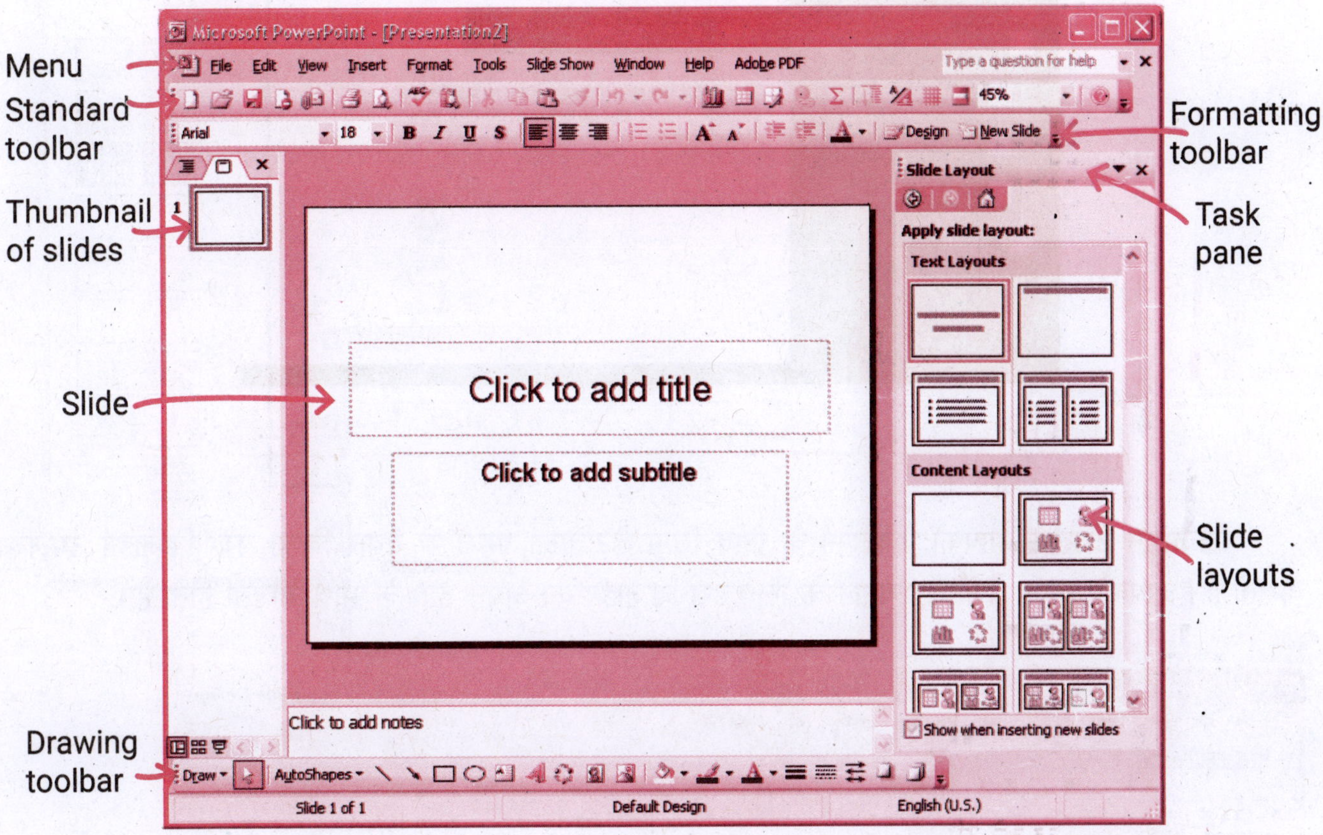

पावर पॉइंट में प्रेजेंटेशन बनाना

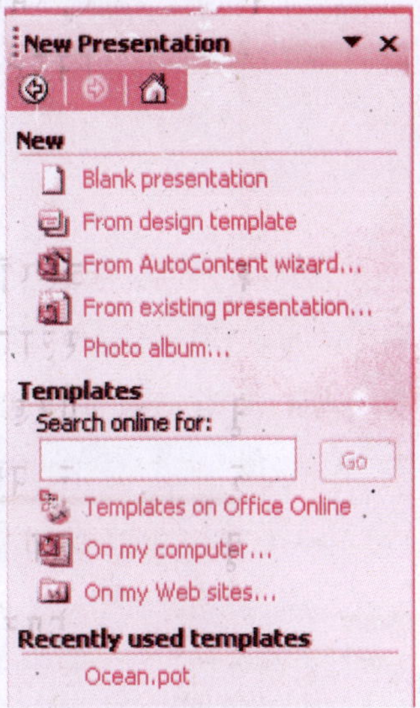

पावर पॉइंट में प्रेजेंटेशन बनाने के लिए आपको ये विधियाँ मिलती हैं—

1. ऑटो कंटेंट विजर्ड का प्रयोग करके।

2. डिजाइन टेंपलेट का प्रयोग करके।

3. ब्लैंक प्रेजेंटेशन का प्रयोग करके।

ऑटो कंटेंट विजर्ड आपको प्रेजेंटेशन का प्रकार चुनने की सुविधा देता है और प्रेजेंटेशन के लिए डिजाइन व कंटेंट प्रदान करता है।

उदाहरण : आप खाली स्थान में अपने कंटेंट रख सकते हैं। ये स्थान घेरने के लिए प्रयोग किए जाते हैं, जिन्हें वास्तविक कंटेंट द्वारा भरा जाता है।

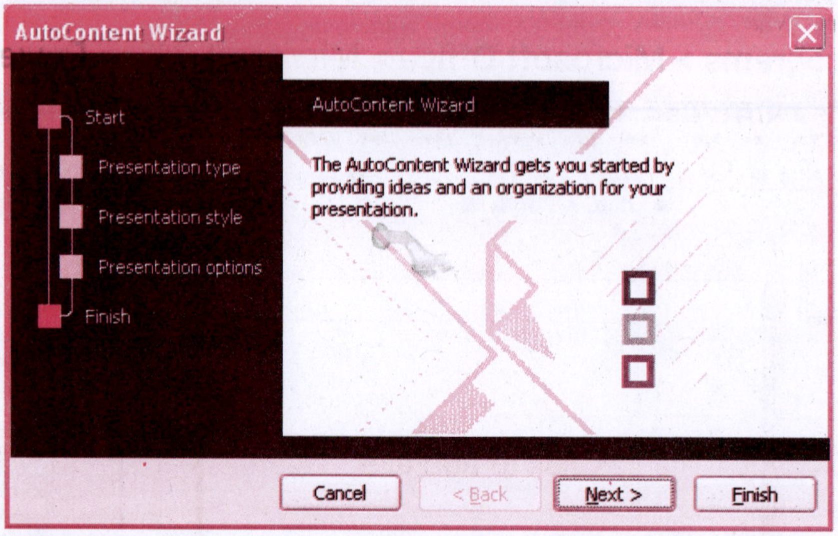

डिजाइन टेंपलेट आपको प्रेजेंटेशन के लिए बिना डेटावाला पहले से तैयार किया गया डिजाइन उपलब्ध कराता है। आपको अपना प्रेजेंटेशन बनाने के लिए इस डिजाइन को अपने डेटा के साथ जोड़ना होता है।

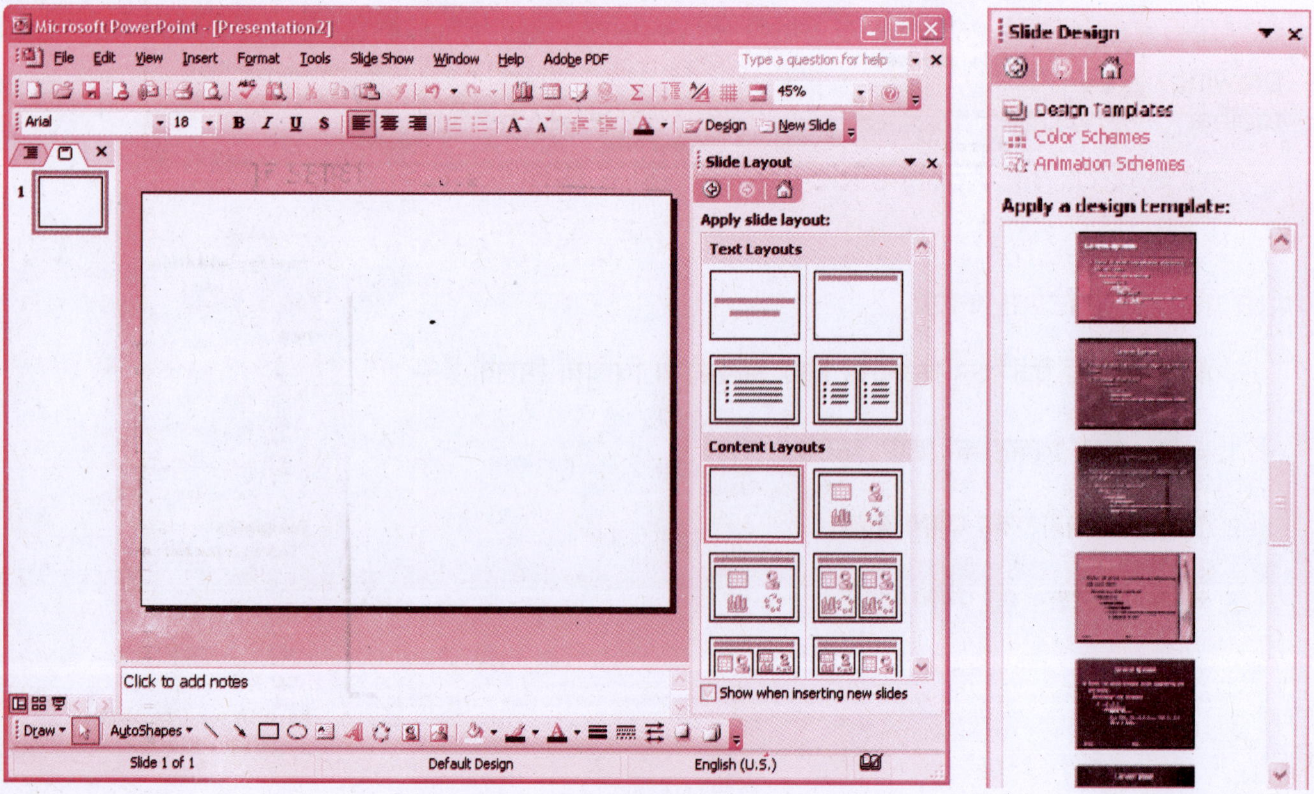

ब्लैंक प्रेजेंटेशन एक ब्लैंक स्लाइडवाला प्रेजेंटेशन है। आपको प्रेजेंटेशन के लिए उसकी डिजाइन और डेटा तैयार करना होता है।

ब्लैंक प्रेजेंटेशन को कंटेंट भरकर स्लाइड डिजाइन एप्लाई करना अधिक बेहतर तरीका है। आइए देखें, कैसे करते हैं।

ब्लैंक प्रेजेंटेशन से प्रेजेंटेशन बनाना

1. **Start > Programs > Microsoft Office > Microsoft Office PowerPoint 2003** पर क्लिक करते हैं। **पावर पॉइंट** की स्क्रीन सामने खुलती है।

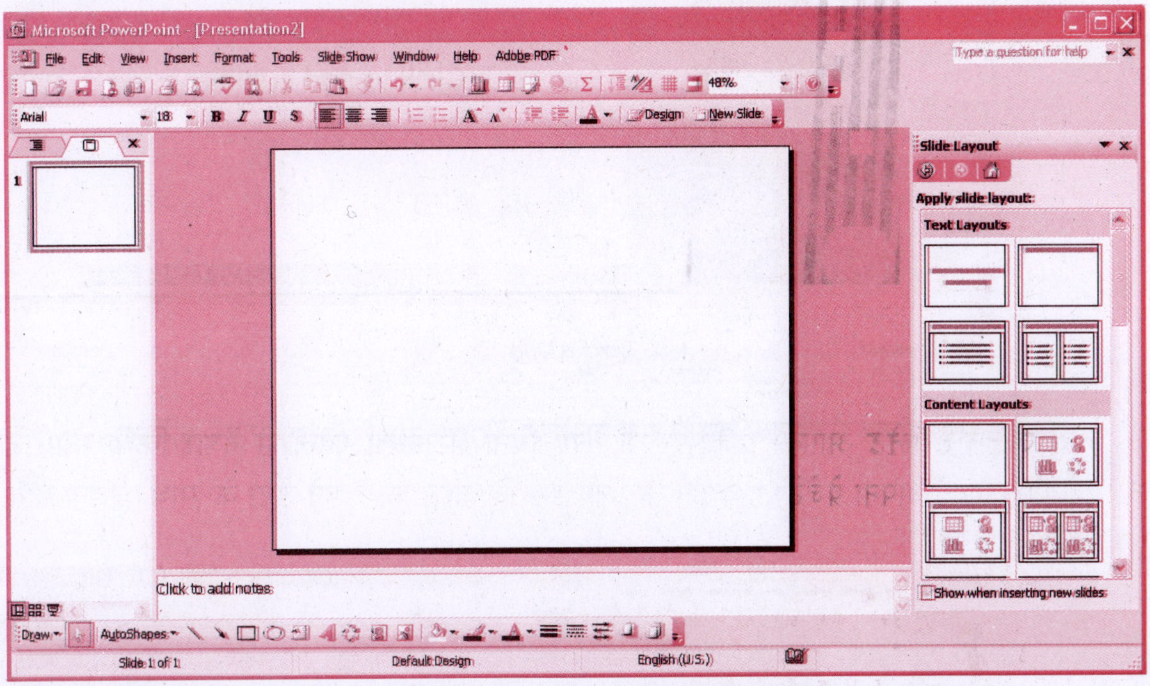

2. स्क्रीन के दाईं ओर **Apply slide layout** विंडो से पहली स्लाइड का लेआउट चुनिए।

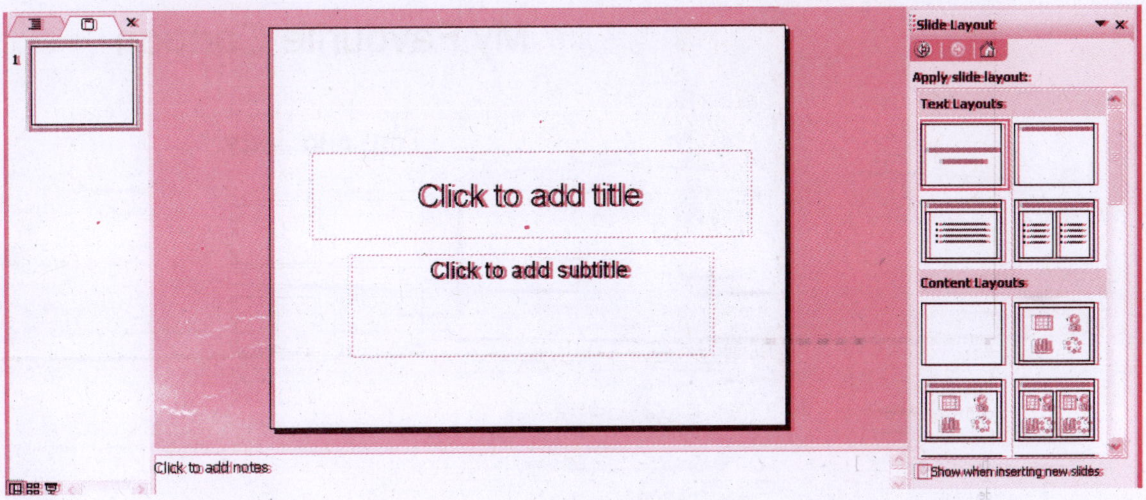

3. आपको स्लाइड पर दो टेक्स्ट बॉक्स दिखाई देंगे। पहले टेक्स्ट बॉक्स में क्लिक करके My Favourite Cartoon टाइप कीजिए।

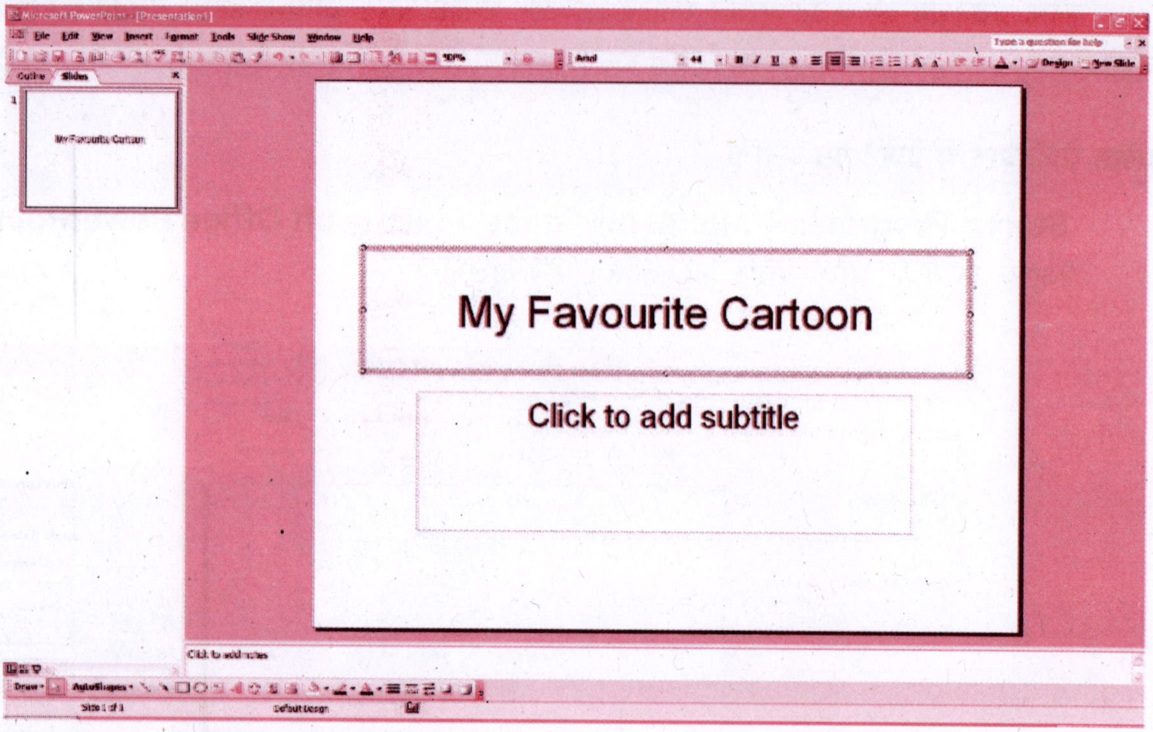

4. दूसरे टेक्स्ट बॉक्स में क्लिक करके सब टाइटिल Tom and Jerry टाइप कीजिए।

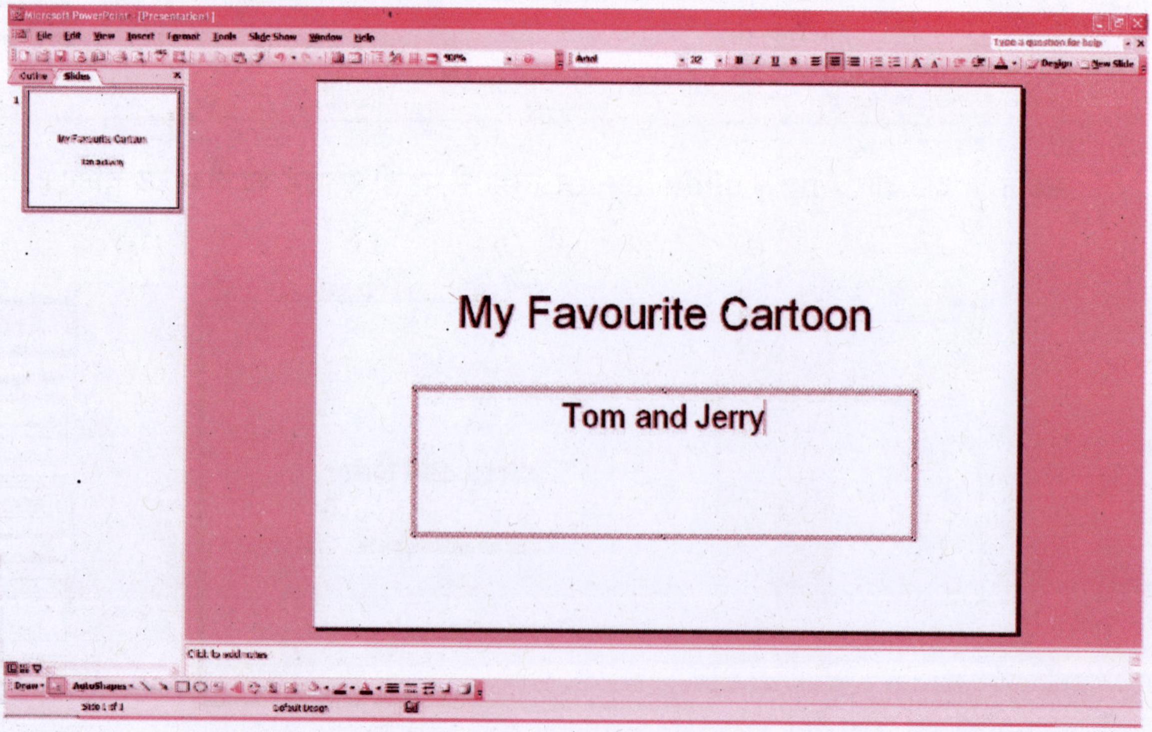

5. स्लाइड में कहीं भी राइट क्लिक कीजिए और कॉण्टेक्स्ट मेन्यू से **Slide Design** चुनिए। स्क्रीन के दाहिने भाग में **Slide Design** टास्क पैन खुल जाता है।

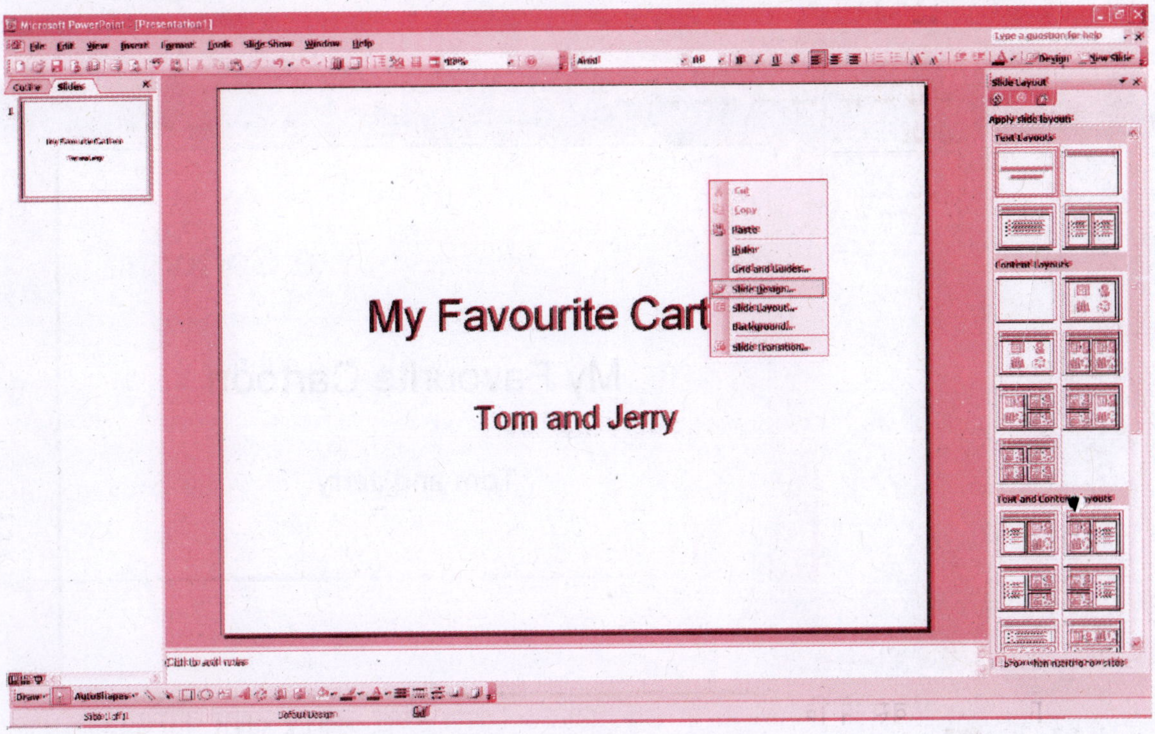

6. **Slide Design** टास्क पैन से अपनी पसंद का स्लाइड डिजाइन चुनिए।

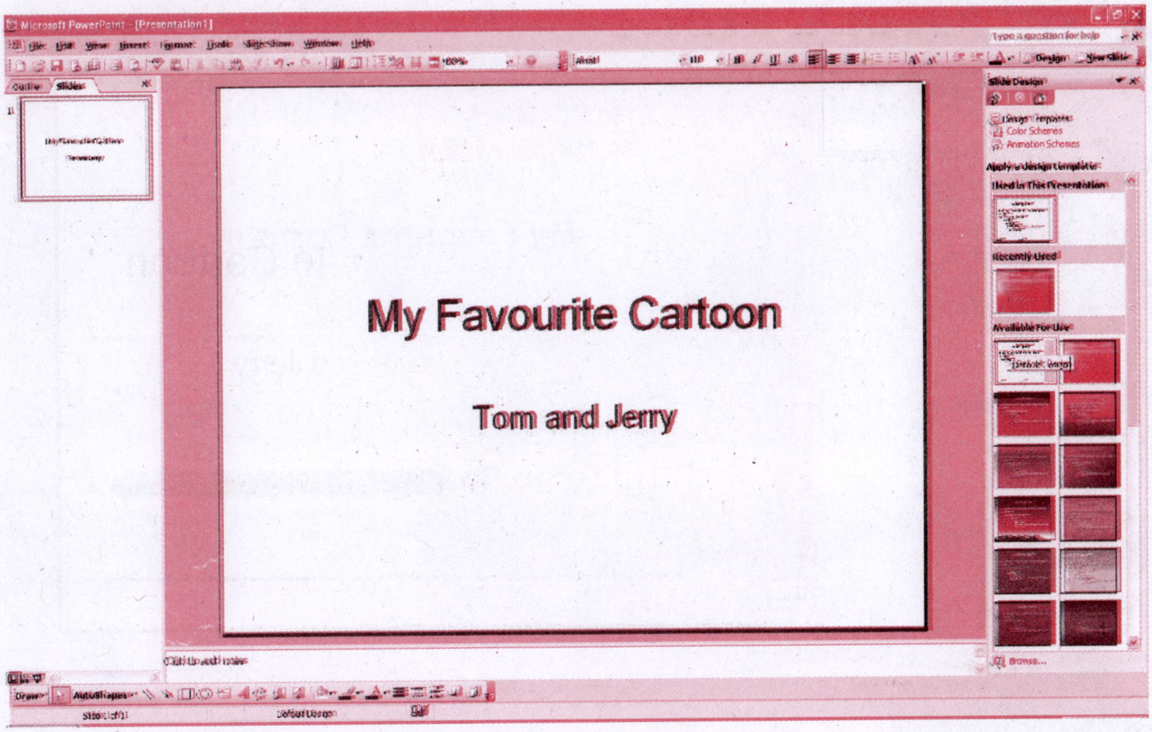

7. मनचाही डिजाइन के लिए ड्रॉप डाउन ऐरो के लिए क्लिक कीजिए और **'Apply to Selected Slide'** विकल्प चुनिए। यदि आपने एक से अधिक स्लाइड बनाई हैं और यही डिजाइन प्रेजेंटेशन की सभी स्लाइडों पर रखना चाहते हैं तो **'Apply to all slides'** को चुनिए।

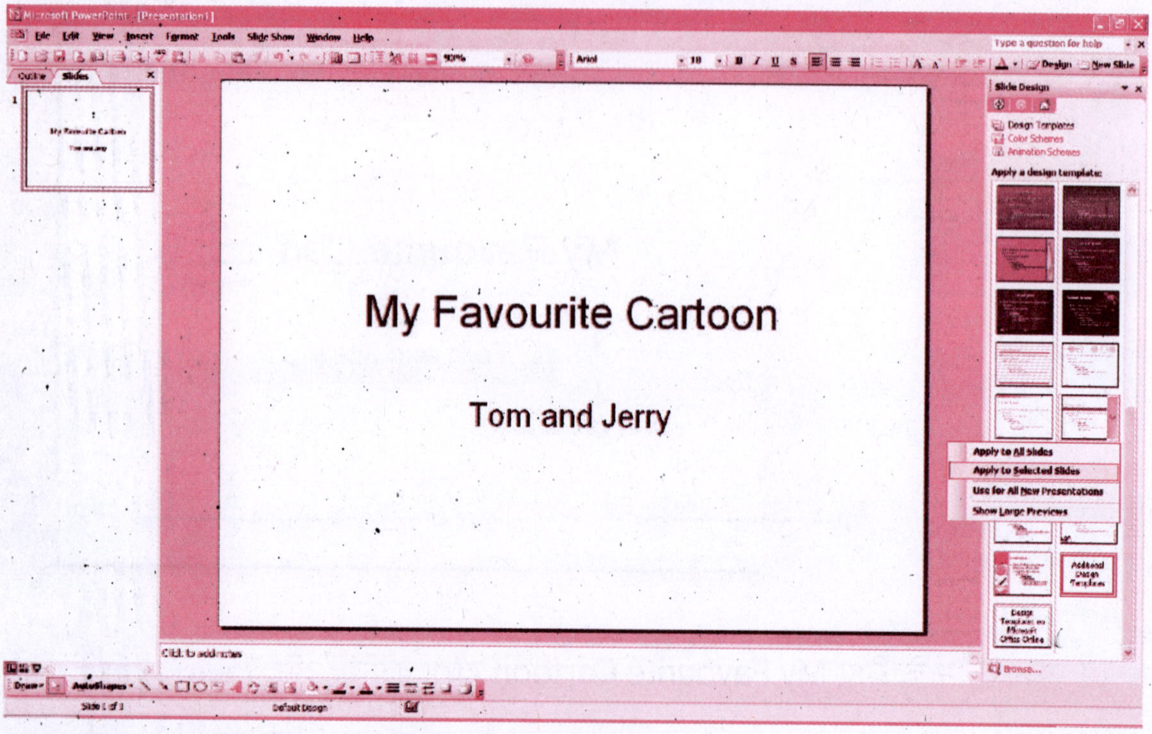

8. चुनी गई डिजाइन आपकी स्लाइड (स्लाइडों) पर आ जाएगी।

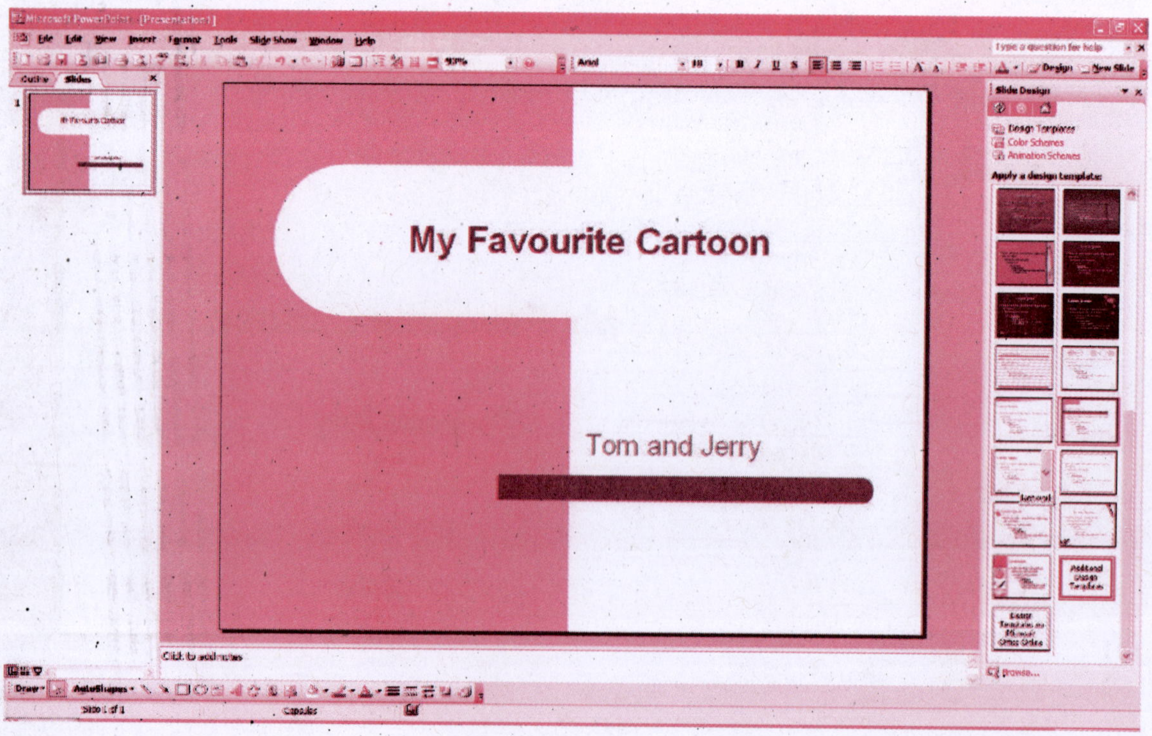

9. फाइल को सेव करने के लिए **File > Save** पर क्लिक कीजिए।

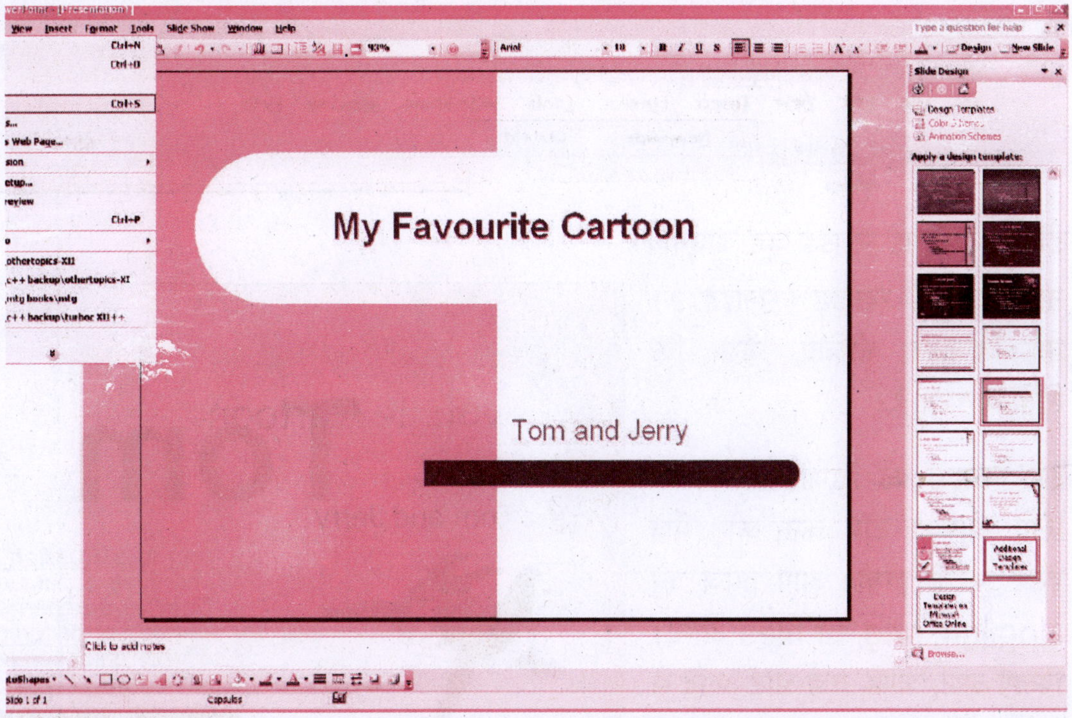

10. फाइल नेम के लिए My Favourite Cartoon टाइप कीजिए और **Save** बटन पर क्लिक कीजिए।

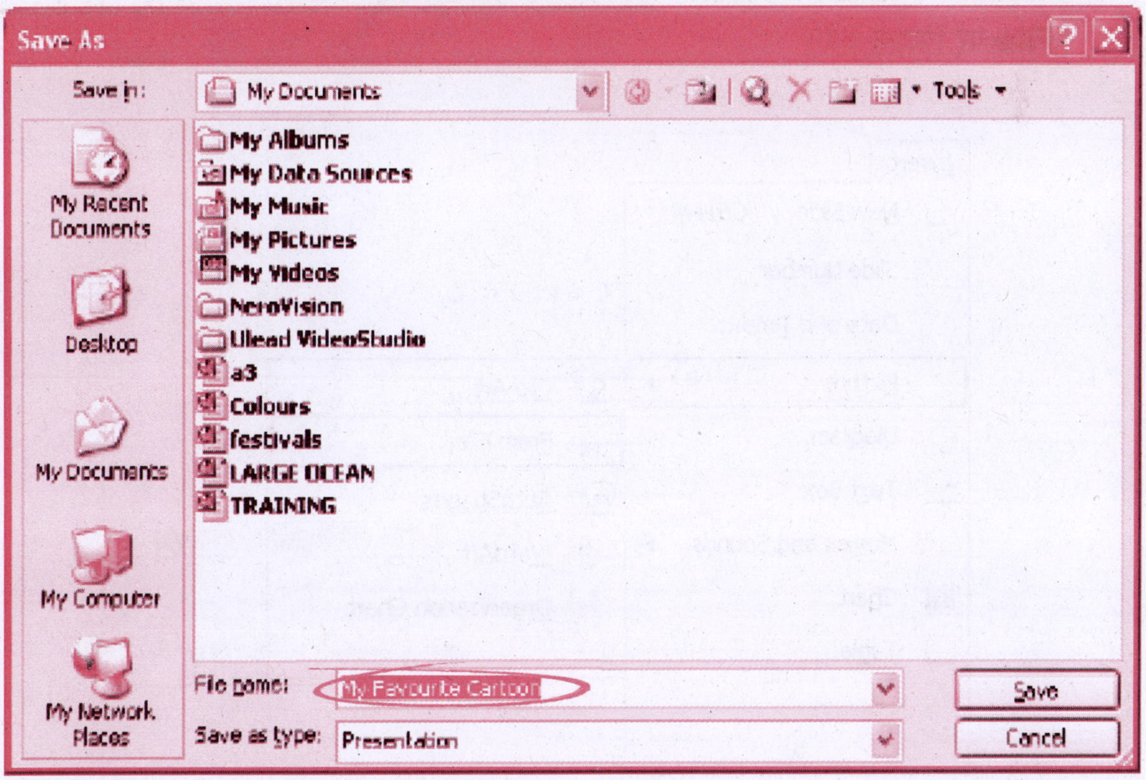

नई स्लाइड जोड़ना

1. **Ctrl+M** दबाइए या **Insert > New slide** पर जाइए।

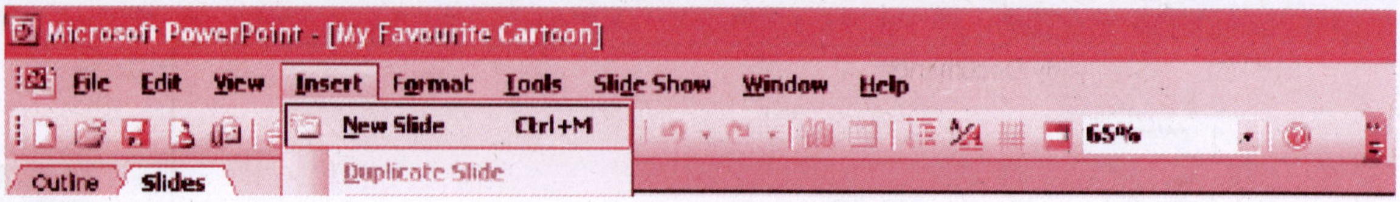

आपके डॉक्यूमेंट में नई स्लाइड जुड़ जाएगी।

2. नई जोड़ी गई स्लाइड (स्लाइड 2) को डिजाइन कीजिए, जैसा कि दिखाया गया है।

इस स्लाइड को डिजाइन करने के लिए आपको टॉम कैट की इमेज इंसर्ट करनी होगी। आप इमेज को (jpg, gif, png, tif files आदि) क्लिप आर्ट, शेप्स, वर्ड आर्ट आदि से पावर पॉइंट में वैसे ही ला सकते हैं जैसे पहले वर्ड में ले गए थे।

1. **Insert > Picture > From File** पर क्लिक करें।

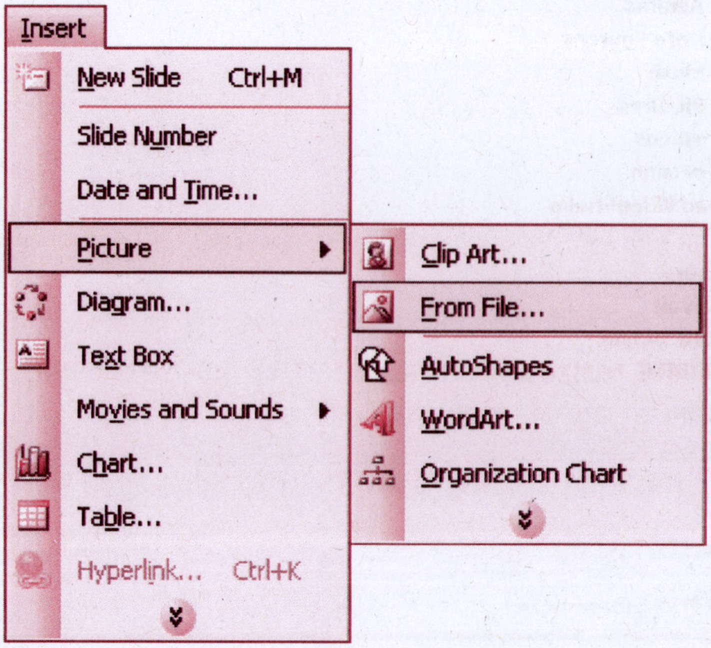

2. उस स्थान पर जाएँ, जहाँ इमेज सेव की गई है। इमेज को चुनिए और **Insert** बटन पर क्लिक कीजिए।

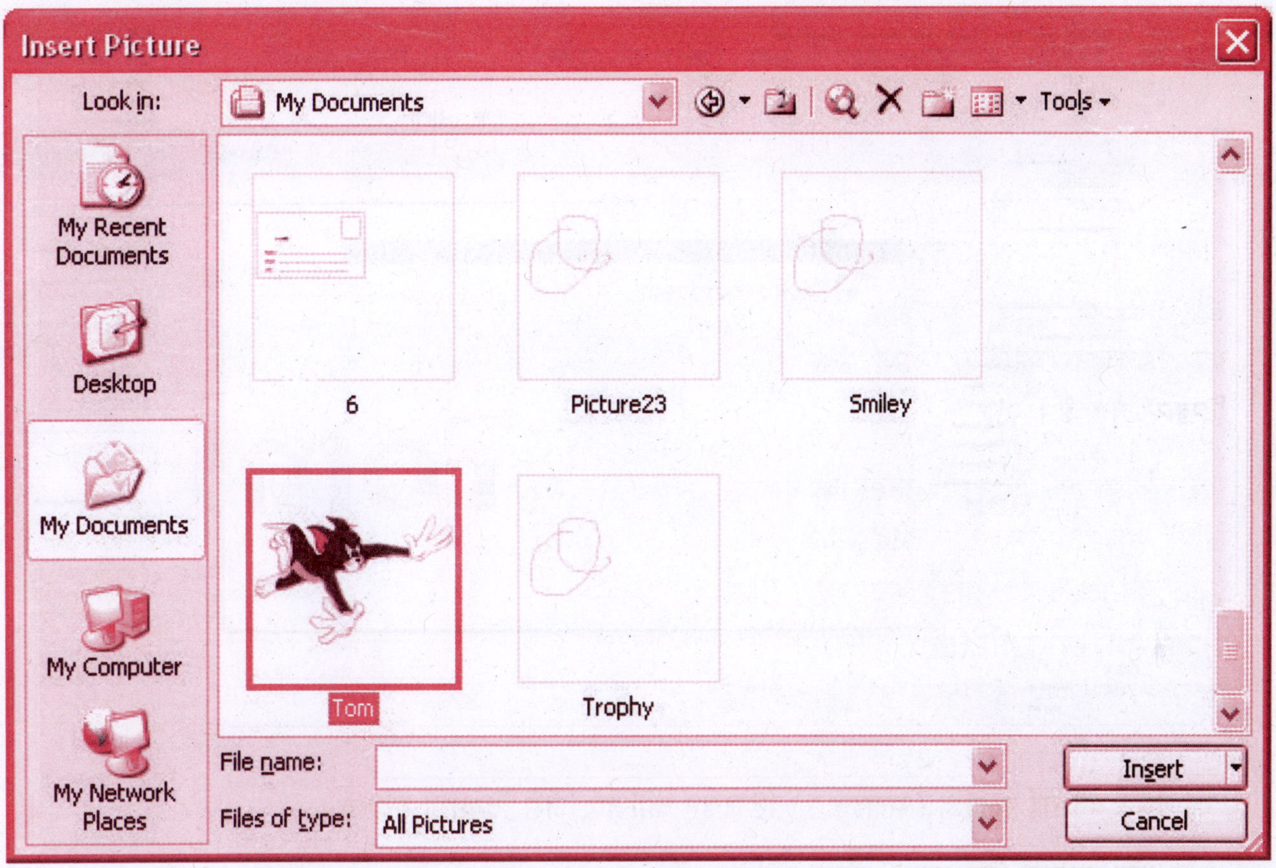

3. आप इमेज को विंडोज एक्सप्लोरर या इंटरनेट एक्सप्लोरर से कॉपी भी कर सकते हैं और सीधे पावर पॉइंट में पेस्ट कर सकते हैं।

टिप

1. आप कॉमन टाइप की इमेज (jpg, gif, png, tif आदि) विंडोज एक्सप्लोरर से ड्रैग करके पावर पॉइंट विंडो पर छोड़कर इंसर्ट कर सकते हैं।
2. आप चुनी गई इमेज को कॉर्नर हैंडल (चुनी गई इमेज के चारों ओर आठ सफेद गोले, जिनसे घेरा बनाता है) का प्रयोग करके **resize and stretch** कर सकते हैं। आप इमेज को **घुमाने** (rotate) के लिए हरा हैंडल प्रयोग कर सकते हैं। इनका अभ्यास कीजिए।

3. वैकल्पिक रूप से स्लाइड इंसर्ट करने के लिए स्लाइड पर राइट क्लिक करते हैं और कॉण्टेक्स्ट मेन्यू से **New Slide** विकल्प चुनते हैं।

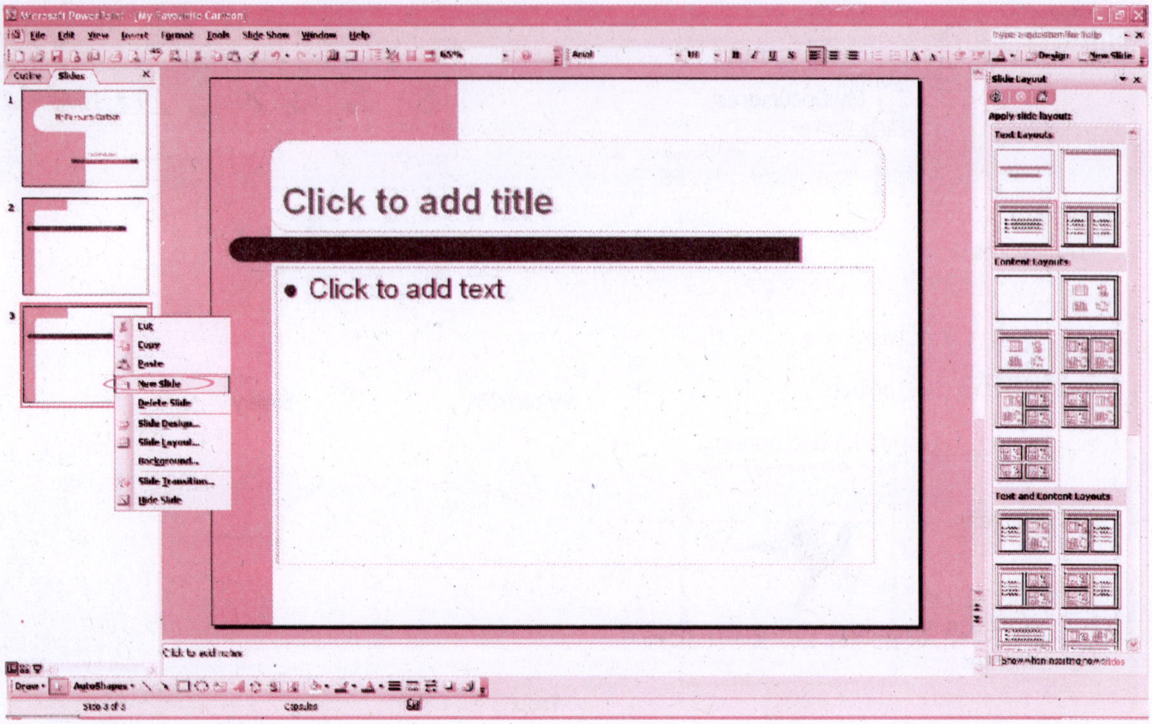

4. नई इंसर्ट की गई स्लाइड (स्लाइड 3) डिजाइन कीजिए, जैसे दिखाया गया है।

5. एक और स्लाइड (स्लाइड 4) इंसर्ट कीजिए और डिजाइन कीजिए, जैसा कि दिखाया गया है।

Slide-3

Slide-4

6. अब जो स्लाइड्स आपने बनाई हैं, उन सबको देखने के लिए **View > Slide Sorter View** पर क्लिक कीजिए।

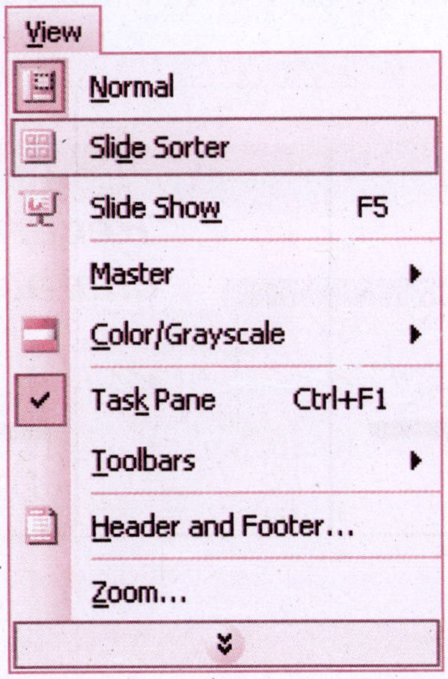

अब सभी स्लाइड्स इस प्रकार दिखेंगी—

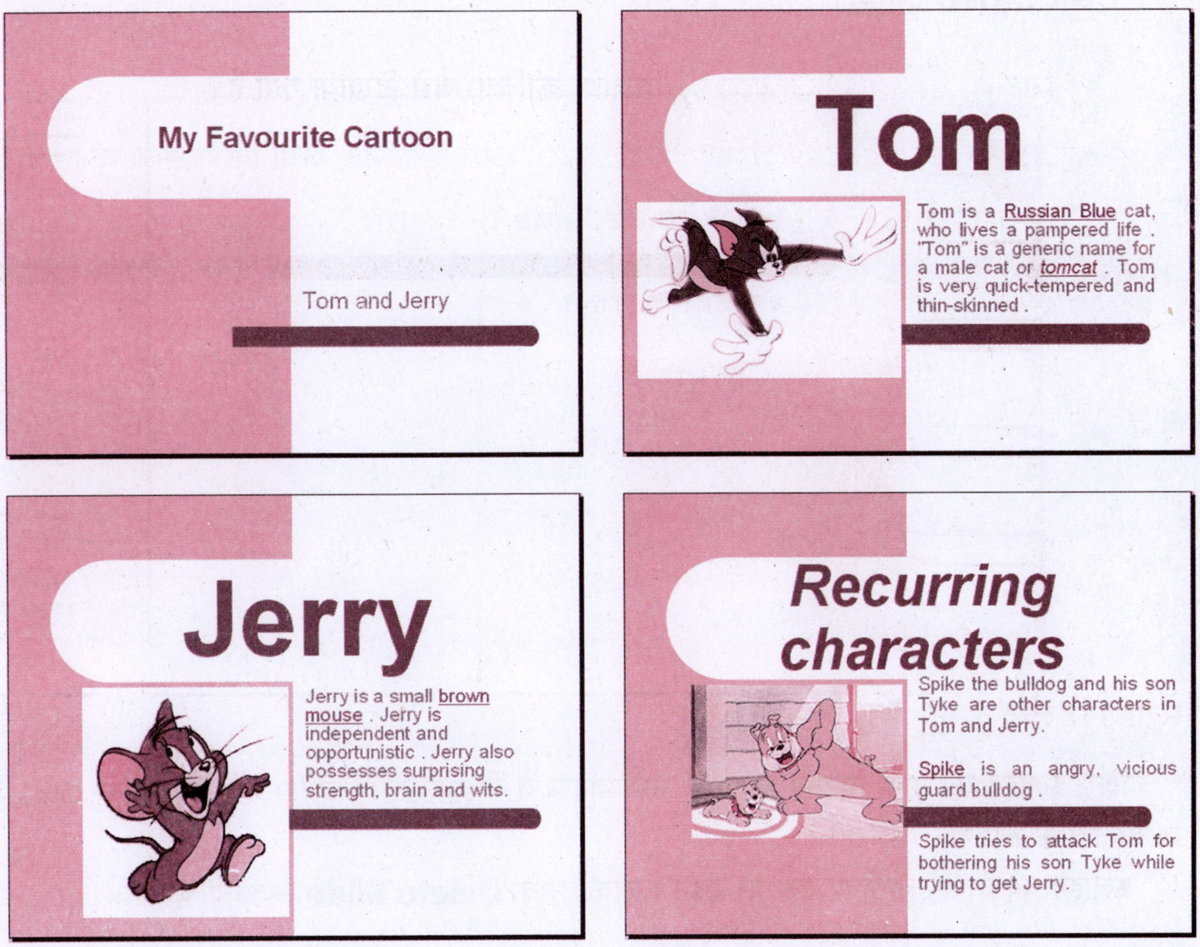

क्या आपने अंतिम एक्सरसाइज में स्लाइड डिजाइन पर ध्यान दिया? इनके लेआउट बिलकुल एक जैसे हैं, लेकिन कंटेंट अलग-अलग हैं। आप एक स्लाइड डिजाइन कर सकते हैं और फिर उसकी डुप्लीकेट बना सकते हैं। आप चुने गए स्लाइड की हूबहू कॉपी पाएँगे। अब आप इमेज या टेक्स्ट बदल दें तो आपका काम आसान हो जाता है। यह काम करने की तेज और स्मार्ट विधि है।

Slide-2

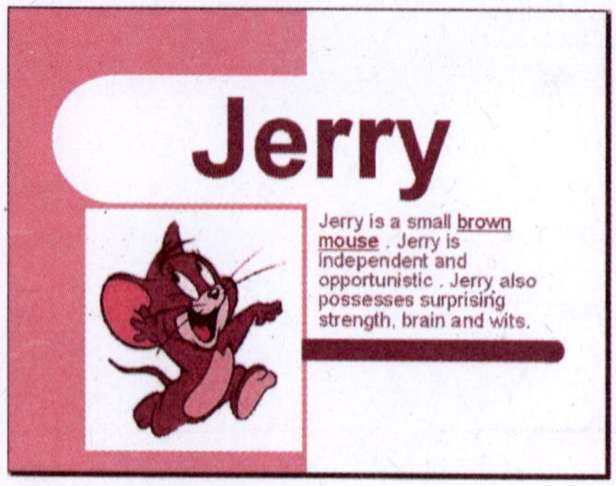

Slide-3

Slide-4

स्लाइड का डुप्लीकेट बनाना

1. स्लाइड का डुप्लीकेट बनाने के लिए विंडोज के बाईं ओर स्लाइड के थमनेल को माउस से सिलेक्ट कीजिए और **Ctrl+D** दबाइए।

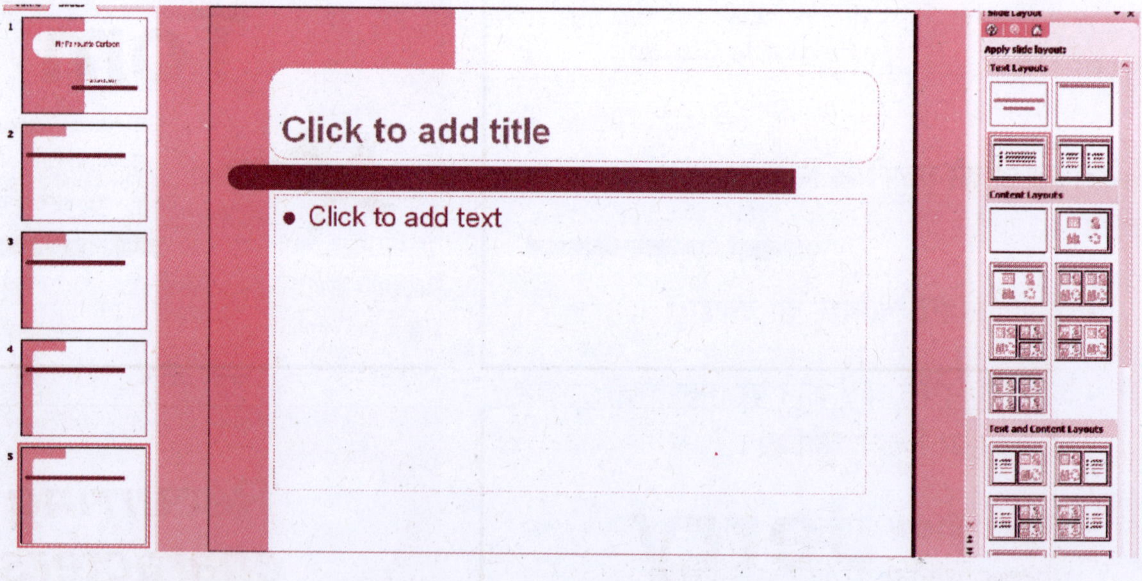

स्लाइड डिलीट करना

जिस स्लाइड को आप मिटाना चाहते हैं उसे माउस से क्लिक करके चुनिए और कीबोर्ड से **DEL** की दबाइए या वैकल्पिक रूप से,

स्लाइड को मिटाने के लिए उस पर राइट क्लिक करके **Delete Slide** विकल्प चुनिए।

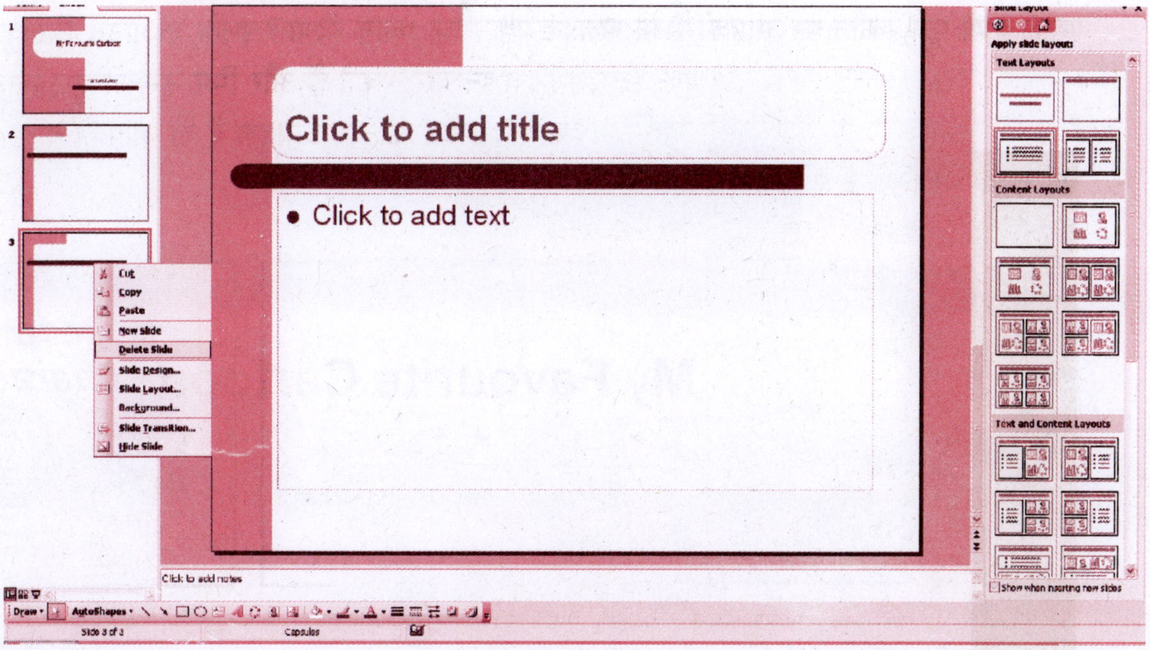

स्लाइड शो चलाना

स्लाइड शो स्क्रीन पर चलनेवाला एक शो या प्रदर्शन होता है, जहाँ आपके द्वारा बनाई गई सभी स्लाइड्स एक-एक करके दिखाई जाती हैं।

स्लाइड शो को चलाने के लिए निम्न विधि का प्रयोग करते हैं—

- कीबोर्ड से **F5** फंक्शन की दबाइए।
- विंडो के निचले बाएँ कोने पर मिलनेवाले स्लाइड शो बटन पर क्लिक कीजिए।
- **Slide Show** मेन्यू पर जाइए और **View Show** विकल्प पर क्लिक कीजिए।
- **View > Slide Show** पर जाइए।

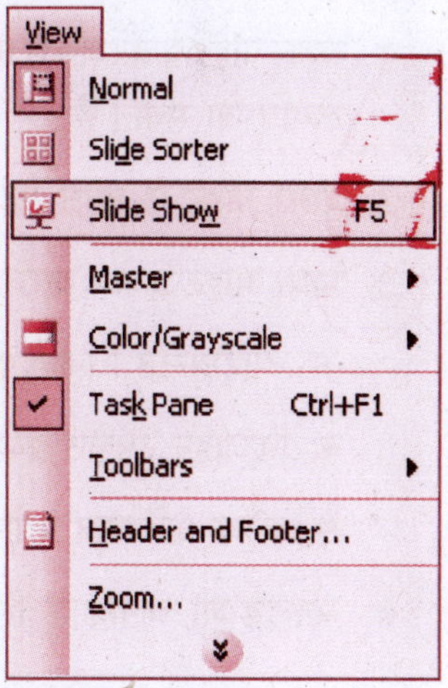

स्लाइड शो पूरी स्क्रीन पर आपकी सभी स्लाइड एक-एक करके दिखाएगा।

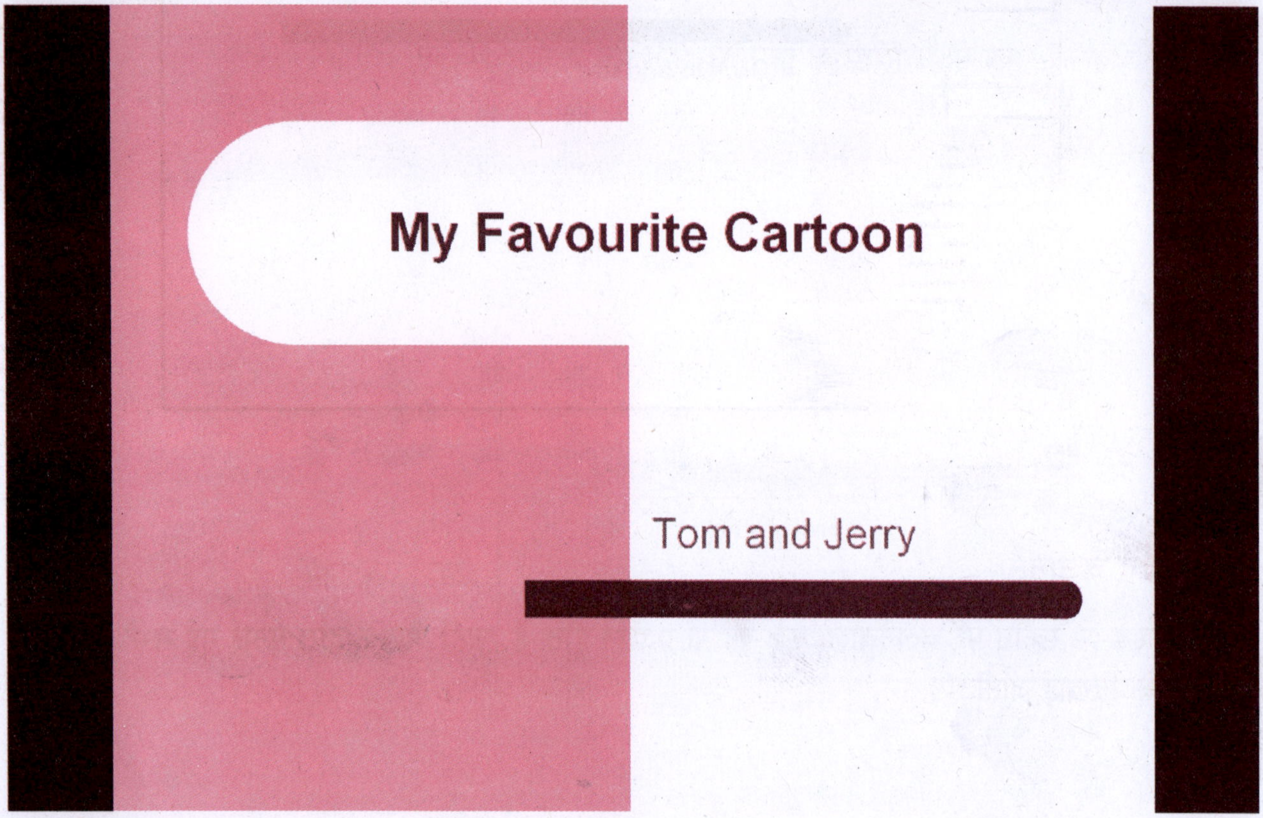

शिक्षकों से

1. पावर पॉइंट प्रेजेंटेशन में एनिमेशन, मूवी, वीडियो, आवाज, ध्वनि और म्यूजिक, वर्ड आर्ट और ऑटोशेप आपकी आवश्यकतानुसार लगाए जा सकते हैं।
2. पावर पॉइंट में बनाई गई फाइल का एक्सटेंशन .ppt होता है।
3. पावर पॉइंट प्रयोग करके प्रेजेंटेशन बनाने की तीन विधियाँ हैं—

   अ. ऑटोकंटेंट विजर्ड प्रयोग करके।

   ब. डिजाइन टेंपलेट प्रयोग करके।

   स. ब्लैंक प्रेजेंटेशन प्रयोग करके।
4. स्लाइड शो चलाने के लिए आप कीबोर्ड से F5 की दबा सकते हैं।

अभ्यास

(अ) प्रैक्टिकल

1. नीचेवाली पावर पॉइंट विंडो के कम-से-कम दस कंपोनेंट के नाम लिखिए।

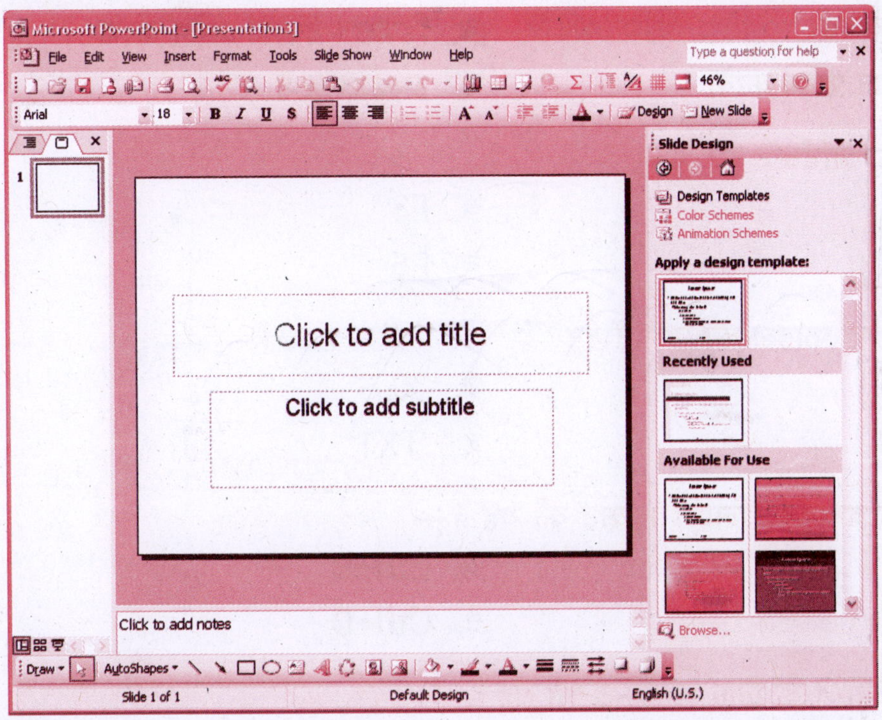

2. उपयुक्त सूचना जोड़कर My Favourite Cartoon प्रेजेंटेशन को पूरा कीजिए। स्लाइड शो को रन कीजिए और इसे अपनी कक्षा में दिखाइए।
3. विभिन्न ग्रहों के बारे में जानकारी टाइप करके सोलर सिस्टम पर एक पावर पॉइंट प्रेजेंटेशन बनाइए। प्रत्येक ग्रह के लिए एक अलग स्लाइड बनाइए। प्रत्येक ग्रह की उपयुक्त इमेज लगाने के लिए शिक्षक से सहायता लीजिए। स्लाइड शो रन करके अपने क्लास रूम में दिखाइए।

(ब) निम्न की स्टेप्स लिखिए—

- नई स्लाइड जोड़ना।
- स्लाइड की डुप्लीकेट बनाना।
- स्लाइड डिलीट करना।

(स) स्लाइड शो चलाने की सभी विधियाँ लिखिए।

शिक्षकों से

छात्रों को पावर पॉइंट पर प्रैक्टिकल कराने से उनको इस एप्लीकेशन की उपयोगिता समझने में सहायता मिलेगी।

बहुविकल्पीय प्रश्न

निम्न चार विकल्पों में से सही विकल्प पर (✔) निशान लगाएँ।

1. पावर पॉइंट प्रेजेंटेशन इसका प्रयोग करके बनाया जा सकता है—

अ. ऑटो कंटेंट विजर्ड　　ब. डिजाइन टेंपलेट प्रयोग करके

स. खाली प्रेजेंटेशन प्रयोग करके　　द. उपर्युक्त सभी

2. स्लाइड शो चलाने का शॉर्टकट यह है—

अ. F2　　ब. F3

स. F4　　द. F5

3. पावर पॉइंट में बनाई गई फाइल का एक्सटेंशन .... होता है—

अ. .DOC　　ब. .XLS

स. .PPT　　द. .TXT

4. स्लाइड का डुप्लीकेट बनाने के लिए शॉर्टकट की यह है—

अ. Ctrl+A　　ब. Ctrl+B

स. Ctrl+C　　द. Ctrl+D

5. नई स्लाइड इंसर्ट करने के लिए शॉर्टकट की यह है—

अ. Ctrl+L　　ब. Ctrl+M

स. Ctrl+N　　द. Ctrl+O

8 कंप्यूटर में फाइल ढूँढ़ना

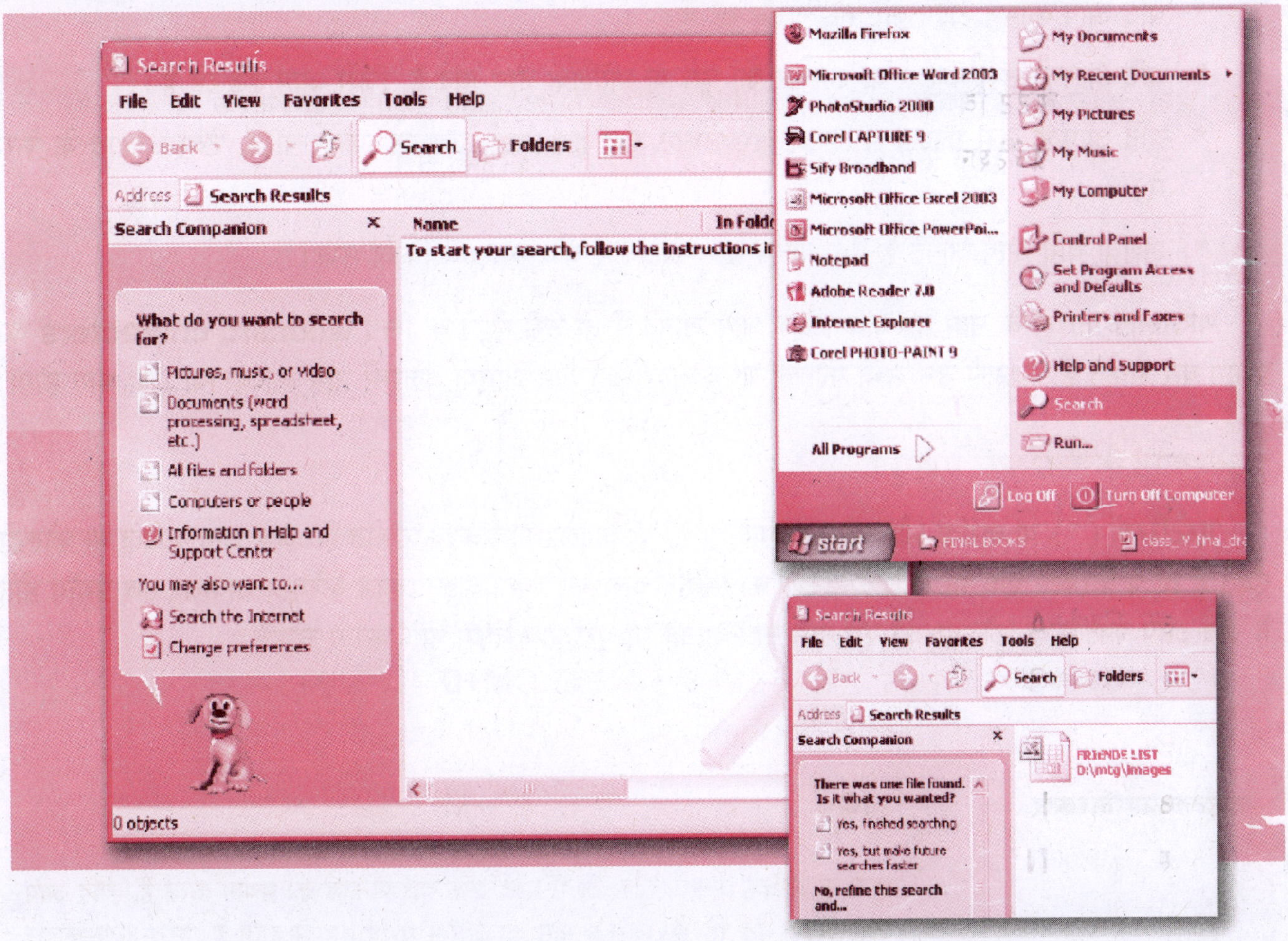

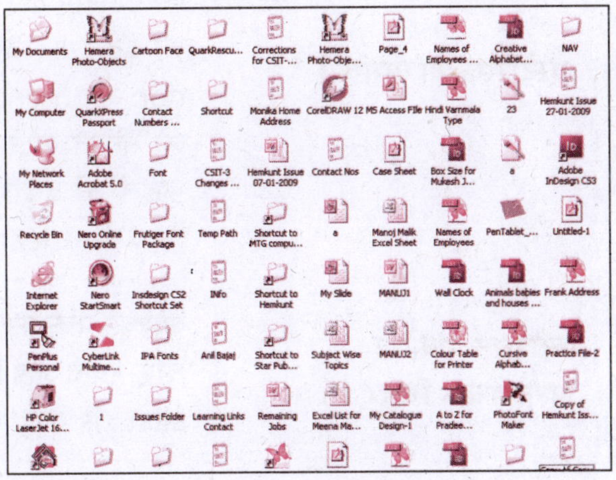

हम पेंट, वर्डपैड, नोटपैड, वर्ड, एक्सेल, पावर पॉइंट का प्रयोग सीख चुके हैं। हम इन एप्लीकेशंस को प्रयोग करके अपने काम को कंप्यूटर पर सेव कर चुके हैं। जब आप इतने सारे प्रोग्राम प्रयोग करके फाइलें बना रहे हैं तो यह याद रखना बहुत कठिन हो जाता है कि हमने कौन सी फाइल और फोल्डर पिछले वर्ष, पिछले माह या पिछले सप्ताह बनाया है। इसलिए ड्राइव, फोल्डर आदि में इन्हें ढूँढ़ने में बहुत समय नष्ट होता है। इसके अलावा हम स्मार्ट लोग हैं और काम को भिन्नता से करते हैं। कंप्यूटर में फाइल ढूँढ़ने की कुछ स्मार्ट विधियाँ मौजूद हैं।

माइक्रोसॉफ्ट विंडोज में फाइल और फोल्डर ढूँढ़ने की कई विधियाँ मौजूद हैं। अब हम कई विधियों की चर्चा करेंगे, जिनसे फाइलों को आप तेजी से ढूँढ़ सकते हैं।

फाइलें और फोल्डर्स ढूँढ़ना

सर्च में कंपेनियन फाइल ढूँढ़ने की विधि मौजूद होती है। **Search Companion** का प्रयोग आप कर सकते हैं—

- यदि आप कॉमन टाइप की फाइल ढूँढ़ रहे हैं।
- यदि आपको उस फाइल या फोल्डर का पूरा या आंशिक नाम याद है, जिसे आप ढूँढ़ रहे हैं।
- यदि आपको उस फाइल में लिखा कुछ टेक्स्ट याद है। (वर्ड, एक्सेल, पावर पॉइंट, टेक्स्ट आदि के केस में)
- अथवा यदि आप जानते हैं कि अंतिम बार फाइल में कब बदलाव किया गया।

यदि आप फाइल के नाम का केवल एक भाग जानते हैं तो उसे ढूँढ़ने के लिए **wildcard characters** का प्रयोग कर सकते हैं, जिससे उन सभी फाइलों या फोल्डरों को ढूँढ़ा जाएगा, जिसमें नाम का बताया गया भाग होगा।

वाइल्डकार्ड कैरेक्टर्स का प्रयोग

एस्टेरिस्क (*) या तारांक और क्वेश्चन मार्क (?) दो वाइल्डकार्ड कैरेक्टर होते हैं। जब आप फाइल या फोल्डर ढूँढ़ते हैं तो ये कैरेक्टर एक या अधिक अक्षरों का प्रतिनिधित्व करते हैं। वाइल्डकार्ड कैरेक्टर अकसर तब प्रयोग होते हैं जब आप फाइल या फोल्डर का पूरा नाम नहीं जानते या पूरा नाम टाइप नहीं करना चाहते।

वाइल्डकार्ड कैरेक्टर	**उपयोग**
एस्टेरिस्क या तारांक (*)	शून्य या अधिक अक्षरों के बदले में एस्टेरिस्क वाइल्डकार्ड का प्रयोग करते हैं। यदि आप ऐसी फाइल ढूँढ़ रहे हैं, जिसके नाम का आरंभ friends से होता है, परंतु आप फाइल का पूरा नाम नहीं जानते तो **friend*** टाइप करिए। यह ऐसी सभी फाइलों और फोल्डरों को ढूँढ़ देगा, जिनका नाम friend से आरंभ होता है; जैसे—friend.txt, friends.doc और friendlist.xls आदि। किसी विशेष प्रकार की फाइल को ढूँढ़ने के लिए खोज को सीमित करने के लिए आप **friend*.xls** की तरह टाइप कर सकते हैं। यह ऐसी फाइलों को ढूँढ़ेगा जिनका नाम friend से आरंभ होता है और जिनका एक्सटेंशन .xls है। जैसे—friends.xls और friendslist.xls आदि।
क्वेश्चन मार्क या प्रश्नवाचक चिह्न (?)	क्वेश्चन मार्क का प्रयोग फाइल नेम में एक अक्षर के स्थान पर किया जाता है। उदाहरण के लिए—यदि आप **friend?list.xls** टाइप करेंगे तो आप friend1list.xls या friendslist.xls आदि को ढूँढ़ सकेंगे।

फाइल ढूँढ़ना

1. टास्कबार में **Start** बटन पर क्लिक कीजिए और **search** विकल्प चुनिए। आप वैकल्पिक रूप से  **+ F** भी दबा सकते हैं।

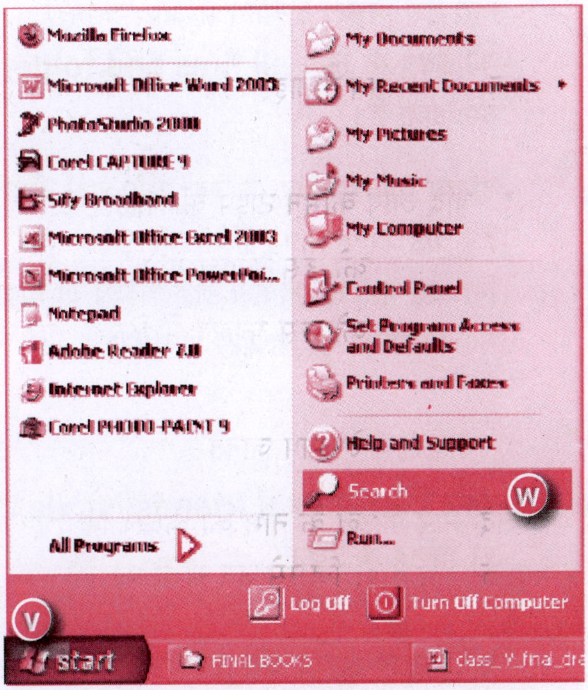

2. **Search Companion** आ जाता है। Search Companion बॉक्स में दिखाए गए विकल्पों में से अपना मनचाहा विकल्प चुनिए। आप पिक्चर, म्यूजिक, वीडियो, वर्ड, एक्सेल, पावर पॉइंट आदि में बने डॉक्यूमेंट या वाइल्डकार्ड का प्रयोग करके किसी विशेष फाइल या फोल्डर को अथवा किसी विषय पर हेल्प को इंटरनेट आदि से ढूँढ़ सकते हैं।

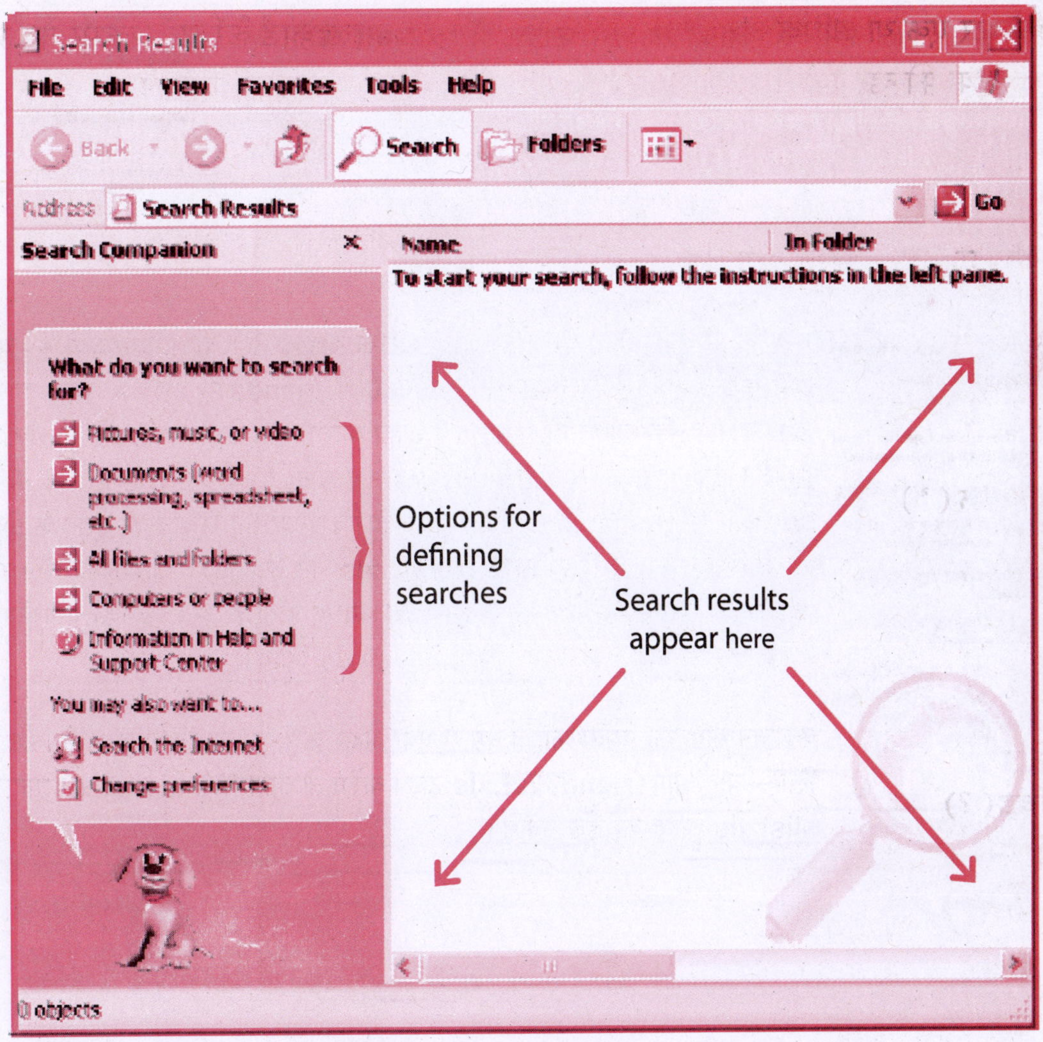

3. अब हम पिछले अध्याय में और/या पिछली कक्षा में बनाई गई फाइल **friendslist.xls** ढूँढ़ेंगे। इस फाइल को ढूँढ़ने के लिए **all files and folders** विकल्प पर क्लिक कीजिए। नीचे दिया गया डायलॉग बॉक्स आ जाता है।

   देखिए यह वो स्थान है जहाँ आप सर्च कंपेनियन को बताते हैं कि ढूँढ़नेवाली फाइल कहाँ होने की संभावना है। यदि आप जानते हैं तो सी ड्राइव, माई डॉक्यूमेंट्स या कोई अन्य फोल्डर चुन सकते हैं। यदि आपको निश्चित नहीं तो लोकल हार्ड ड्राइव्स या माई कंप्यूटर सिलेक्ट कर सकते हैं। सर्च कंपेनियन फाइल को बताए गए स्थान पर पूरे कंप्यूटर में ढूँढ़ेगा।

4. पहले टेक्स्ट बॉक्स में **friendslist.xls** टाइप कीजिए और **Search** बटन पर क्लिक कीजिए।

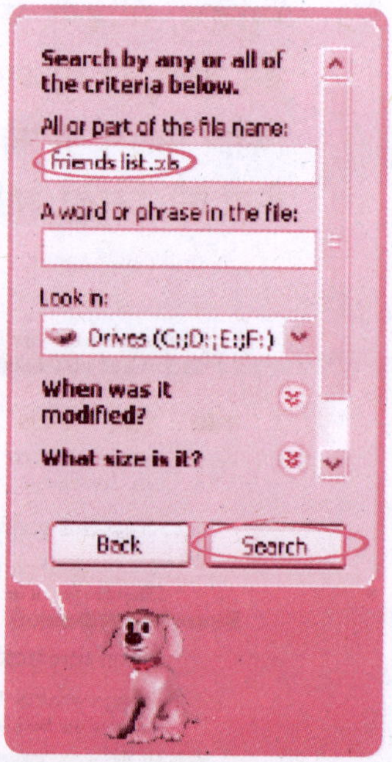

5. यदि फाइल आपके कंप्यूटर में है तो दाहिनी ओर दिखाई जाएगी, जैसा कि नीचे दिखाया गया है।

   यदि आप फाइल का नाम नहीं जानते तो उसे फाइल में उपस्थित कंटेंट के आधार पर ढूँढ़ सकते हैं।

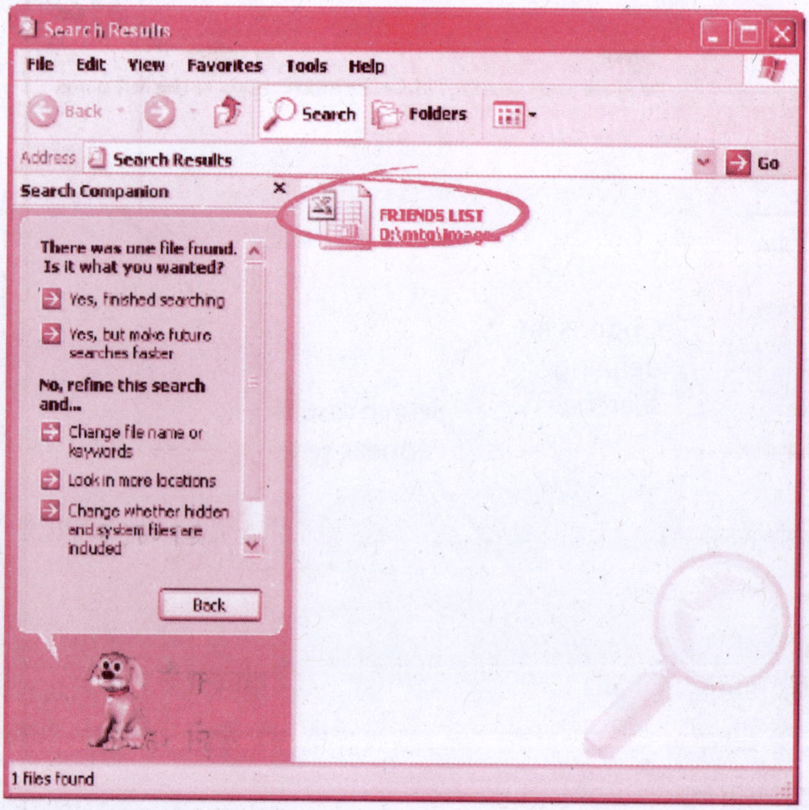

6. सर्च कंपेनियन के **A word or phrase in the file:** बॉक्स में फाइल में उपस्थित शब्द या वाक्य टाइप कीजिए।

उदाहरण के लिए, हम वह फाइल ढूँढ़ेंगे जिसमें चेतन नाम है। चेतन नाम friendslist में एंटर किया गया था, अत: सर्च कंपेनियन उसे ढूँढ़ लेगा।

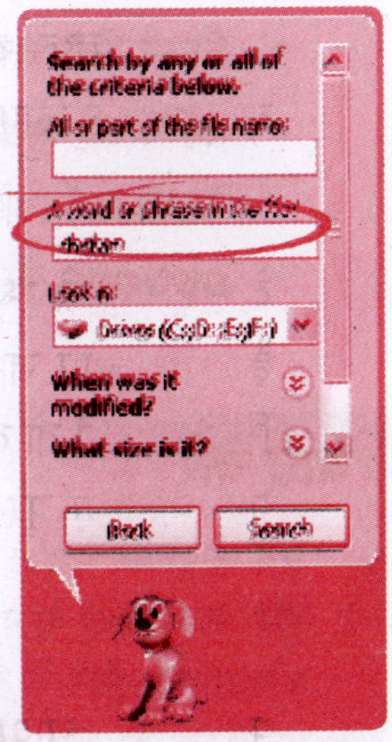

7. यदि शब्द या वाक्य आपकी फाइल में है तो वह फाइल दाहिनी ओर दिखाई जाएगी।

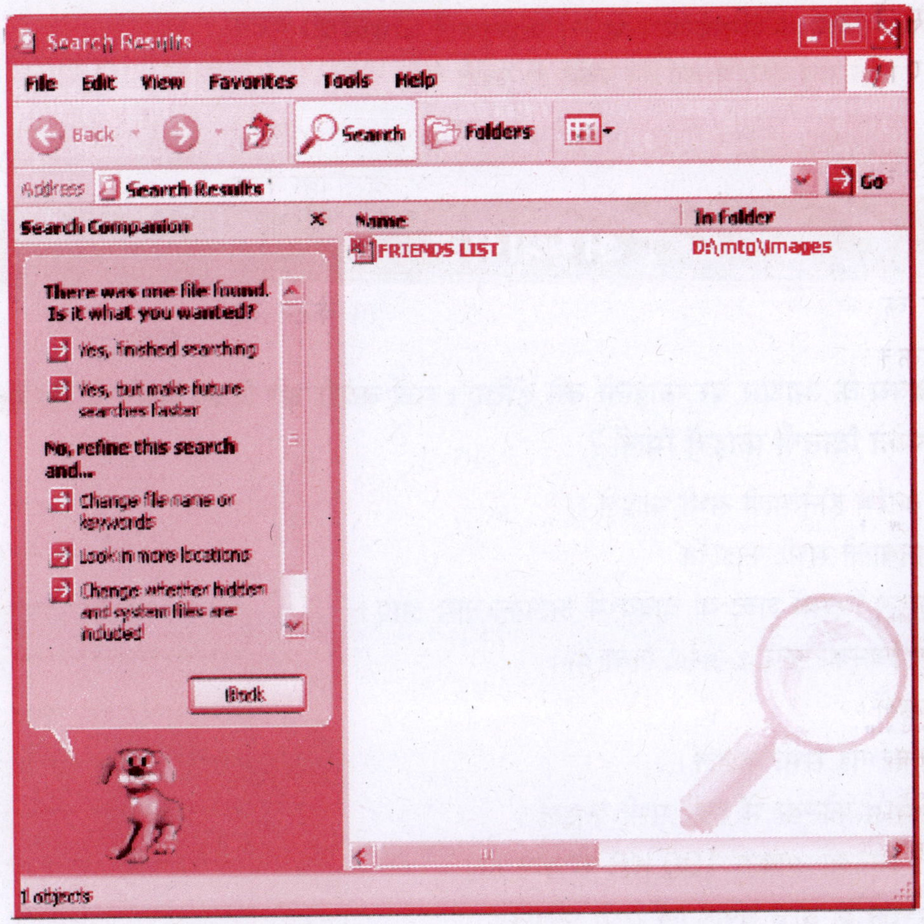

आप सर्च कंपेनियन के बाकी विकल्पों का प्रयोग करके खोज को सँकरा या चौड़ा कर सकते हैं। इन विकल्पों के साथ प्रयोग कीजिए।

- **लुक इन** में उस ड्राइव, फोल्डर या नेटवर्क पर क्लिक कीजिए जहाँ खोजना है।
- किन्हीं निश्चित डेट के बीच बनाई या एडिट की गई फाइलों को ढूँढ़ने के लिए **When was it modified** पर क्लिक कीजिए।

- किसी निश्चित आकारवाली फाइल को ढूँढ़ने के लिए **What size is it?** पर क्लिक कीजिए।
- अतिरिक्त सर्च सीमा निर्धारित करने के लिए, जैसे—आप सिस्टम फोल्डर में ढूँढ़ना चाहते हैं, आप जो पैरामीटर निर्धारित करते हैं, वह केस सेंसेटिव है, सबफोल्डर भी ढूँढ़ने हैं आदि, तो **More advanced options** पर क्लिक कीजिए।

याद करें

1. सर्च कंपेनियन फाइल ढूँढ़ने की अत्यधिक सीधी विधि प्रदान करता है।
2. यदि आप फाइल के नाम का केवल एक भाग जानते हैं तो आप **wildcard characters** का प्रयोग ऐसी सभी फाइलों या फोल्डरों को ढूँढ़ने के लिए कर सकते हैं, जिनके नाम में वह भाग आए।
3. एस्टेरिस्क (*) और क्वेश्चन मार्क या प्रश्नवाचक चिह्न (?) वाइल्डकार्ड कैरेक्टर्स हैं।
4. * और ? वाइल्डकार्ड एक ही सर्च क्वेरी में कई बार प्रयोग हो सकते हैं।

अभ्यास

(अ) प्रैक्टिकल

निम्नलिखित विषय के आधार पर फाइलों को ढूँढ़िए। सर्च क्वेरी को रिक्त स्थान में लिखिए। ध्यान दीजिए कि आपको कितनी फाइलें मिलीं?

1. A एल्फाबेट से आरंभ होनेवाली सभी फाइलें। ....
2. .bmp एक्सटेंशनवाली सभी फाइलें। ....
3. ऐसी कोई भी फाइल जिसमें शब्द या वाक्य में आपका नाम आए। ....
4. ऐसी सभी फाइलें जिनका नाम 4 अक्षर लंबा हो। ....
5. वर्ड की सभी फाइलें। ....
6. पिछले सप्ताह बनाई गईं सभी फाइलें। ....
7. My Documents फोल्डर में रखी सभी फाइलें। ....
8. ऐसी सभी फाइलें जिनका आकार 100 KB से कम हो। ....
9. 1-1-09 से 1-4-09 के बीच बनाई गईं सभी फाइलें। ....
10. पिछले साल बनाई वर्ड की सभी फाइलें। ....

(ब) खोज के निम्न विकल्पों को समझाइए—

- लुक इन।
- इसे कब मोडिफाइ किया था?
- इसका साइज या आकार क्या है?
- मोर एडवांस्ड ऑप्शंस।

(स) वाइल्डकार्ड्स का वर्णन कीजिए। वाइल्डकार्ड कैरेक्टर्स कितने होते हैं? इनके बीच क्या अंतर है?

(द) यदि आपको एल्फाबेट **F** से शुरू होनेवाले और **S** से समाप्त होनेवाले सभी फाइल और फोल्डर ढूँढ़ने हैं तो कौन सा वाइल्डकार्ड प्रयोग करेंगे और क्यों?

बहुविकल्पीय प्रश्न

निम्न चार विकल्पों में से सही विकल्प पर (✔) निशान लगाएँ।

1. आपके डेस्कटॉप कंप्यूटर पर........ कंप्यूटर में फाइलों को सीधे ढूँढ़ने का रास्ता प्रदान करता है।

अ. इंटरनेट सर्च — ब. सर्च कंपेनियन

स. अ और ब दोनों — द. इनमें से कोई नहीं

2. वाइल्डकार्ड में ये कैरेक्टर्स होते हैं—

अ. एस्टेरिस्क (*) — ब. प्रश्नवाचक चिह्न (?)

स. अ और ब दोनों — द. इनमें से कोई नहीं

3. My Network Places इसका पूरा व्यू प्रदान करता है—

अ. नेटवर्क में साझा होनेवाले सभी रिसोर्स — ब. फाइलें और फोल्डर्स

स. प्रिंटर्स — द. उपर्युक्त सभी

4. यदि आपको friends.xls, friend.doc, friends.ppt फाइलों को ढूँढ़ना है तो आप इस तरह ढूँढ़ेंगे।

अ. fri*.* — ब. fri*.???

स. fri?????.* — द. उपर्युक्त में से कोई भी

5. वाइल्डकार्ड कैरेक्टर्स फाइल और फोल्डर्स को ढूँढ़ने के लिए बहुत ही उपयोगी है। वाइल्डकार्ड कैरेक्टर्स ये हैं।

अ. *.? — ब. !< >

स. W(— द. #$@&

9 इंटरनेट (इंटरनेट, सर्च इंजन, इ-मेल और चैटिंग से परिचय)

पिछली कक्षा में हमने इंटरनेट के बारे में पढ़ा। हम जानते हैं कि इंटरनेट जानकारियों का भंडार है और इसने हमारे काम एवं सीखने की विधि को पूरी तरह बदल दिया है। इस पर टेक्स्ट, इमेज, ऑडियो, वीडियो आदि के रूप में इतनी अधिक इन्फॉरमेशन है कि उसे प्राप्त करने के लिए यदि आप सारा जीवन भी लगा दें तो भी 10,00,000 और जीवन चाहिए होंगे।

इंटरनेट पर अरबों इन्फॉरमेशन के पेज हैं। अत: यदि हम इन्फॉरमेशन के किसी निश्चित भाग को ढूँढ़ना चाहते हैं तो उसे खोजने की आवश्यकता होगी। इंटरनेट पर सबसे अधिक प्रयोग होनेवाला कार्य इन्फॉरमेशन ढूँढ़ना है, जो करोड़ों यूजर करते हैं। हम इंटरनेट पर अधिकांशत: कोई भी चीज ढूँढ़ सकते हैं, जैसे—लेख, चित्र, मूवी, गाने, गेम, वालपेपर, स्क्रीन सेवर, सॉफ्टवेयर आदि। वे एप्लीकेशन जो इंटरनेट से इन्फॉरमेशन ढूँढ़ने में सहायता करते हैं, उन्हें सर्च इंजन **(search engine)** कहते हैं।

सर्च इंजन

क्योंकि वर्ड वाइड वेब पर पब्लिक डोमेन में अरबों पेज हैं, अत: आपकी रुचि की इन्फॉरमेशन का विशेष पेज सार्थकता के साथ ढूँढ़ना व्यावहारिक रूप से असंभव है।

सर्च इंजन एक सॉफ्टवेयर प्रोग्राम है, जो आपके बताए गए शब्दों (जिन्हें कीवर्ड्स कहते हैं) के आधार पर इन्फॉरमेशन ढूँढ़ता है। सर्च इंजन में अपना स्वयं का डेटाबेस और सूची होती है, जिसमें ढूँढ़कर वह आपकी सूचना आप तक पहुँचाता है।

सर्च इंजन अकसर विशेष रूप से तैयार किए गए सिस्टम, जैसे—गूगल, याहू, एम.एस.एन, अल्टाविस्टा और एक्साइट आदि पर काम करता है, जो यूजर को वर्ड वाइड वेब से उनकी रुचि की इन्फॉरमेशन खोजकर देता है। यद्यपि नेट पर 2,000 से अधिक सर्च इंजन उपलब्ध हैं परंतु सबसे अधिक प्रसिद्ध सर्च इंजन गूगल है।

जब ढूँढ़ी जानेवाली इन्फॉरमेशन विस्तृत होती है तो उसके परिणाम हजारों-लाखों पेजवाली सूची के रूप में दिखाई देते हैं। इन परिणामों में कोई भी भटक सकता है। ऐसी कई तकनीकें हैं, जिनसे सटीक परिणाम प्राप्त किया जा सकता है।

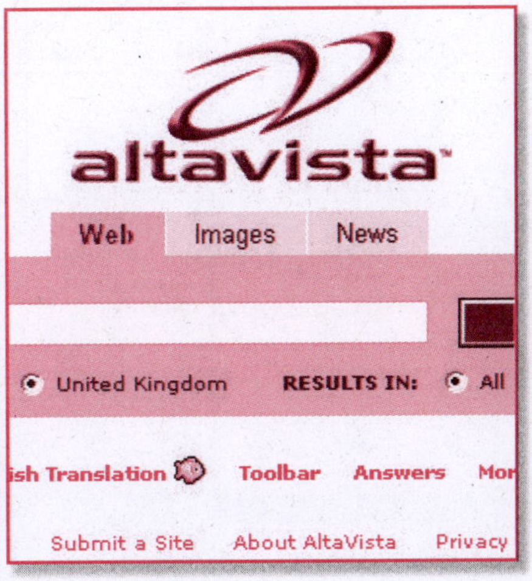

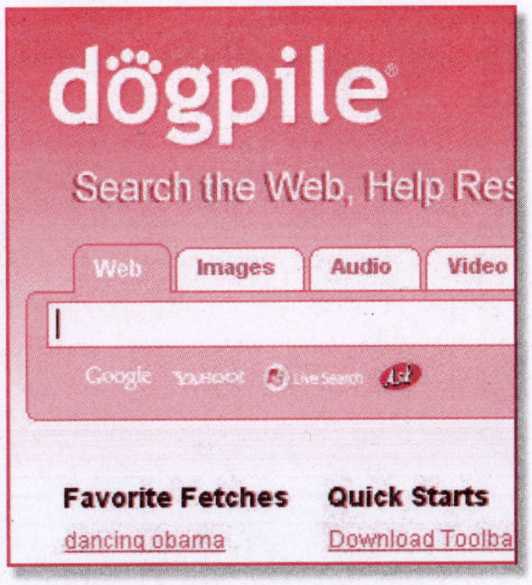

सबसे अधिक प्रयोग होनेवाला सर्च इंजन गूगल है। आप खोज आरंभ करने के लिए **www.google.co.in** पर जा सकते हैं। खोज का परिणाम अकसर हजारों या लाखों लिंक के रूप में दिखाया जाता है।

इलेक्ट्रॉनिक मेल (इ-मेल)

इ-मेल करीब-करीब किसी पत्र के समान होती है, परंतु इसे भिन्न विधि से भेजा जाता है। इसने डाक सेवा (snail mail) को पूरी तरह से बदलकर उसका स्थान ले लिया है, क्योंकि इसके अनेक लाभ हैं, जैसे—तेज गति, विभिन्न प्रकार के मीडिया का आदान-प्रदान और दूर पहुँच। जब आप इ-मेल भेजते हैं तो वह गंतव्य पते पर क्षण भर में पहुँच जाती है, चाहे वह दूरी कितनी भी हो; जैसे आपके पास रखा कोई कंप्यूटर या किसी दूसरे महाद्वीप में रखा कोई कंप्यूटर।

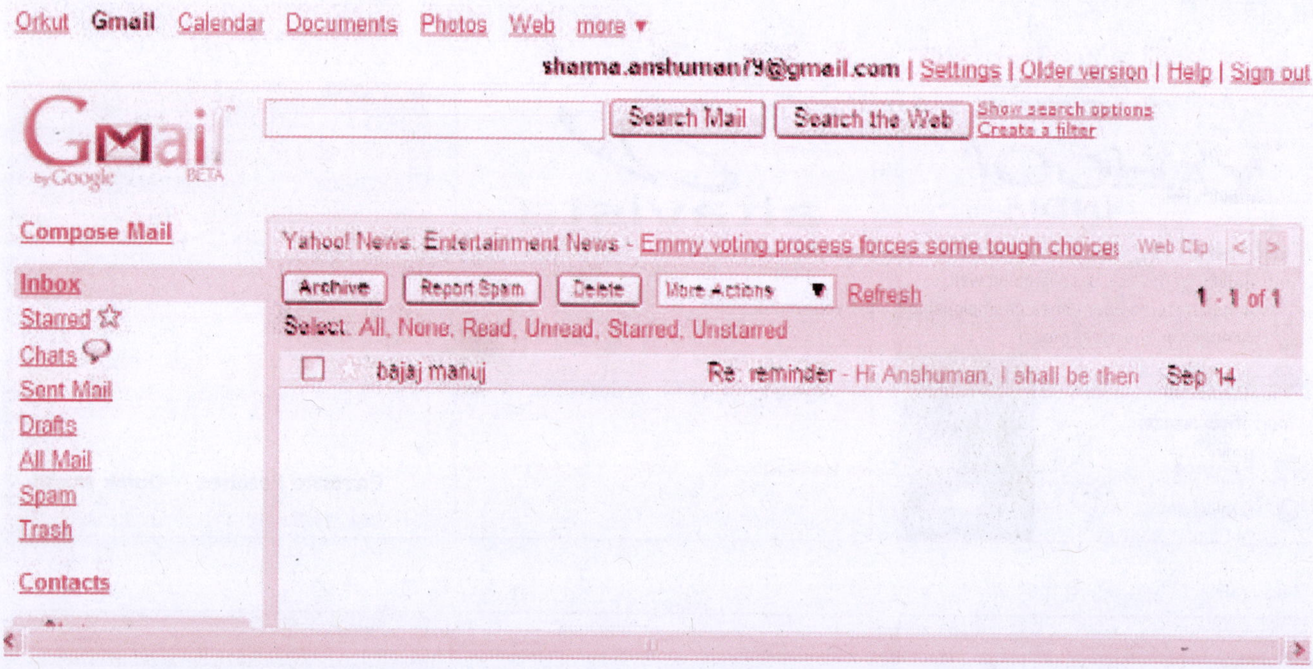

इ-मेल भेजने और प्राप्त करने के लिए आपको **इ-मेल एड्रेस** की आवश्यकता होगी। आप अपना इ-मेल एड्रेस/एकाउंट याहू, जीमेल और हॉटमेल आदि वेबसाइट पर बना सकते हैं जो कि निःशुल्क हैं।

इ-मेल एड्रेस

इ-मेल एड्रेस में मुख्यतः तीन भाग होते हैं। इस इ-मेल एड्रेस पर ध्यान दीजिए : mbajaj08@gmail.com पहला भाग यूजर नेम है **(mbajaj08g manuj bajaj)**, जो प्राप्तकर्ता का नाम दरशाता है। नाम के बाद '@' चिह्न (एट द रेट या एट) लगाया जाता है, जो सभी इ-मेल एड्रेस में समान होता है। इसके बाद हॉस्ट सर्वर या

कंपनी का नाम (gmail) आता है, जिस जगह का यह एड्रेस है। इ-मेल एड्रेस का अंतिम भाग टॉप-लेवल डोमेन (tld) को जोड़ता है। TLD कंपनी की प्रकृति को बताता है। उदाहरण के लिए .com का अर्थ कॉमर्शियल कंपनी, .org का अर्थ नॉन प्रोफिट ऑर्गेनाइजेशन, .edu का अर्थ एजुकेशनल इंस्टीट्यूट (यूनिवर्सिटी आदि), .in का अर्थ इंडियन कंपनी, .sg का अर्थ सिंगापुर की कंपनी आदि होता है।

उपर्युक्त एड्रेस में यहाँ कॉम है, जो कॉमर्शियल साइट के लिए है। अतः इमेल एड्रेस **mbajaj08@gmail.com** का अर्थ है—मनुज बजाज जीमेल सर्वर पर है, जो कि एक कॉमर्शियल कंपनी है।

चैटिंग

इंटरनेट पर कंप्यूटर का प्रयोग करके दो लोगों के बीच वास्तविक समय में संवाद (Real-Time communication) **चैटिंग** कहलाता है। प्राथमिक रूप से यह टेक्स्ट के आदान-प्रदान के रूप में होता है।

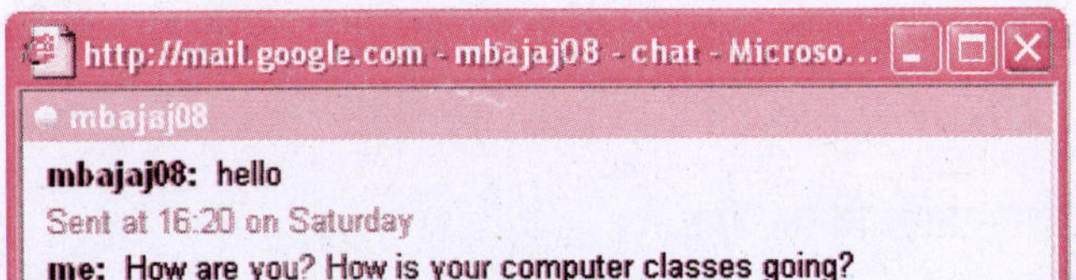

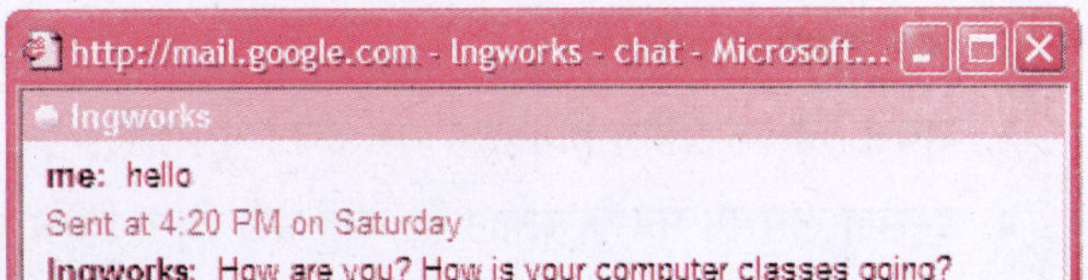

एक बार जब चैट आरंभ हो जाता है तो कोई भी यूजर अपने कीबोर्ड से टेक्स्ट टाइप करके भेज सकता है और वह टेक्स्ट तुरंत ही दूसरे यूजर के मॉनीटर पर आ जाता है। इसी तरह दूसरा यूजर भी कर सकता है। चैटिंग का दूसरा रूप ऑडियो-वीडियो चैट है, जिसमें वेब कैमरे का प्रयोग करते हैं। वे एप्लीकेशन जिनसे चैट करते हैं—

आई.आर.सी., याहू आई.एम., गूगल टॉक, एम.एस.एन. मेसेंजर, ए.ओ.एल. ए.आई.एम. आदि हैं। इन्हें **इंस्टेंट मेसेंजर** या **आई.एम.** भी कहते हैं।

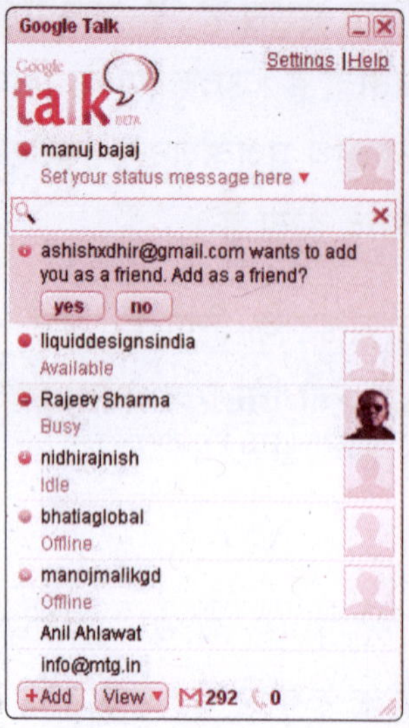

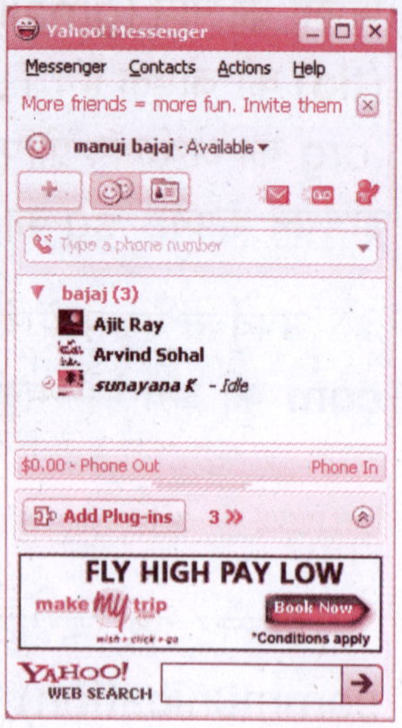

याद करें

1. वे एप्लीकेशन, जो इंटरनेट पर इन्फॉरमेशन ढूँढ़ने में सहायता करती हैं, उन्हें **सर्च इंजन** कहते हैं।
2. सर्च इंजन अकसर विशेष रूप से तैयार किए गए सिस्टम पर काम करते हैं; जैसे—गूगल, याहू, एम.एस.एन., अल्टाविस्टा और एक्साइट आदि।
3. सबसे अधिक प्रयोग होनेवाला सर्च इंजन गूगल है।
4. इ-मेल लगभग पत्र के समान है, परंतु उसे भिन्न विधि से आदान-प्रदान किया जाता है।
5. इ-मेल में तीन मुख्य भाग होते हैं—यूजर नेम/होस्ट नेम और टॉप-लेवल डोमेन (देश या ऑर्गेनाइजेशन का प्रकार) उदाहरण के लिए user@yahoo.com
6. इंटरनेट पर कंप्यूटर का प्रयोग करके दो लोगों के बीच संवाद चैटिंग कहलाता है।

अभ्यास

(अ) प्रैक्टिकल

इंटरनेट पर विभिन्न सर्च इंजन के बारे में जानकारी एकत्रित कीजिए और उन्हें एक प्रोजेक्ट में कंपाइल कीजिए—

- जहाँ आवश्यकता हो, इमेज लगाइए।
- गूगल सर्च इंजन का प्रयोग करके आवश्यक जानकारी एकत्रित कीजिए।
- यदि आपको कोई समस्या आए तो उसे कक्षा में अपने मित्रों या कंप्यूटर शिक्षक से चर्चा कीजिए।

(ब) सर्च इंजन का वर्णन कीजिए। सर्च इंजन की क्या आवश्यकता है?

(स) इ-मेल क्या है? यह पोस्टल सर्विस से कैसे उत्तम है?

(द) इ-मेल एड्रेस के तीन प्रमुख अंगों का वर्णन कीजिए।

(च) टी.एल.डी. क्या है?

(छ) चैटिंग क्या है?

(ज) आई.एम. क्या है? आई.एम. के तीन उदाहरण बताइए।

(झ) सही के लिए (स) और गलत के लिए (ग) लिखिए।

1. सर्च इंजन एक सॉफ्टवेयर प्रोग्राम है, जो बताए गए शब्दों के आधार पर साइट ढूँढ़ता है। ☐
2. सर्च इंजन अकसर विशेष रूप से तैयार किए गए सिस्टम होते हैं, जैसे—रेडिफ मेल, इंडिया टाइम्स, हॉट मेल आदि। ☐
3. इ-मेल भेजने और प्राप्त करने के लिए इ-मेल एड्रेस की आवश्यकता नहीं होती। ☐
4. इ-मेल एड्रेस में मुख्य तीन भाग होते हैं—यूजर, हॉस्ट नेम और टी.एल.डी.। ☐
5. इंटरनेट पर कंप्यूटर का प्रयोग करके संवाद चैटिंग कहलाता है। ☐

बहुविकल्पीय प्रश्न

निम्न चार विकल्पों में से सही विकल्प पर (✔) निशान लगाएँ।

1. वह एप्लीकेशन, जो इंटरनेट पर इन्फॉरमेशन ढूँढ़ने के लिए सहायता करती है, उसे कहते हैं।

अ. सर्च इंजन — ब. सर्च कंपेनियन

स. सर्च ऑप्शन — द. इनमें से कोई नहीं

2. सर्च इंजन विशेष रूप से तैयार किए गए सिस्टम को प्रयोग करते हैं, जैसे

अ. गूगल और याहू — ब. एम.एस.एन. और अल्टाविस्टा

स. एक्साइट — द. उपर्युक्त सभी

3. सबसे ज्यादा प्रयोग होनेवाला सर्च इंजन है—

अ. गूगल — ब. याहू

स. एम.एस.एन. — द. रेडिफ

4. एक इ-मेल एड्रेस में मुख्य तीन भाग होते हैं—

अ. यूजर नेम — ब. हॉट सर्वर नेम

स. टॉप-लेवल डोमेन — द. सभी एक समान हैं

5. इंटरनेट पर दो लोगों के बीच संवाद यह कहलाता है—

अ. चैटिंग — ब. ई-मेलिंग

स. टॉकिंग — द. इनमें से कोई नहीं

10 सर्चिंग : एक परिचय

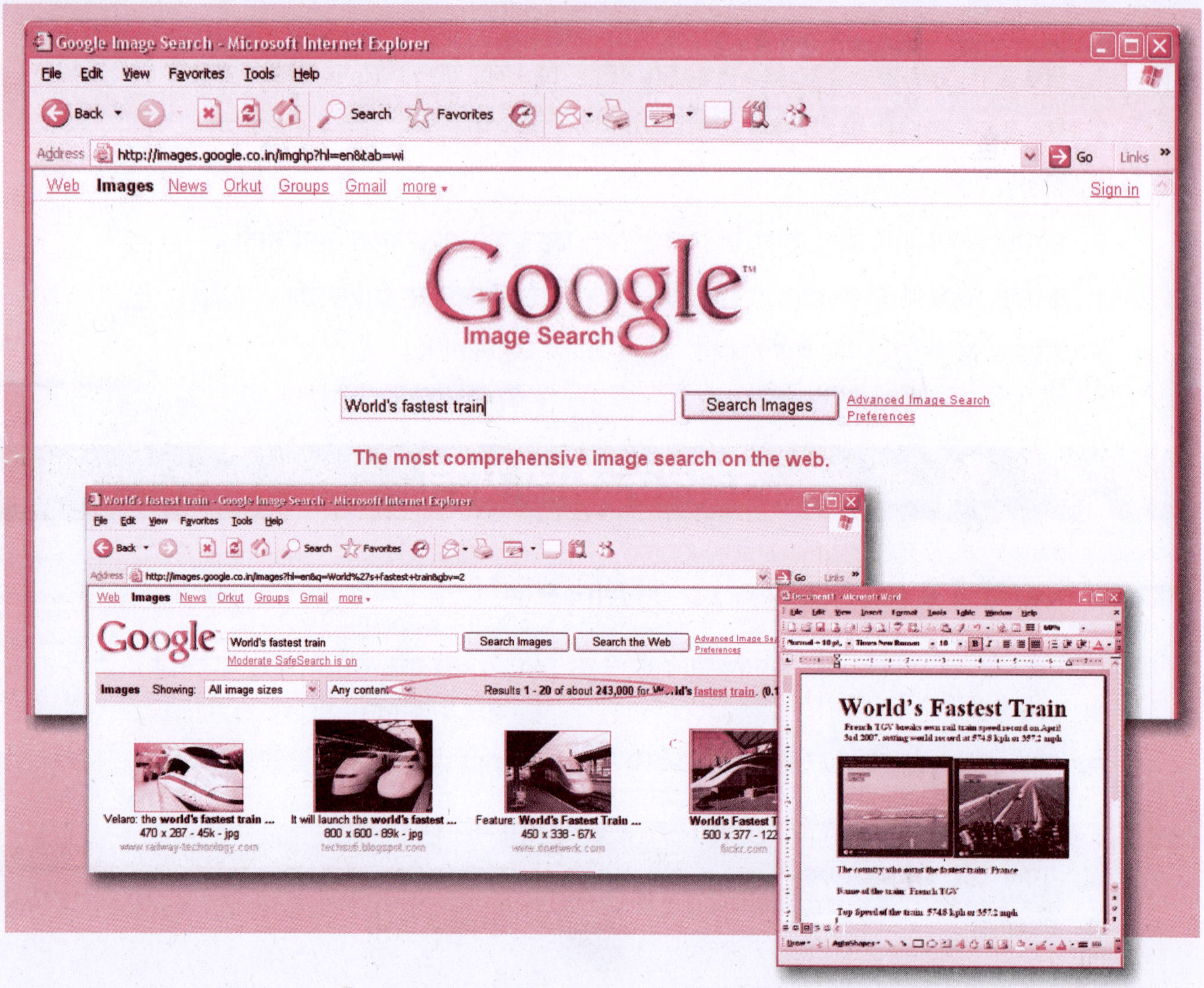

अब आप जानते हैं कि वेब पर सर्फिंग कैसे करते हैं। आप किसी निश्चित इन्फॉरमेशन को कैसे ढूँढ़ेंगे? सौभाग्यवश ऐसी कुछ साइट हैं, जो आपकी मनचाही इन्फॉरमेशन को वेब से ढूँढ़ने में सहायता करती हैं। इन्हें सर्च इंजन कहते हैं। ये इंटरनेट पर सबसे अधिक विख्यात साइटें भी हैं।

आज सबसे अधिक लोकप्रिय सर्च इंजन गूगल **(www.google.com Øæ www.google.co.in)** है। गूगल प्रयोग में आसान है और बहुत तेजी से उपयोगी परिणाम ला देता है। यह इसकी **पेज रैंक टेक्नोलॉजी** के कारण है और इसलिए भी, क्योंकि यह अन्य साइटों की अपेक्षा अधिक इंडेक्स पेजेज रखता है, जो वर्ष 2007 में 800 करोड़ पेज गिने गए थे। आप इंटरनेट पर लेख, चित्र, वीडियो DOC files, PDF files एवं अन्य चीजें ढूँढ़ सकते हैं।

अतः अब अपनी कुरसी खींचिए, अपना वेब ब्राउजर लॉञ्च कीजिए और अपनी उँगलियों को खोल दीजिए, क्योंकि यह समय इंटरनेट पर रोचक चीजें ढूँढ़ना आरंभ करने का है। आइए, **'दुनिया की सबसे तेज ट्रेन'** विषय पर प्रोजेक्ट बनाने के लिए गूगल की सहायता से जानकारी एकत्रित करें; क्योंकि गूगल सबसे विस्तृत प्रयोग होनेवाला सर्च इंजन है। जानकारी में निम्न चीजें होनी चाहिए—

1. वह देश जिसके पास सबसे तेज ट्रेन है।
2. ट्रेन का नाम।
3. ट्रेन की तीव्रतम गति।
4. अन्य चीजें जैसे—फोटो, वीडियो आदि।

सर्चिंग के स्टेप्स

1. सर्च आरंभ करने के लिए **www.google.co.in** अपने इंटरनेट एक्सप्लोरर की एड्रेस बार में टाइप कीजिए, जैसा कि नीचे दिखाया गया है।

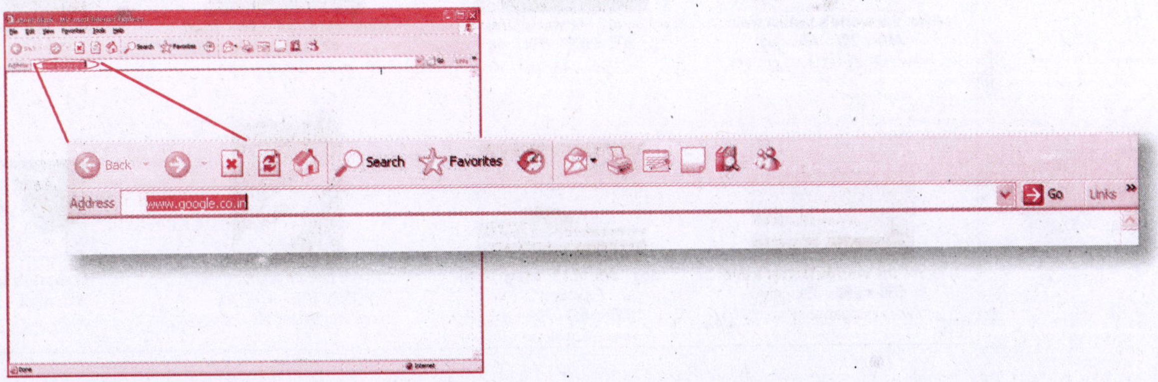

2. सर्च के लिए कैटेगरी चुनिए, जैसे चित्र के लिए इमेज बटन पर क्लिक कीजिए और गूगल को यह बताइए कि आप केवल चित्र ढूँढ़ना चाहते हैं। टेक्स्ट बॉक्स में **'world's fastest train'** टाइप कीजिए और गूगल सर्च बटन पर क्लिक कीजिए।

3. इस खोज के परिणाम में लगभग ढाई लाख परिणामों के लिंक सामने आएँगे। (परिणामों की संख्या बदल भी सकती है, क्योंकि गूगल डेटाबेस को अपडेट करता रहता है।) मनचाहा वेब पेज खोलने के लिए उसके लिंक पर क्लिक कीजिए। लिंक में हाइरार्की सिस्टम होता है, अर्थात् जो लिंक ऊपर होता है (शुरुआती 15 से 20 लिंक्स) उनमें सर्वोत्तम परिणाम मिलने की संभावना होती है।

इसका अर्थ यह है कि गूगल के अनुसार पहला लिंक सबसे अधिक सटीक होगा और 15वाँ लिंक 20वें लिंक की अपेक्षा अधिक उपयुक्त होगा।

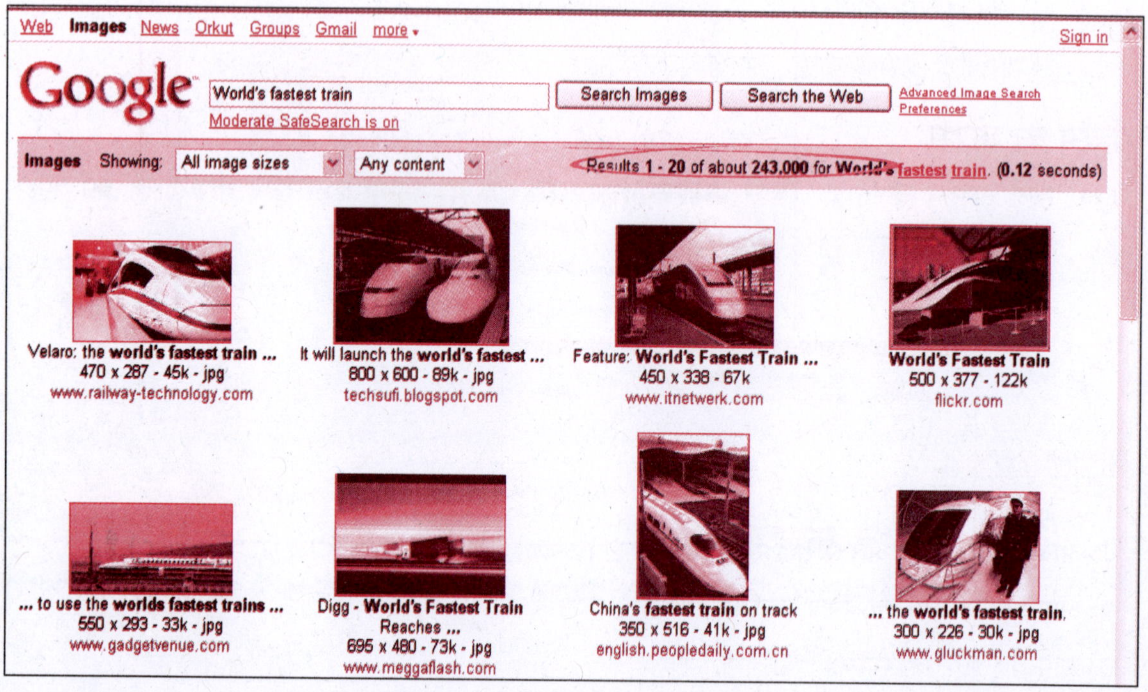

4. आवश्यक जानकारी के साथ इमेज और वीडियो डाउनलोड कीजिए। इमेज डाउनलोड करने के लिए उस इमेज पर राइट क्लिक करके **"Save picture as"** पर क्लिक करते हैं। Save Picture डायलॉग बॉक्स आ जाता है। उसे सेव करने के लिए स्थान चुनिए और इमेज को एक अच्छा नाम दीजिए, जो आप याद रख सकें और फिर Save पर क्लिक कीजिए।

वैकल्पिक रूप से आप इमेज को सीधे Copy और Paste करके माइक्रोसॉफ्ट वर्ड में लगा सकते हैं। Image पर राइट क्लिक करके Copy पर क्लिक कीजिए। अब वर्ड में जाइए, फिर माउस से वहाँ क्लिक कीजिए, जहाँ इमेज लगानी है और फिर **Edit > Paste या Ctrl+V** पर क्लिक कीजिए।

आप माइक्रोसॉफ्ट एप्लीकेशन में वीडियो को कॉपी और पेस्ट नहीं कर सकते। आप वीडियो को डाउनलोड करके केवल पावर पॉइंट में लगा सकते हैं—

याद करें

1. आज सबसे अच्छा और प्रसिद्ध सर्च इंजन गूगल (www.google.com or google.co.in) है।
2. आप इंटरनेट पर लेख, चित्र, म्यूजिक, ई-बुक, वीडियो और बहुत सी और चीजें ढूँढ़ सकते हैं।
3. आप वेब से चित्र, म्यूजिक, वीडियो आदि डाउनलोड कर सकते हैं।
4. आप माइक्रोसॉफ्ट वर्ड में टेक्स्ट या इमेज को सीधे कॉपी-पेस्ट कर सकते हैं।

अभ्यास

(अ) प्रैक्टिकल

- गूगल सर्च इंजन का प्रयोग करके आप Extinct Animals पर जानकारी एकत्रित कीजिए। इंटरनेट का प्रयोग करके आवश्यक इमेज व विवरण डाउनलोड कीजिए और फिर अपने प्रोजेक्ट में संपादित कीजिए।
- अंतरिक्ष में भारहीनता और उसका मानव जीवन पर प्रभाव पर जानकारी एकत्रित कीजिए।

(ब) गूगल से जानकारी प्राप्त करने की स्टेप्स लिखिए।

(स) किसी विशेष खोज के यदि 25,000 परिणाम मिलते हैं। आप कहाँ से खोलना आरंभ करेंगे, लिंक नंबर 1 या लिंक नंबर 500 और क्यों?

(द) सही के लिए (स) और गलत के लिए (ग) लिखिए—

1. आज याहू सबसे अच्छा और सबसे अधिक विख्यात सर्च इंजन है।
2. गूगल प्रयोग करने में आसान, अधिक तेज और ज्यादा महत्त्वपूर्ण रिजल्ट प्रदान करने वाला है।
3. आप इंटरनेट से वीडियो और PDF files सर्च नहीं कर सकते हैं।

बहुविकल्पीय प्रश्न

निम्न चार विकल्पों में से सही विकल्प पर (✔) निशान लगाएँ।

1. निम्न को आप इंटरनेट से सर्च कर सकते हैं।

अ. आर्टिकल्स

ब. इमेजेज

स. वीडियो

द. उपर्युक्त सभी

2. गूगल परिणामवाले पेज की सबसे ऊपर की लिंक

अ. सबसे अधिक सटीक परिणाम की संभावना देती है

ब. सबसे कम सटीक परिणाम की संभावना देती है

स. अ या ब

द. इनमें से कोई नहीं

11 इ-मेल : एक परिचय

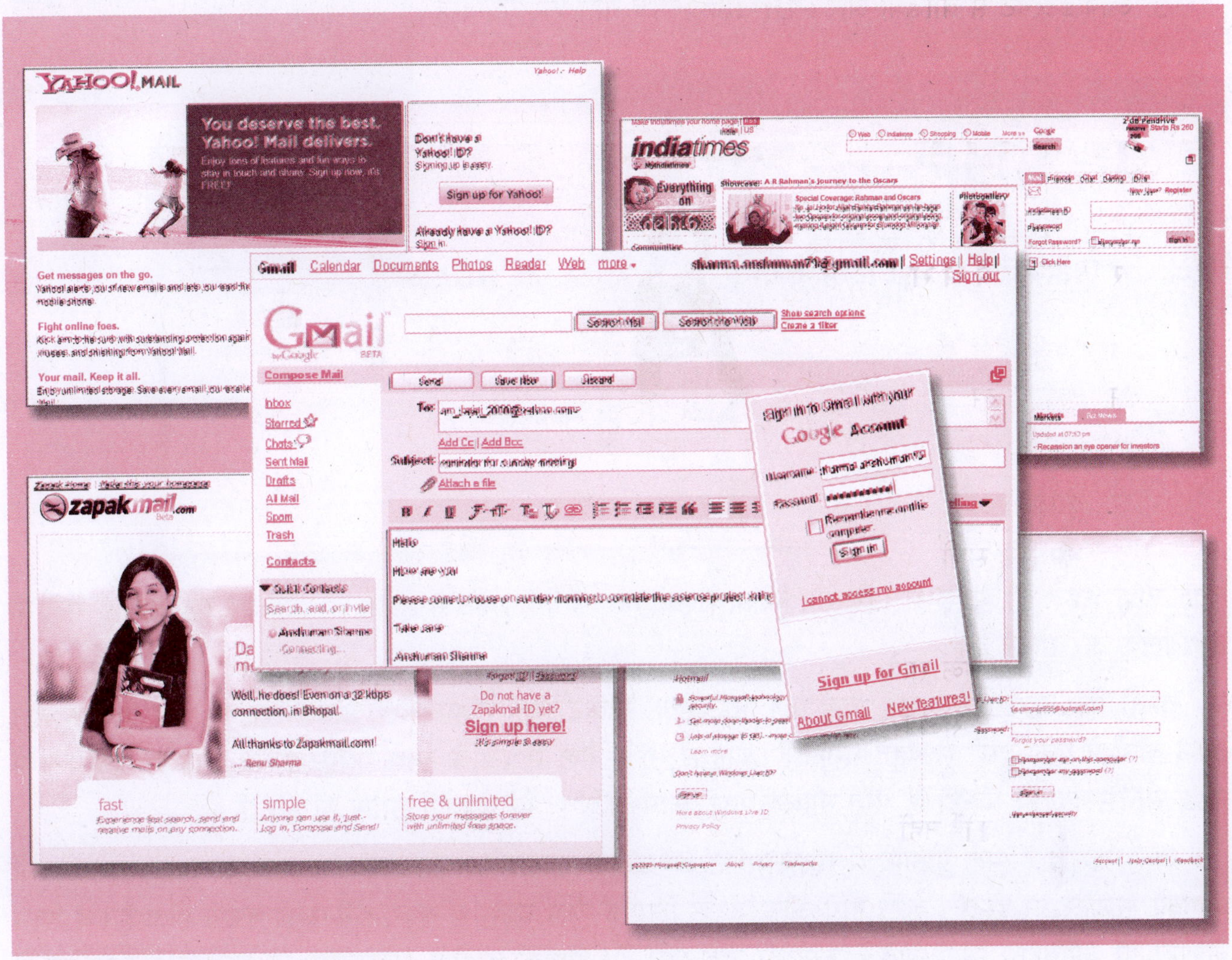

हम पहले ही पढ़ चुके हैं कि इ-मेल संवाद करने की सबसे आसान और तेज विधि है। आभासी रूप से जो कुछ भी हम कंप्यूटर मॉनीटर पर देखते हैं, उसे इ-मेल के माध्यम से भेज सकते हैं या प्राप्त कर सकते हैं। एक बड़ी बाधा फाइल के आकार की होती है, जिसे हमें भेजना है। अधिकतर इ-मेल सर्विस 5-10 एम.बी. से अधिक आकार की फाइल इ-मेल अटैचमेंट के माध्यम से भेजने की अनुमति नहीं देती। जीमेल (गूगल द्वारा इ-मेल सर्विस) 20 एम.बी. आकार तक की फाइल का आदान-प्रदान करने की अनुमति देती है। ध्यान रखिए कि जीमेल भले ही 20 एम.बी. तक की फाइल स्थानांतरित कर दे, परंतु यह दूसरे इ-मेल सिस्टम के लिए बहुत बड़ी हो सकती है। ऐसी स्थिति में इ-मेल नहीं पहुँचेगी, बल्कि एरर के साथ वापस आ जाएगी। इसे **इ-मेल बाउंसिंग बैक** कहते हैं।

इस कक्षा में हम गूगल इ-मेल के बारे में सीखेंगे, जिसे जीमेल कहते हैं। 20 एम.बी. फाइल साइज की सीमा के अतिरिक्त जीमेल का अन्य बड़ा लाभ यह है कि पेज पर झुँझलाहट भरे विज्ञापन नहीं होते और चैटिंग (जिसे

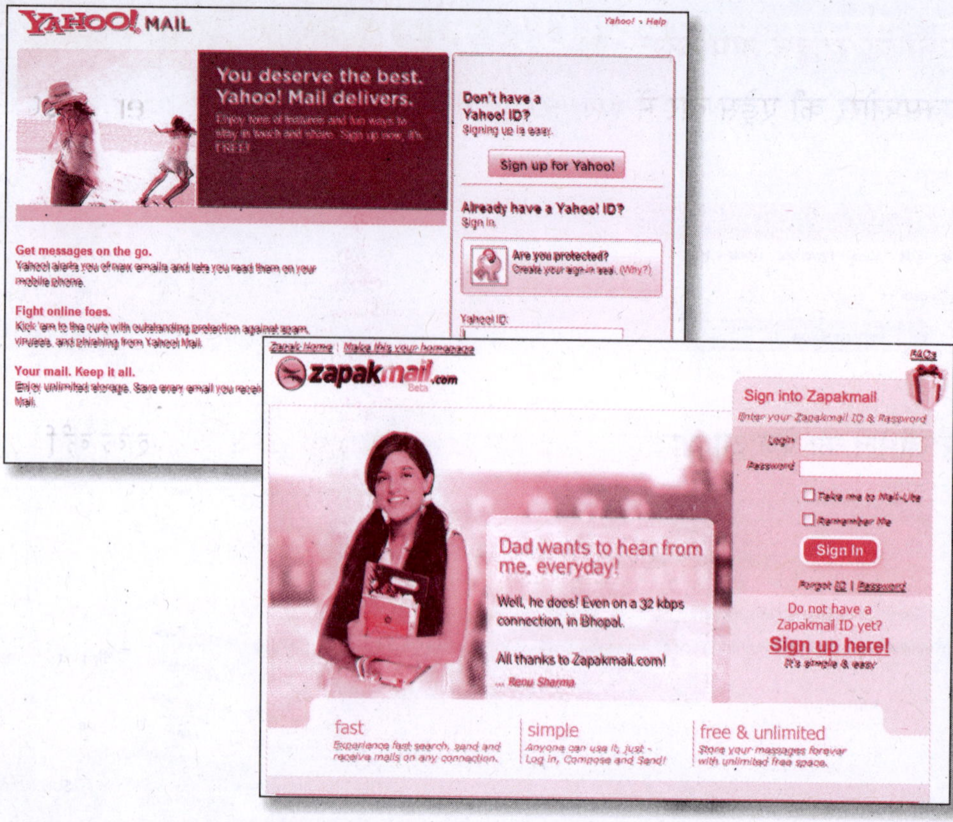

गूगल टॉक कहते हैं) भी इ-मेल सिस्टम के साथ एकीकृत रहती है। चैट में होनेवाली बातचीत को आप इ-मेल के साथ लिंक कर सकते हैं।

दूसरी मेल सर्विस जैसे याहू, वाई मेल, हॉट मेल, रॉकिट मेल, रेडिफ मेल, इंडिया टाइम्स मेल, ज़पाक मेल आदि कार्य में एक-दूसरे से बहुत समान हैं। याहू में भी इ-मेल सर्विस के साथ इंटीग्रेटेड चैट होती है। इंटरफेस में थोड़ी सी भिन्नता हो सकती है, परंतु मौलिक गुण, कार्य-पद्धति और उपयोग समान ही होते हैं।

अन्य प्रसिद्ध इ-मेल प्रोग्रामों में माइक्रोसॉफ्ट आउटलुक एक्सप्रेस, माइक्रोसॉफ्ट आउटलुक आदि होते हैं, जो आपको कंप्यूटर पर इंस्टॉल करने होंगे और जिनके लिए इ-मेल एड्रेस व सर्वर कॉन्फिगर करना होता है। वे जिस कंप्यूटर पर कॉन्फिगर किए जाते हैं उसी पर जुड़े रहते हैं। आपकी इ-मेल आउटलुक या आउटलुक एक्सप्रेस से किसी और कंप्यूटर से खोलने के लिए उस कंप्यूटर को कॉन्फिगर करना होगा, जो बहुत कठिन और कभी-कभी प्राइवेसी के कारण असंभव होता है। ये वायरस, स्पाईवेयर और हैकर अटैक के लिए अधिक सुगम होते हैं। इनसे इ-मेल प्रयोग करने में कई अन्य कठिनाइयाँ भी आती हैं, अतः अब आगे हम इनका वर्णन नहीं करेंगे।

अब सीखेंगे कि अपने मित्र से इ-मेल कैसे प्राप्त करें और कैसे भेजें?

कृपया ध्यान रखें कि जीमेल अथवा किसी अन्य इ-मेल सर्विस को प्रयोग करने के लिए उस पर रजिस्ट्रेशन करना होता है, जिसे साइन अप (sign up) कहते हैं। रजिस्ट्रेशन एक प्रक्रिया है, जिसमें आप अपना नाम, उपनाम, जन्मतिथि, लिंग, पता आदि देकर प्रोफाइल तैयार करते हैं। आपको एक अनूठा यूजर नेम, लॉगिन नेम और पासवर्ड भी चुनना होता है (जो किसी अन्य व्यक्ति ने न लिया हो)। यहाँ 'साइन अप' की एक संक्षिप्त झलक दी जा रही है।

नया इ-मेल एकाउंट साइन अप करने की प्रक्रिया

1. इंटरनेट एक्सप्लोरर की एड्रेस बार में **www.gmail.com** लिखिए और Enter दबाइए।

2. स्क्रीन पर जीमेल का पेज आ जाता है। **Create an account** लिंक पर क्लिक कीजिए।

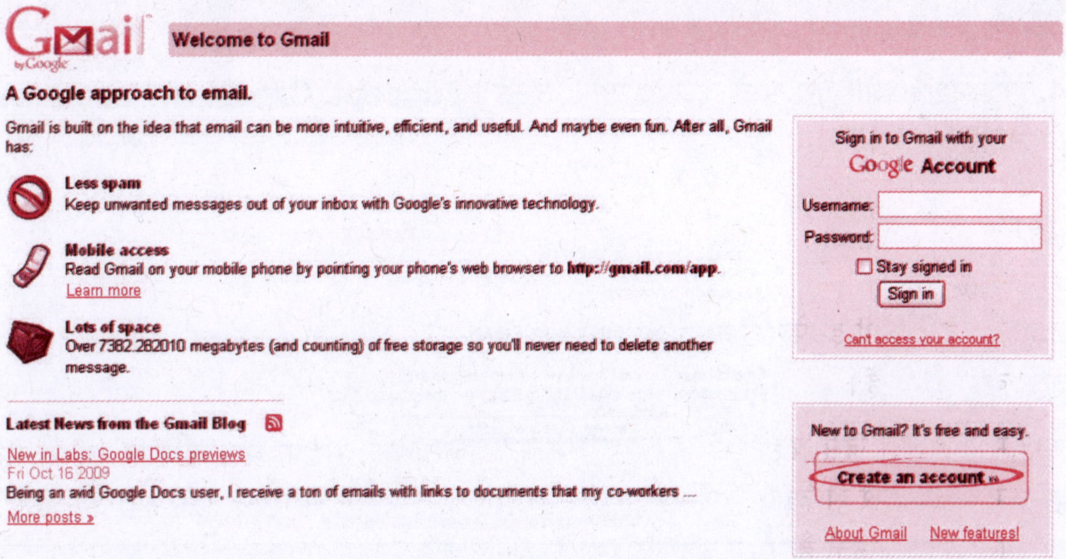

3. रजिस्ट्रेशन डिटेल जैसे—फर्स्ट नेम, लास्ट नेम, लॉगिन नेम, पासवर्ड आदि रजिस्ट्रेशन फॉर्म में एंटर कीजिए, जैसा कि दिखाया गया है।

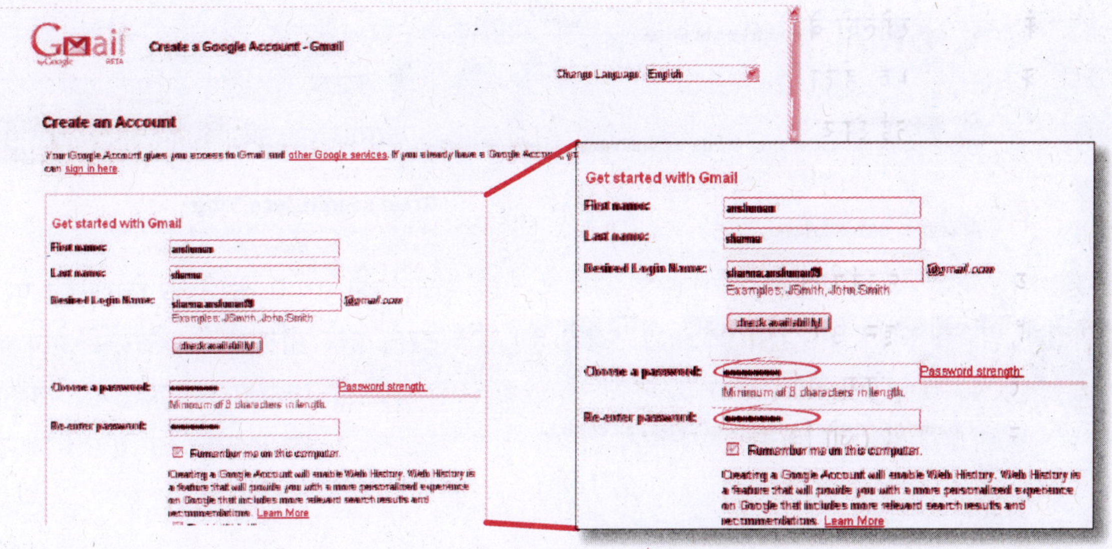

टिप : मजबूत पासवर्ड

आपको एक मजबूत पासवर्ड प्रयोग करना चाहिए, जिसका आसानी से अनुमान न लगाया जा सके। आपको अपना सरनेम या जन्मतिथि पासवर्ड में प्रयोग नहीं करनी चाहिए। आपको छोटे और बड़े अक्षरों, संख्याओं और विराम चिह्नों जैसे + आदि का प्रयोग पासवर्ड में करना चाहिए। कृपया पासवर्ड को प्रयोग करते रहें, जिससे उसे भूलें नहीं। यदि आप चाहें तो पासवर्ड को बदल भी सकते हैं।

अतिरिक्त जानकारी : सुरक्षित पासवर्ड

पासवर्ड सदैव सुरक्षा के कारण '*' से दिखाए जाते हैं। इस तरह इसे किसी व्यक्ति द्वारा, चाहे वह आपके साथ ही खड़ा हो, देखने से रोका जाता है।

4. रजिस्ट्रेशन फॉर्म पूरा भरने के बाद फॉर्म के नीचे **I accept. Create my account** बटन पर क्लिक कीजिए।

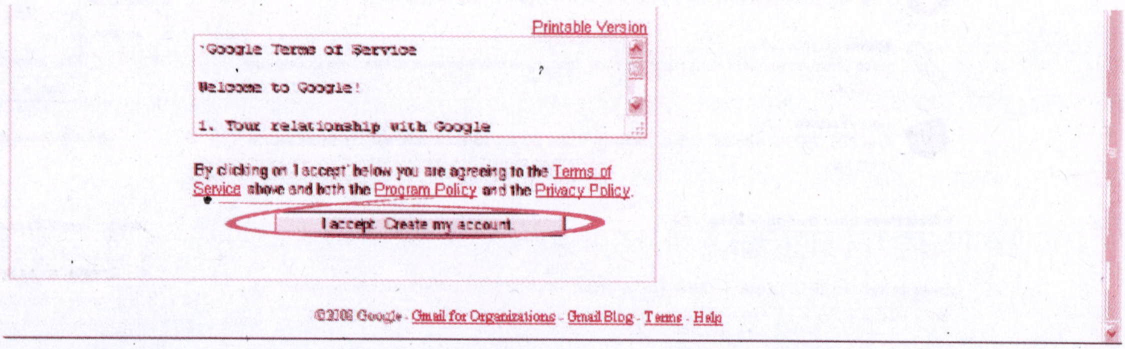

5. निम्न प्रकार का वेब पेज सामने आता है, जिसमें **Show me my account** लिंक पर क्लिक करते हैं तो आपका एकाउंट पहली बार खुलकर सामने आता है।

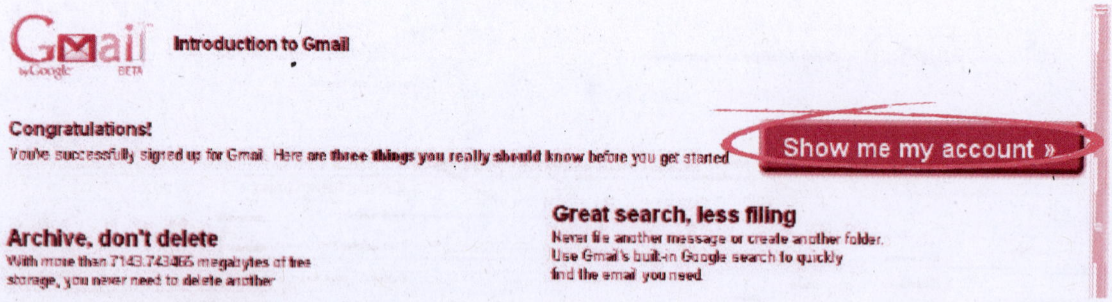

6. पेज की लोडिंग इस प्रकार दिखाई जाती है।

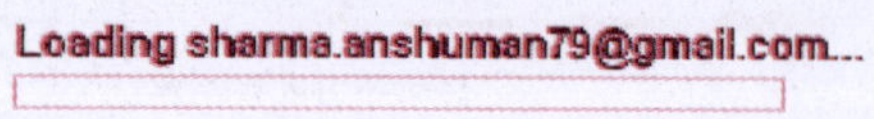

7. आपका इ-मेल एकाउंट निम्न प्रकार का दिखाया जाएगा—

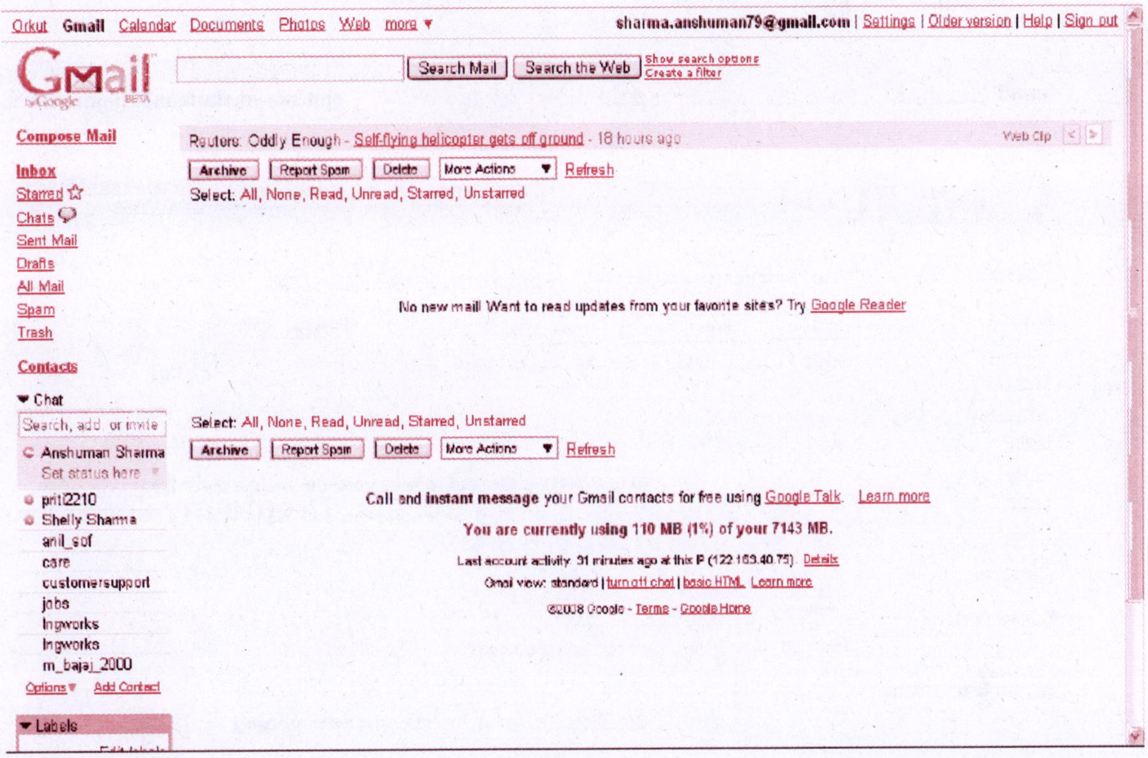

इ-मेल कंपोज करने के स्टेप

1. यदि आप पहले से लॉग नहीं है तो कृपया अपना यूजर नेम और पासवर्ड प्रयोग करके अपना इ-मेल एकाउंट खोलिए। **Sign in** बटन पर क्लिक कीजिए।

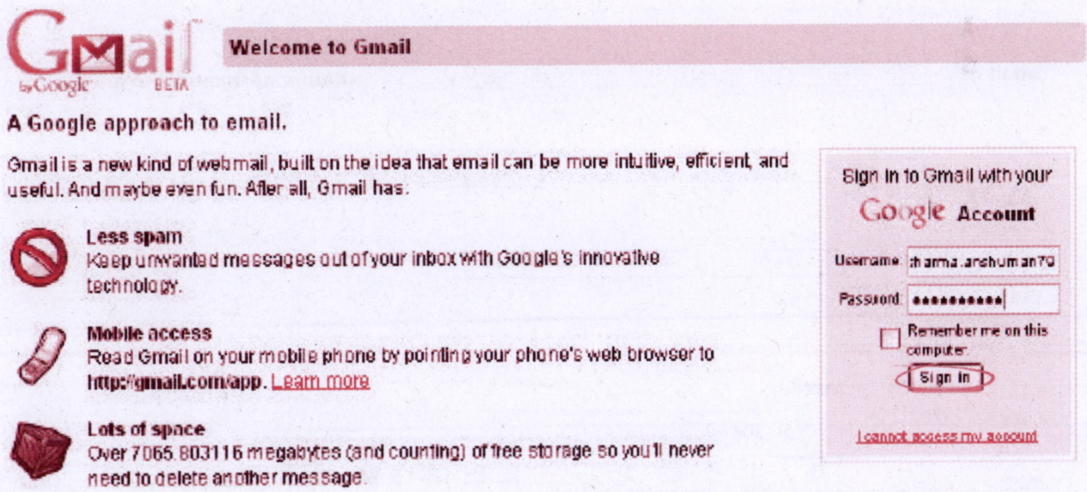

यदि आप अपना स्वयं का कंप्यूटर प्रयोग कर रहे हैं तो Remember me पर क्लिक कीजिए, परंतु यदि आप बाहर किसी कंप्यूटर, जिसे और लोग भी प्रयोग करते हैं, उस पर काम कर रहे हैं तो इसे **un-checked** ही छोड़ दीजिए। यदि इस विकल्प को चुनेंगे तो जब भी कंप्यूटर खोला जाएगा तो वह आपका यूजर नेम व पासवर्ड याद रखेगा और स्वत: ही आपका इ-मेल खोल देगा।

2. जब आप साइन इन करते हैं तो लोडिंग इ–मेल आईडी की स्क्रीन आती है। फिर आप Inbox पेज पर जाते हैं, जो इस प्रकार दिखाया जाता है—

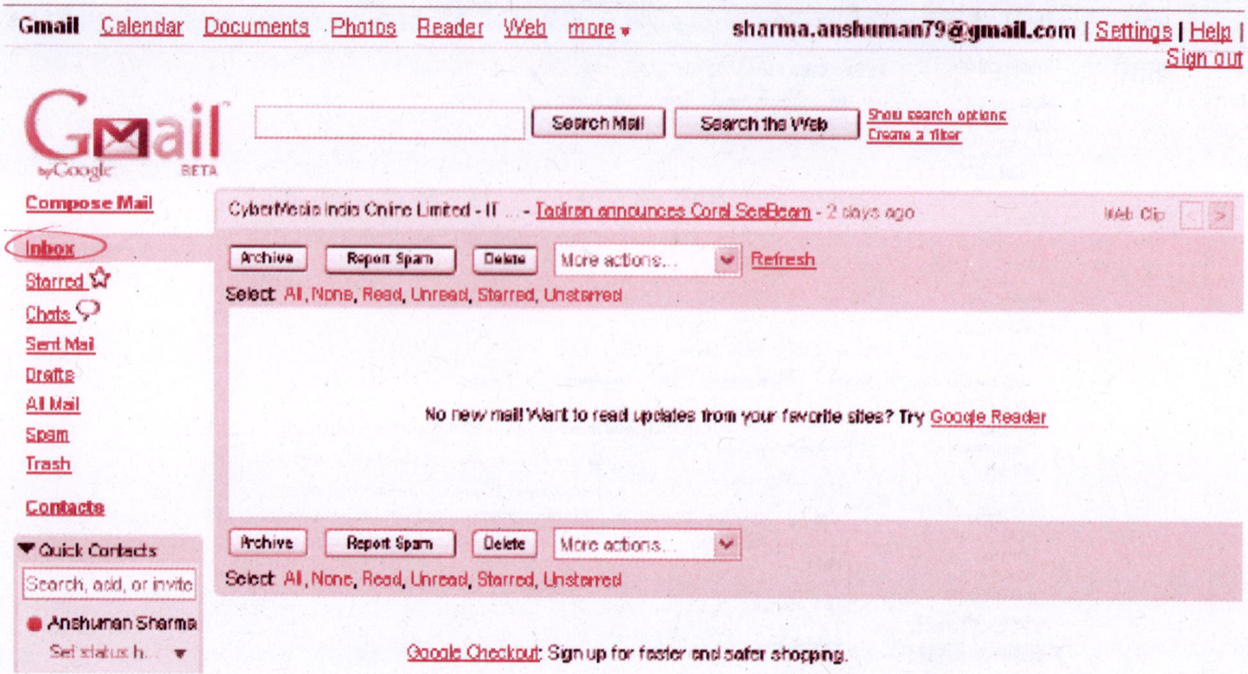

3. अपनी इ–मेल पढ़ने के लिए Inbox link पर क्लिक करके **Inbox** में जाना होगा।

एक नई इ–मेल लिखने के लिए **compose mail** लिंक पर क्लिक कीजिए।

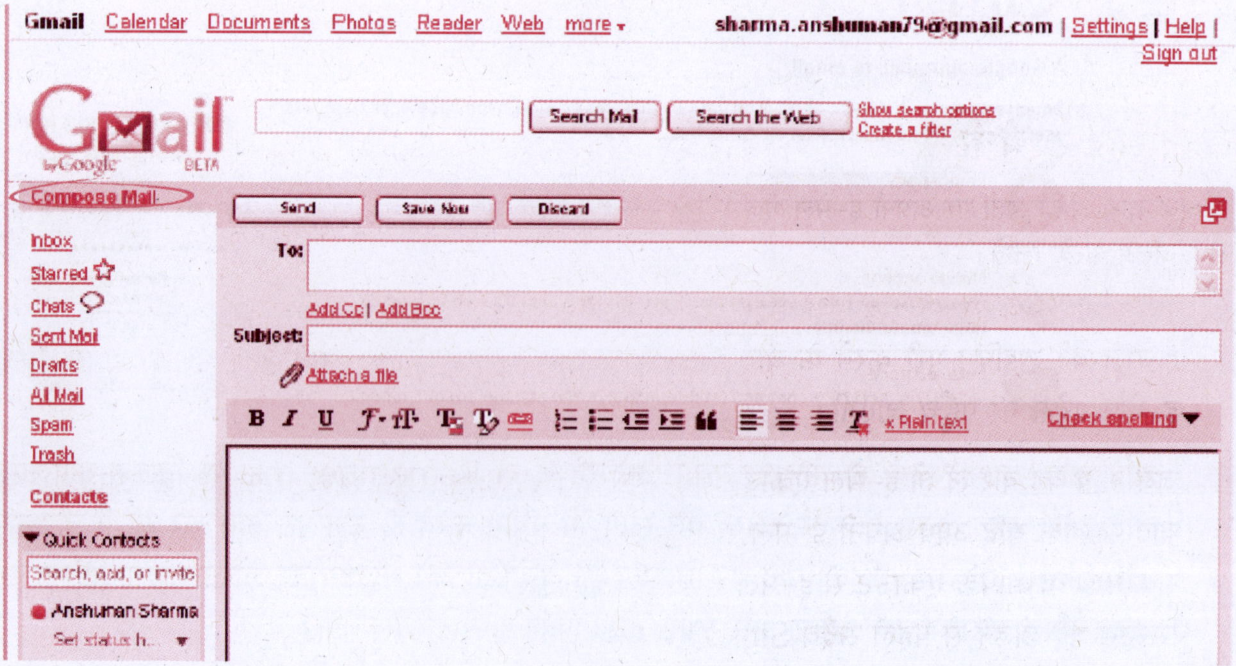

4. To box में अपने मित्र का इ-मेल एड्रेस लिखिए और Subject box में अर्थपूर्ण विषय लिखिए। टेक्स्ट एरिया में अपना संदेश लिखिए, जैसा कि नीचे दिखाया गया है।
आप एक साथ अनेक पतों पर अपनी इ-मेल भेज सकते हैं। आपको केवल यह करना होगा कि सभी इ-मेल एड्रेस कॉमा से अलग-अलग करके लिखें। इसे सेंड टू मेनी या अनेक लोगों को एक साथ इ-मेल भेजना कहते हैं।

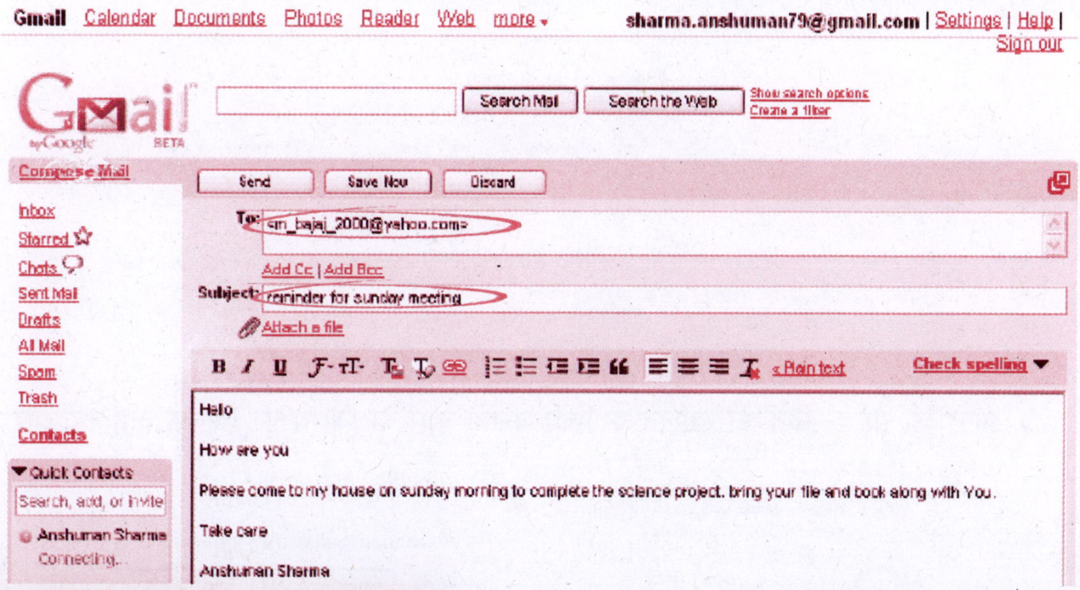

अतिरिक्त जानकारी : सी.सी., बी.सी.सी.

इ-मेल में CC का प्रयोग **कार्बन कॉपी** के लिए होता है, जिसका अर्थ है कि इ-मेल की प्रति जो प्राप्तकर्ता को भेज रहे हैं वह किसी अन्य को भी भेज रहे हैं। CC यूजर की लिस्ट सभी प्राप्तकर्ताओं को दिखाई देती है। BCC फील्ड में दिए गए प्राप्तकर्ताओं को संदेश की प्रति तो भेजी जाती है, परंतु उनके बारे में दूसरे प्राप्तकर्ता को नहीं पता लगता। BCC **ब्लाइंड कार्बन कॉपी** का संक्षिप्त रूप है।

टिप : सेंड टू मेनी

आप एक साथ अनेक पतों पर अपनी इ-मेल भेज सकते हैं। आपको केवल यह करना होगा कि सभी इ-मेल एड्रेस कॉमा से अलग-अलग करके लिखें।

5. इ-मेल की टाइपिंग पूरी करने के बाद Send बटन पर क्लिक कीजिए। मेल क्षण भर में आपके मित्र के इ-मेल एड्रेस पर पहुँच जाएगी।

6. जब आप यह कर लें तो इ-मेल एकाउंट बंद करने के लिए Sign Out विकल्प पर क्लिक कीजिए। कृपया याद रखें कि यदि आप अपनी इ-मेल से Sign Out नहीं करते हैं तो कोई भी व्यक्ति आपकी इ-मेल पढ़ सकता है या आपके एकाउंट से इ-मेल भेज सकता है। यह खतरनाक और पश्चात्तापपूर्ण हो सकता है, अतः सिस्टम को छोड़ने से पहले सदैव Sign Out करें।

7. यदि आपके मित्र आपको कोई मेल भेजते हैं या आपकी मेल का जवाब देते हैं तो वह Inbox में दिखाया जाएगा।

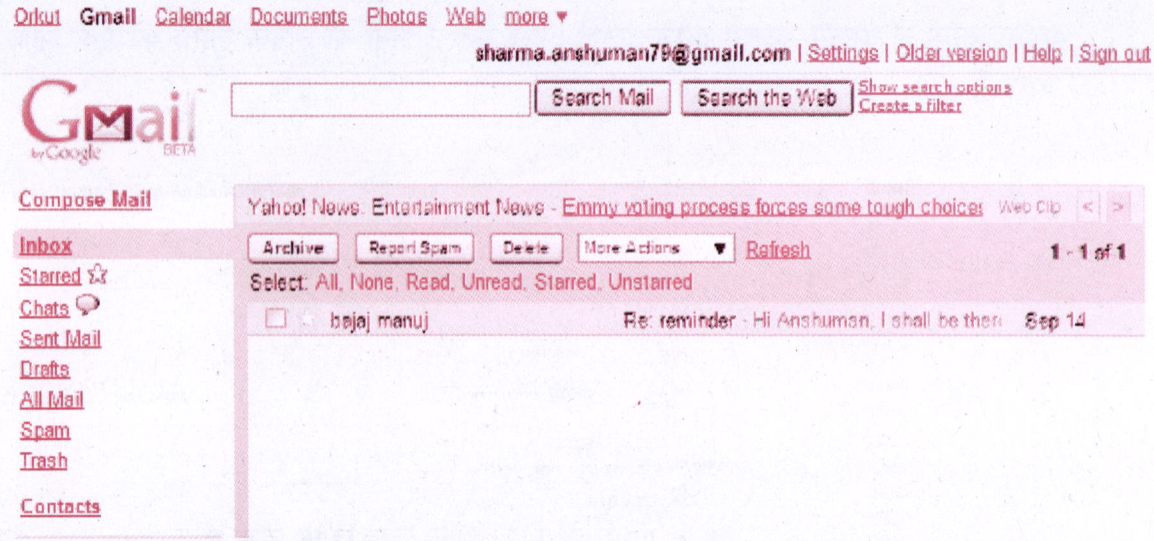

8. प्राप्त की गई इ-मेल को खोलने के लिए उसके नाम या विषय पर क्लिक कीजिए और उसे पढ़िए।

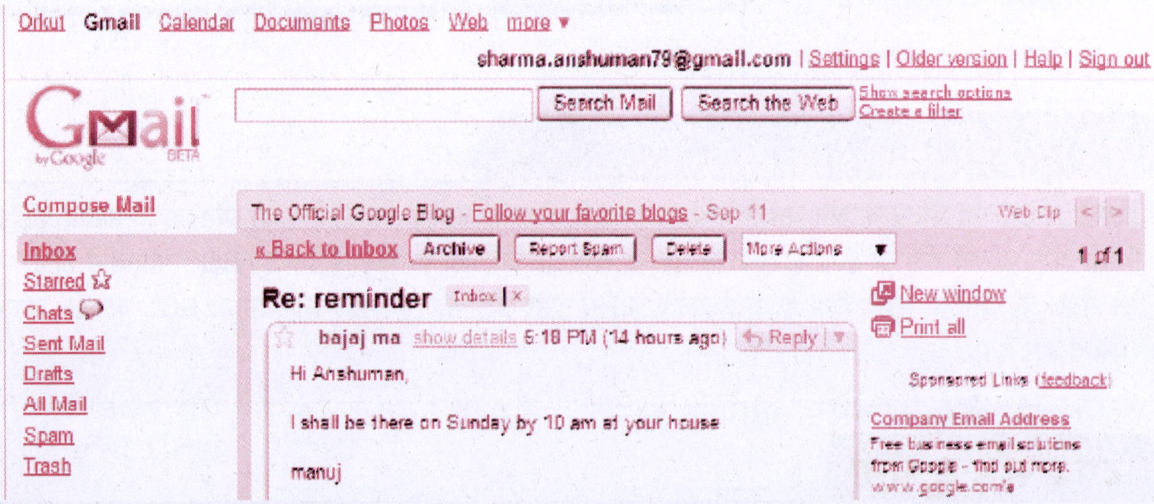

याद करें

1. इ-मेल संवाद का सबसे सुगम और तीव्र माध्यम है।
2. गूगल इ-मेल को जीमेल भी कहते हैं।
3. जी-मेल आपको 20 MB आकार तक की फाइल स्थानांतरित करने की अनुमति देता है। यदि आप बड़ी फाइल किसी अन्य इ-मेल सर्विस प्रोवाइडर पर भेजते हैं तो वह इ-मेल बाउंस बैक हो जाएगी।
4. गूगल टॉक जीमेल में चैटिंग के लिए इ-मेल के साथ इंटीग्रेटिड होता है।
5. जी-मेल या अन्य मेल सर्विस प्रयोग करने के लिए आपको उस पर रजिस्ट्रेशन करना पड़ता है।
6. अन्य प्रसिद्ध इ-मेल प्रोग्राम में माइक्रोसॉफ्ट आउटलुक एक्सप्रेस और माइक्रोसॉफ्ट आउटलुक आदि हैं।

अभ्यास

(अ) अपने मित्र को इ-मेल भेजने और प्राप्त करने के स्टेप लिखिए।

(ब) नया इ-मेल एकाउंट साइन अप करने के स्टेप लिखिए।

(स) कम-से-कम तीन उदाहरण दीजिए और बताइए कि इ-मेल के साथ आप क्या भेज सकते हैं? इन्हें क्या कहते हैं?

(द) इ-मेल बाउंसिंग बैक क्या है?

(च) इनमें से कौन-सा सबसे सुरक्षित पासवर्ड है और क्यों?

1. alok　　2. 230798　　3. Alok23June$,98

(छ) यदि आपको करन और आलोक को एक साथ इ-मेल भेजना हो तो To:box में आप क्या एड्रेस लिखेंगे?

Karan's email: karan.sehgal@gmail.com

Alok's email: alokgupta95@yahoo.com

To: ....

(ज) शब्दों की सहायता से रिक्त स्थान भरें—

सब्जेक्ट बॉक्स	कंपोज इ-मेल	साइन आउट	सेंड	टू बॉक्स	इनबॉक्स

1. इ-मेल एकाउंट बंद करने के लिए..............बटन पर क्लिक करते हैं।
2. अपना इ-मेल लिखने के बाद उसे भेजने के लिए आप..............बटन पर क्लिक करेंगे।
3. अपने मित्र को मेल भेजने के लिए आप..............में एड्रेस और..............में विषय लिखेंगे।
4. अपना इ-मेल पढ़ने के लिए..............में जाइए और नया इ-मेल लिखने के लिए.............. बटन लिंक पर क्लिक करें।

(झ) प्रैक्टिकल

अपनी कक्षा में चर्चा करिए कि इ-मेल में CC और BCC क्या हैं? इनका प्रयोग समझाने के लिए कम-से-कम दो उदाहरण दीजिए।

बहुविकल्पीय प्रश्न

निम्न चार विकल्पों में से सही विकल्प पर (✔) निशान लगाएँ।

1. ……….संवाद करने का सबसे आसान और तेज माध्यम है।

अ. पोस्टल मेल	ब. इ-मेल

स. कोरियर	द. स्पीड पोस्ट

2. गूगल अधिकतम……….आकार की फाइल इ-मेल से आदान-प्रदान करने की अनुमति देता है।

अ. 10 MB	ब. 20 MB

स. 30 MB	द. 40 MB

3. गूगल मेल को यह भी कहते हैं।

अ. जीमेल	ब. जेल मेल

स. गो मेल	द. इनमें से कोई नहीं

4. ……….जीमेल में चैटिंग के लिए इ-मेल सिस्टम के साथ इंटीग्रेटेड है—

अ. गूगल टॉक	ब. आई एम

स. रेडिफ बोल	द. इनमें से कोई नहीं

5. माइक्रोसॉफ्ट के लोकप्रिय प्रोग्राम ये हैं—

अ. माइक्रोसॉफ्ट आउटलुक एक्सप्रेस	ब. माइक्रोसॉफ्ट आउटलुक

स. अ और ब दोनों	द. इनमें से कोई नहीं

6. To: ankur@xyz.com

BCC: manish@abc.com, praneel@def.com

निम्न में से कौन सा सत्य है?

अ. अंकुर को नहीं पता कि इ-मेल मनीष और प्रनील को भी भेज दी गई है।

ब. मनीष को पता है कि इ-मेल प्रनील को भेजी गई है।

स. प्रनील को पता है कि यह अंकुर और मनीष को भेजी गई है।

द. सभी को पता है कि इ-मेल तीनों को भेजी गई है।

12 चैटिंग : एक परिचय

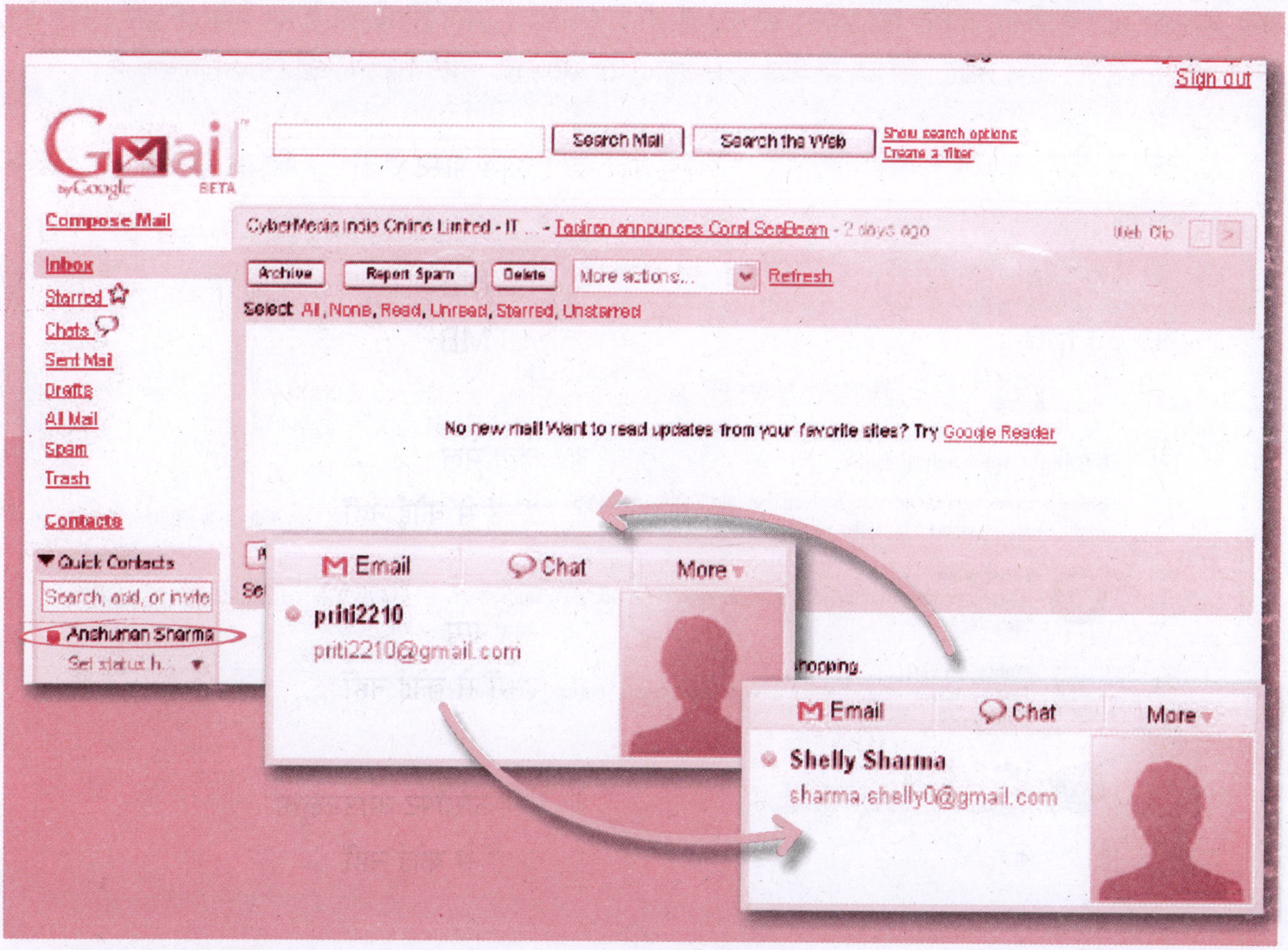

लोग अकसर जब ऑन लाइन होते हैं तो दूसरे लोगों के साथ बातचीत या संवाद करना चाहते हैं। इंटरनेट का प्रयोग करके दूसरों से बात करने की दो प्राथमिक विधियाँ हैं, जो रियल टाइम में आपको टेक्स्ट आधारित संवाद करवाती हैं। जब आप किसी एक व्यक्ति के साथ प्राइवेट चैट करना चाहते हैं तो एक एप्लीकेशन का प्रयोग कर सकते हैं, जिसे **इंस्टेंट मेसेंजर** कहते हैं। वह प्रोग्राम, जो तुरंत मेसेज भेजने या प्राइवेट चैटिंग करने के लिए प्रयोग होता है, उसे इंस्टेंट मेसेंजर कहते हैं। जब आप लोगों के एक समुदाय से सार्वजनिक रूप से बात करना चाहते हैं तो **इंटरनेट चैट** का प्रयोग करते हैं।

नोट

इंस्टेंट मेसेंजर केवल तभी काम करता है जब एक ही समय दोनों पार्टियाँ ऑन लाइन हों। यदि कोई ऑफ लाइन है तो आप उसे इंस्टेंट मेसेज नहीं भेज सकते। इस सीमा के कारण हम इ-मेल का प्रयोग करते हैं। जीमेल या याहू मेसेंजर से हम ऑफलाइन मेसेज भेज सकते हैं, जो आपके मित्र के ऑनलाइन होने पर उसे मिलता है।
इंस्टेंट मेसेजिंग बहुत छोटे और तुरंत प्राइवेट संवाद के लिए एक आदर्श माध्यम है। इंटरनेट चैट सामूहिक चर्चा के लिए अच्छा है।

अब हम अपने मित्र से इंटरनेट पर चैट करना सीखेंगे।

चैटिंग की स्टेप्स

यदि आप इ-मेल के लिए जीमेल का प्रयोग कर रहे हैं तो जब आप इ-मेल लिख रहे हैं या मेसेंजर डाउनलोड कर रहे हैं, जैसे—गूगल टॉक, याहू मेसेंजर, ए.आई.एम. आदि, तो साथ ही अपने मित्र से चैटिंग कर सकते हैं।

1. अपने इ-मेल एकाउंट में यूजर नेम और पासवर्ड प्रयोग करके लॉग इन कीजिए। **Sign in** बटन पर क्लिक कीजिए।

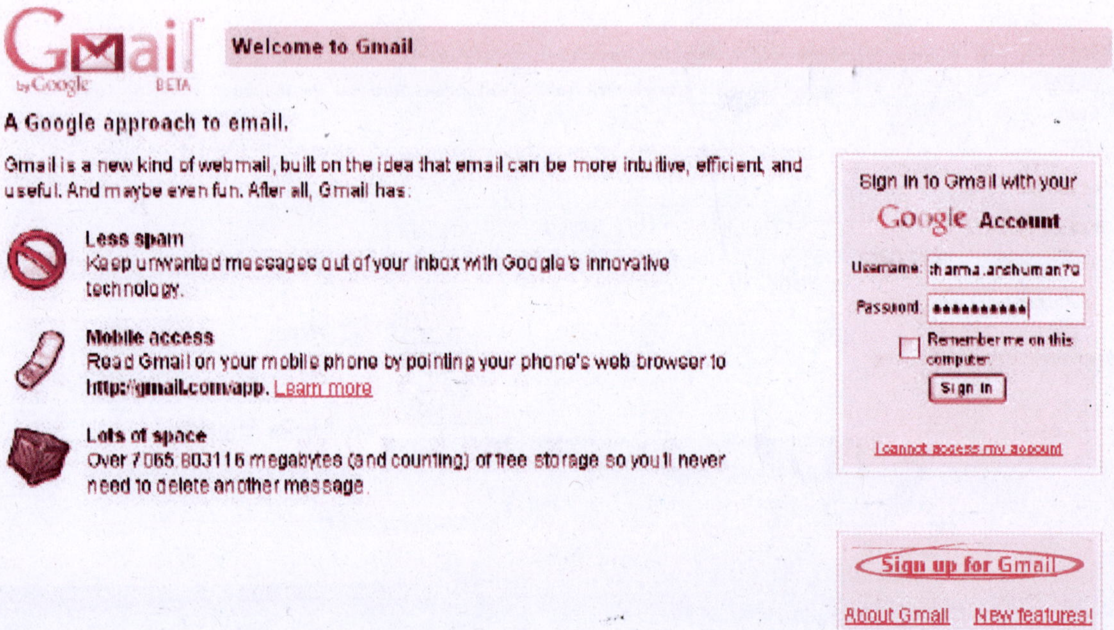

2. एकाउंट पेज इस तरह आता है, जैसा नीचे दिखाया गया है। पेज के बाईं ओर आपके मित्र का इ-मेल एड्रेस दिखाया जाता है। यदि आपका मित्र ऑनलाइन है तो उसके इ-मेल एड्रेस के सामने हरी लाइट दिखाई देती है।

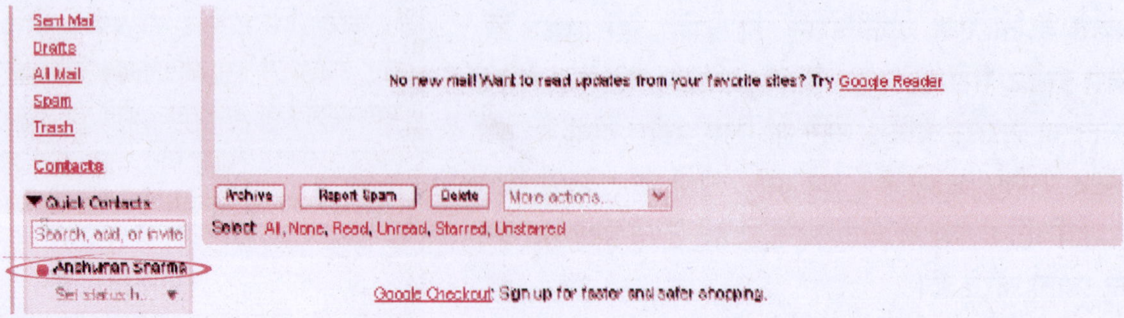

3. उस एड्रेस पर जाइए और **चैट बटन** या **इनवाइट टू चैट** बटन पर क्लिक कीजिए।

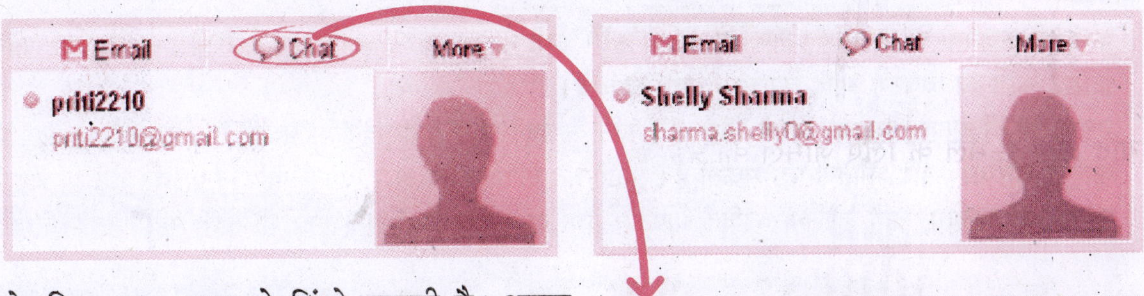

4. चैटिंग के लिए एक अलग से विंडो खुलती है। अपना मेसेज टाइप कीजिए और **Enter** दबाइए।

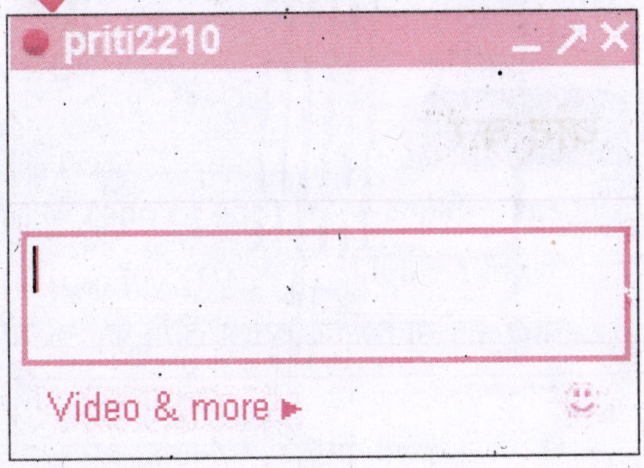

5. मेसेज आपके friend को तुरंत ही भेज दिया जाएगा। उसके उत्तर की प्रतीक्षा कीजिए। यदि आपका मित्र उत्तर देता है तो वह आपकी स्क्रीन पर चैट विंडो में आ जाएगा। आप कई सारी चैट विंडो खोलकर एक साथ कई लोगों से चैट कर सकते हैं। यद्यपि कोई नहीं जान पाएगा कि आप किसी और से भी चैट कर रहे हैं। चैटिंग करते रहिए और आनंद लीजिए।

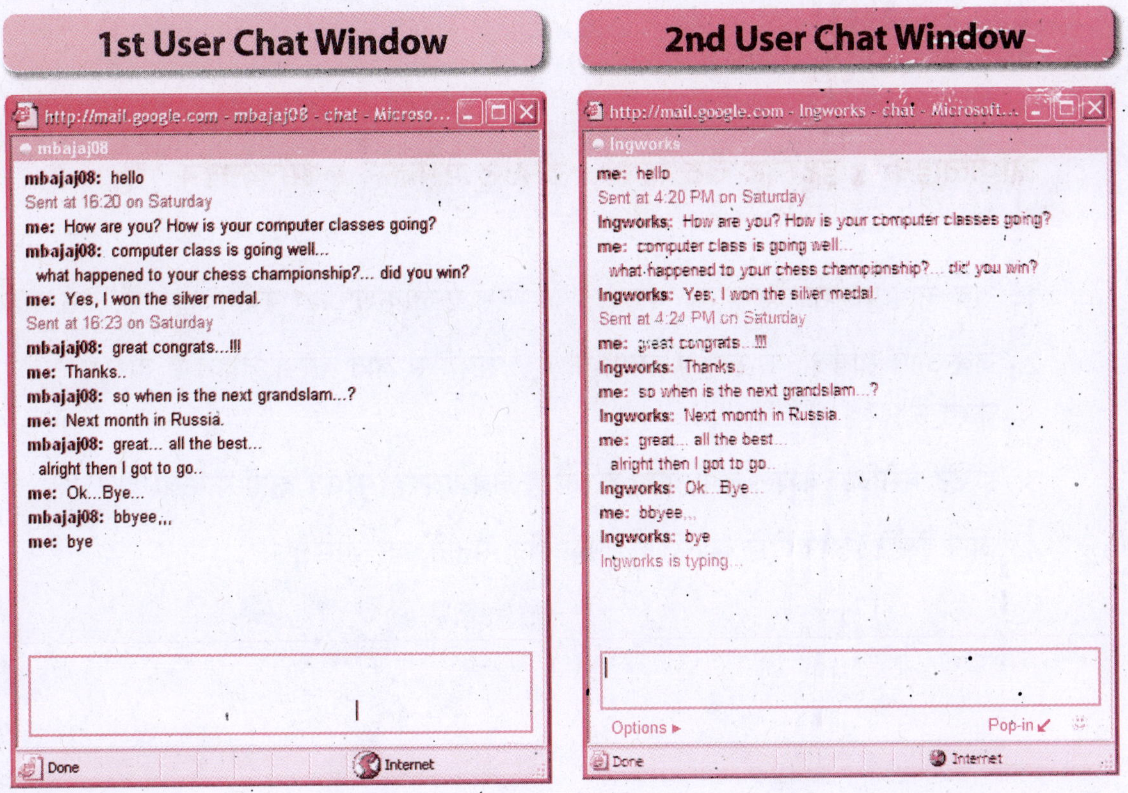

चेतावनी

कभी भी अजनबी या अपरिचित लोगों से बात न करें। कभी भी अपनी व्यक्तिगत जानकारी जैसे नाम, एड्रेस, फोन नंबर, पासवर्ड, क्रेडिट कार्ड का विवरण आदि चैट पर किसी को न दें।

यह जानकारी आपकी पहचान चुराने और हानि करने के उद्देश्य से प्रयोग की जा सकती है, जिसके लिए आप पकड़े जाएँगे और कानूनी कार्रवाई आदि भुगतनी पड़ सकती है। सुनिश्चित कीजिए कि आप अपनी पहचान प्राइवेट चैट या चैट रूम में किसी के सामने नहीं खोलेंगे, चाहे कोई भी व्यक्ति आपको सीधा या सुलझा हुआ लगे, फिर भी कभी नहीं…नहीं…कभी नहीं।

याद करें

1. आप व्यक्तिगत रूप से (one to one) चैट करने के लिए मेसेंजर जैसे गूगल टॉक, याहू/एम.एस.एन. मेसेंजर डाउनलोड भी कर सकते हैं।
2. यदि आप सार्वजनिक रूप से लोगों के एक समूह के साथ बात करना चाहते हैं तो इंटरनेट चैट रूम का प्रयोग कर सकते हैं।
3. चैट में कभी भी पासवर्ड, व्यक्तिगत जानकारी या क्रेडिट कार्ड का विवरण न बताएँ। आप बड़ी मुसीबत में फँस सकते हैं।

अभ्यास

(अ) शब्दों की सहायता से रिक्त स्थान भरें।

ऑफलाइन इंटरनेट चैट रूम इंसटेंट मेसेंजर ऑनलाइन

1. जब आप प्राइवेट चैट करना चाहते हैं तो जिस एप्लीकेशन का प्रयोग करते हैं, उसे कहते हैं………
2. जब आप सार्वजनिक रूप से लोगों के एक समूह से बात करना चाहते हैं तो……………का प्रयोग करते हैं।
3. इंस्टेंट मेसेजिंग केवल तभी काम करती है जब एक ही समय दोनों पार्टियाँ…………… हों।
4. आप इंस्टेंट मेसेज ऐसे व्यक्ति को नहीं भेज सकते, जो जीमेल में…………… है।

बहुविकल्पीय प्रश्न

निम्न चार विकल्पों में से सही विकल्प पर (✔) निशान लगाएँ।

1. आप चैट के लिए मेसेंजर डाउनलोड कर सकते हैं। उदाहरण—

अ. गूगल टॉक ब. याहू मेसेंजर

स. एम.एस.एन. मेसेंजर द. इनमें से कोई एक

2. जब आप प्राइवेट चैट करते हैं तो जिस एप्लीकेशन का प्रयोग करते हैं, उसे कहते हैं—

अ. इंस्टेंट मेसेंजर ब. इंटरनेट चैट

स. अ और ब दोनों द. इनमें से कोई नहीं

3. जब आप सार्वजनिक रूप से लोगों के एक समूह से बात करना चाहते हैं तो इसका प्रयोग करते हैं।

अ. इंस्टेंट मेसेंजर ब. इंटरनेट चैट रूम

स. अ और ब दोनों द. इनमें से कोई नहीं

4. रेडिफ-बोल, जीटॉक, ए.आई.एम. सभी इसके उदाहरण हैं—

अ. चैट रूम ब. इंस्टेंट मेसेंजर

स. अ और ब दोनों द. इनमें से कोई नहीं

5. आप जीटॉक, ए.आई.एम. का प्रयोग इसके लिए कर सकते हैं—

अ. मेसेज को तुरंत भेजना ब. मित्रों को मेल करना

स. अ और ब दोनों द. इनमें से कोई नहीं

13 आपके कंप्यूटर के लिए खतरा

जब आप अपने पी.सी. से इंटरनेट खोलते हैं तो एक अनोखी दुनिया मिलती है। साथ ही आपके लिए और आपके परिवार को अनंत जानकारी मिलती है। लेकिन साथ ही दुर्भाग्यवश आप कुछ खतरों की दुनिया भी खोलते हैं; जैसे वायरस, स्पाईवेयर, कंप्यूटर अटैक जैसे—हैकिंग आदि। सौभाग्यवश इन खतरों से कंप्यूटर को आसानी से बचाया जा सकता है। लेकिन हम सलाह देंगे कि तकलीफदेह इलाज से आसान बचाव अच्छा है।

वायरस

एक प्रोग्राम या कोड का भाग, जो आपकी जानकारी के बिना कंप्यूटर पर लोड हो जाता है और आपकी इच्छा के विरुद्ध चलता है, वायरस कहलाता है। वायरस स्वयं की कॉपियाँ बना सकता है।

सभी कंप्यूटर वायरस मनुष्य द्वारा बनाए जाते हैं।

एक कंप्यूटर वायरस एक प्रोग्राम या फाइल में स्वयं को जोड़ लेते हैं, अतः एक से दूसरे कंप्यूटर पर दुष्प्रभाव छोड़ते हुए फैलता रहता है। मानव वायरस के समान कंप्यूटर वायरस भी कई तरह के होते हैं। कुछ वायरस केवल थोड़ा सा चिढ़ानेवाला प्रभाव छोड़ते हैं और कुछ कंप्यूटर हार्डवेयर, सॉफ्टवेयर या फाइलों को नष्ट कर देते हैं।

लगभग सभी वायरस एग्जीक्यूटेबल फाइल से जुड़ते हैं, जिसका अर्थ है कि वायरस आपके कंप्यूटर पर रहते हुए भी तब तक दुष्प्रभाव नहीं छोड़ता जब तक प्रभावित प्रोग्राम को न चलाया जाए। यह जानना महत्त्वपूर्ण है कि वायरस मनुष्य की प्रतिक्रिया के बिना नहीं फैल सकता। (जैसे—दूषित प्रोग्राम को चलाना, दूषित प्रोग्राम को अनजाने में मित्र या शत्रु को कॉपी करके बाँटना) अधिकतर लोग अनजाने में फाइलों का साझा करके या वायरसवाली इ-मेल और इ-मेल के साथ गेम, यूटिलिटी प्रोग्राम जोड़कर बाँटते हैं, जिससे वायरस फैलता है।

स्पाईवेयर

स्पाईवेयर एक कंप्यूटर सॉफ्टवेयर है, जो पर्सनल कंप्यूटर पर इंस्टॉल होकर थोड़ा या पूरा नियंत्रण करके बिना यूजर को पता लगे उसमें घुस जाता है। स्पाईवेयर प्रोग्राम कई तरह की व्यक्तिगत जानकारियाँ एकत्रित कर लेते हैं, जैसे क्रेडिट कार्ड की जानकारी, ऑनलाइन बैंकिंग एकाउंट्स पासवर्ड्स, इंटरनेट सर्फिंग की आदत और जो साइट खोली गई है आदि। यह दूसरी विधियों से भी कंप्यूटर के नियंत्रण में हस्तक्षेप करता है, जैसे अतिरिक्त सॉफ्टवेयर इंस्टॉल करना। यह कंप्यूटर की सेटिंग भी बदल सकता है, जिसके परिणामस्वरूप कनेक्शन की स्पीड धीमी हो जाती है और ब्राउजर का होम पेज बदल जाता है, साथ ही इंटरनेट की कनेक्टिविटी भी टूटने लगती है।

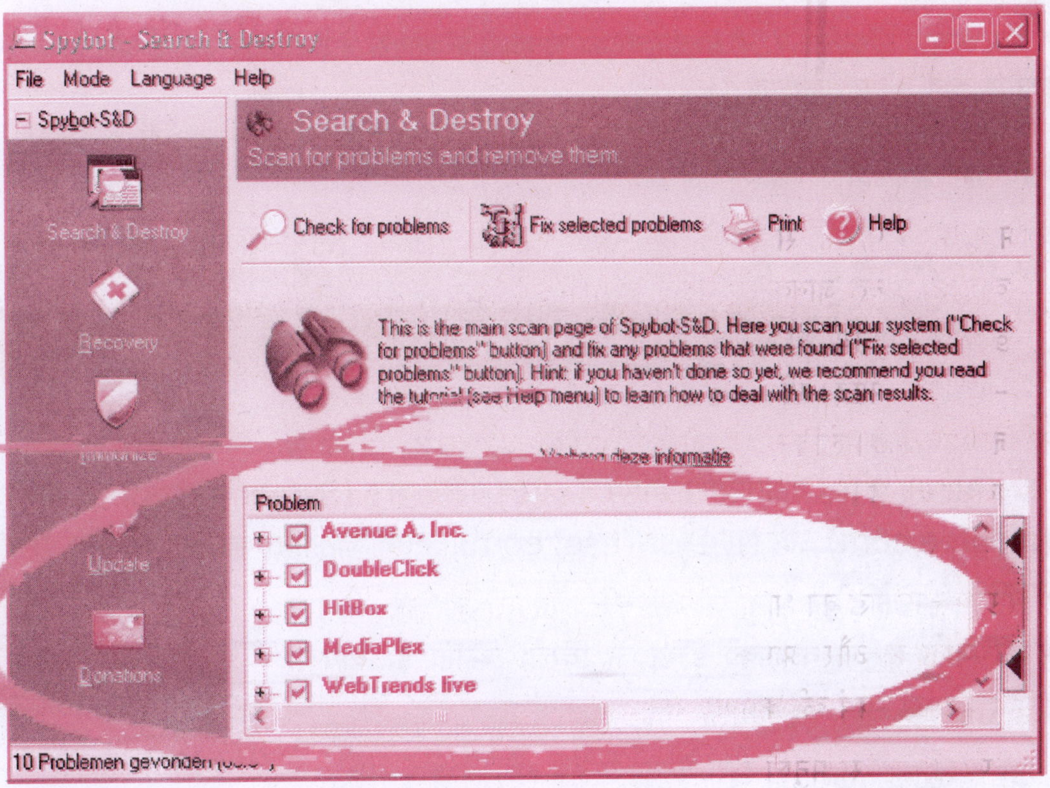

हैकिंग

नेट पर या इंटरनेट के माध्यम से किसी अन्य के कंप्यूटर में अनधिकृत प्रवेश करना हैकिंग कहलाता है, जिसमें बुद्धिमानी, तरकीब और गहन जानकारी की आवश्यकता होती है। हैकिंग एक अपराध है।

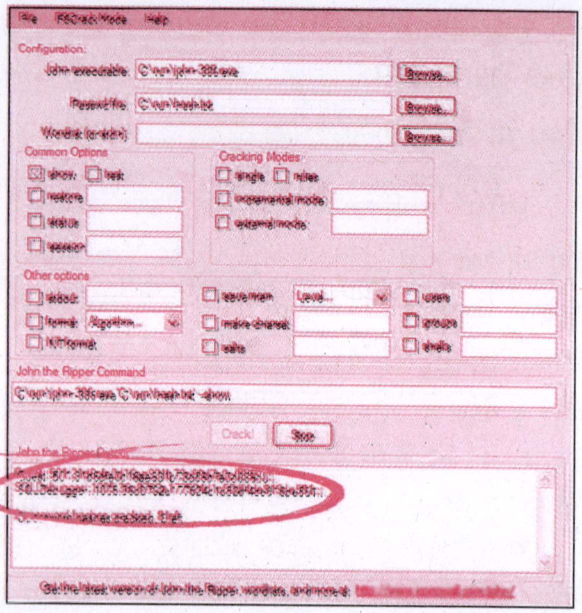

याद करें

एक प्रोग्राम या कोड का वह भाग, जो आपकी जानकारी के बिना कंप्यूटर पर लोड हो जाता है और इच्छा के विरुद्ध कार्य करता है, वायरस कहलाता है।

कंप्यूटर वायरस स्वयं को प्रोग्राम या फाइल में जोड़ लेता है, अत: एक से दूसरे कंप्यूटर पर दुष्प्रभाव फैलाता हुआ भ्रमण करता रहता है।

लोग अनजाने में दूषित फाइलों को साझा करके या इ-मेल से अटैचमेंट के रूप में गेम, यूटिलिटी के साथ वायरस को भेजकर उसे फैलाते हैं।

स्पाईवेयर एक कंप्यूटर सॉफ्टवेयर है, जो बिना यूजर की जानकारी के कंप्यूटर में इंस्टॉल हो जाता है और पूरा या आंशिक नियंत्रण लेकर यूजर के कार्य में हस्तक्षेप करता है।

नेटवर्क या इंटरनेट के माध्यम से किसी अन्य के कंप्यूटर में अनधिकृत प्रवेश करना हैकिंग कहलाता है, जिसके लिए बुद्धिमानी, तरकीब और गहन जानकारी की आवश्यकता होती है।

अभ्यास

(अ) प्रैक्टिकल

सबसे अधिक प्रसिद्ध एंटीवायरस प्रोग्राम हैं, नॉर्टन एंटीवायरस (Symantec.com), मैकफे वायरस स्केन (mcafee.com) और NOD 32 (eset.com)। निम्न जानकारी एकत्रित करने के लिए इन साइटों पर जाइए—

- विभिन्न प्रकार के वायरस।
- अधिक खतरनाक स्पाईवेयर।
- सबसे पहला वायरस।

इनको एक प्रोजेक्ट में कंपाइल कीजिए।

(ब) निम्न पर संक्षिप्त टिप्पणी लिखिए—

1. वायरस
2. स्पाईवेयर
3. हैकिंग

हैकिंग वायरस स्पाईवेयर

1. एक प्रोग्राम या कोड का भाग, जो आपकी जानकारी के बिना कंप्यूटर पर लोड हो जाता है और इच्छा के विरुद्ध कार्य करता है, उसे कहते हैं..............
2. ....एक कंप्यूटर सॉफ्टवेयर है, जो पर्सनल कंप्यूटर पर यूजर की जानकारी के बिना इंस्टॉल हो जाता है और कंप्यूटर पर पूरा या आंशिक नियंत्रण करके कार्य में हस्तक्षेप करता है।
3. किसी नेटवर्क या इंटरनेट के माध्यम से बुद्धिमानी, चालाकी और गहन जानकारी के आधार पर अनधिकृत रूप से आपके कंप्यूटर में प्रवेश करना..............कहलाता है।

बहुविकल्पीय प्रश्न

निम्न चार विकल्पों में से सही विकल्प पर (✔) निशान लगाएँ।

1. एक सॉफ्टवेयर, जो आपकी जानकारी के बिना कंप्यूटर पर इंस्टॉल हो जाता है और आपकी इच्छा के विरुद्ध कार्य करता है, कहलाता है।

अ. वायरस
ब. एंटीवायरस
स. स्पाईवेयर
द. एंटी स्पाईवेयर

2. ....प्रोग्राम यूजर की जानकारी के बिना कंप्यूटर पर इंस्टॉल हो जाते हैं और पूरा या आंशिक नियंत्रण लेकर आपके कार्य में हस्तक्षेप करते हैं।

अ. वायरस
ब. एंटीवायरस
स. स्पाईवेयर
द. एंटी स्पाईवेयर

3. किसी दूसरे के सिस्टम में नेटवर्क या इंटरनेट के माध्यम से चालाकी और गहन जानकारी के आधार पर अनधिकृत रूप से प्रवेश करना यह कहलाता है।

अ. हैकिंग
ब. क्रेकिंग
स. मेलिंग
द. शेयरिंग

4. विख्यात एंटीवायरस प्रोग्राम ये हैं—

अ. नॉर्टन एंटीवायरस
ब. मैकफे वायरस स्केन
स. NOD 32
द. उपर्युक्त सभी

14 आपके कंप्यूटर की सुरक्षा

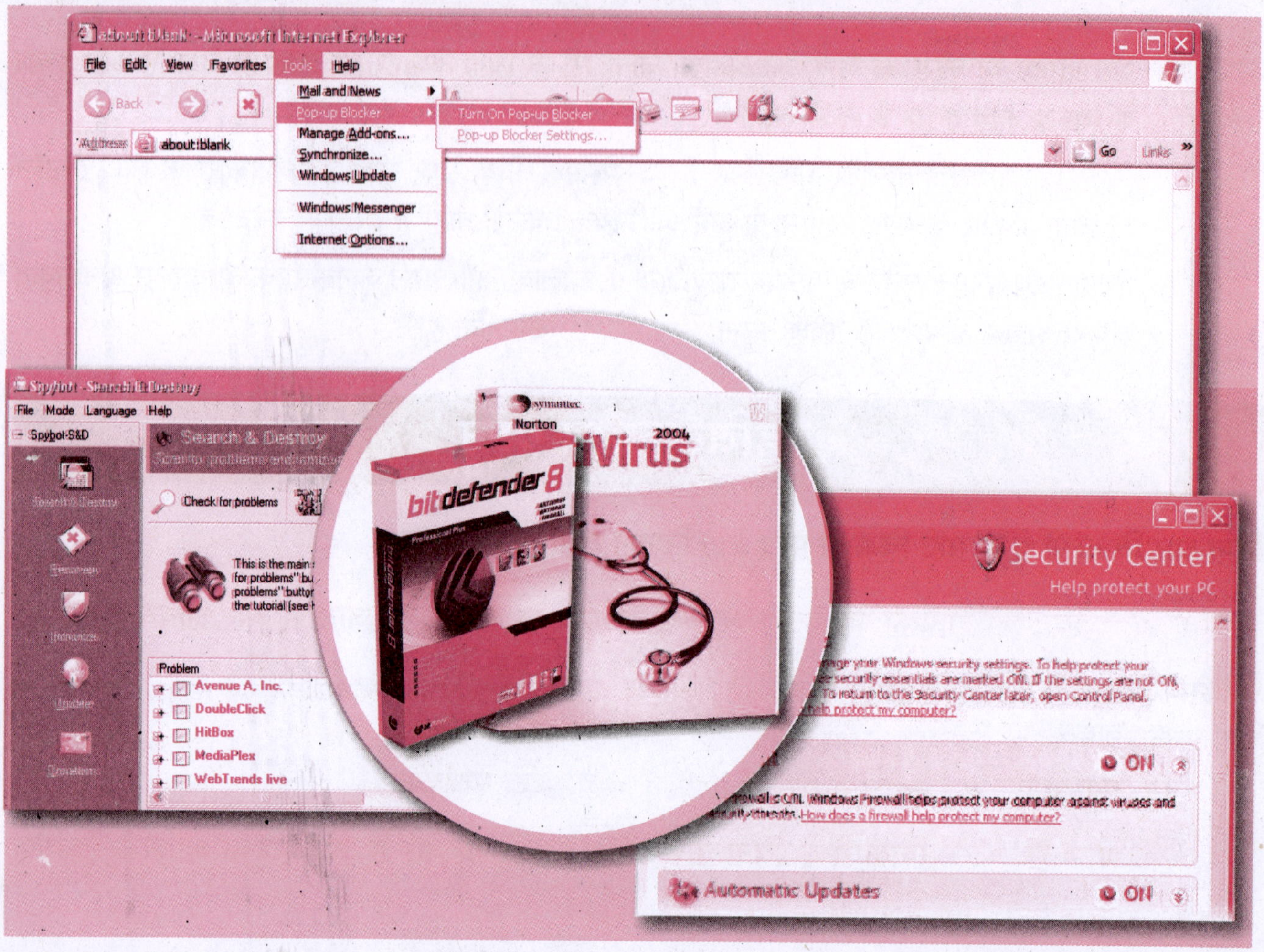

पॉपअप ब्लॉकर्स

यदि आपने कुछ समय वेब सर्फ किया है तो ध्यान दिया होगा कि कुछ खिझानेवाली पॉपअप विंडोज स्वतः खुल जाती हैं। आपको कुछ विशेष सॉफ्टवेयर की आवश्यकता होती है जों इन पॉपअप को रोक देते हैं। यह सॉफ्टवेयर **पॉपअप ब्लॉकर्स** कहलाते हैं।

पॉपअप ब्लॉकर ऑन करने पर अधिकतर पॉपअप विज्ञापन स्वतः ही रुक जाते हैं। इस फीचर को एक्टीवेट करने के लिए निम्न कदम उठाएँ।

विंडोज एक्स.पी. सर्विस पैक 2, जिसे शॉर्ट में एस.पी. 2 भी कहते हैं, उसमें पॉपअप ब्लॉकर होता है। यदि आप विंडोज का पुराना वर्जन प्रयोग कर रहे हैं तो अपने ऑपरेटिंग सिस्टम को ब्लॉकर के लिए एस.पी. 2 में अपग्रेड करना होगा।

इंटरनेट एक्सप्लोरर खोलिए, Tools मेन्यू को पुल डाउन कीजिए और Turn on popup blocker सिलेक्ट कीजिए।

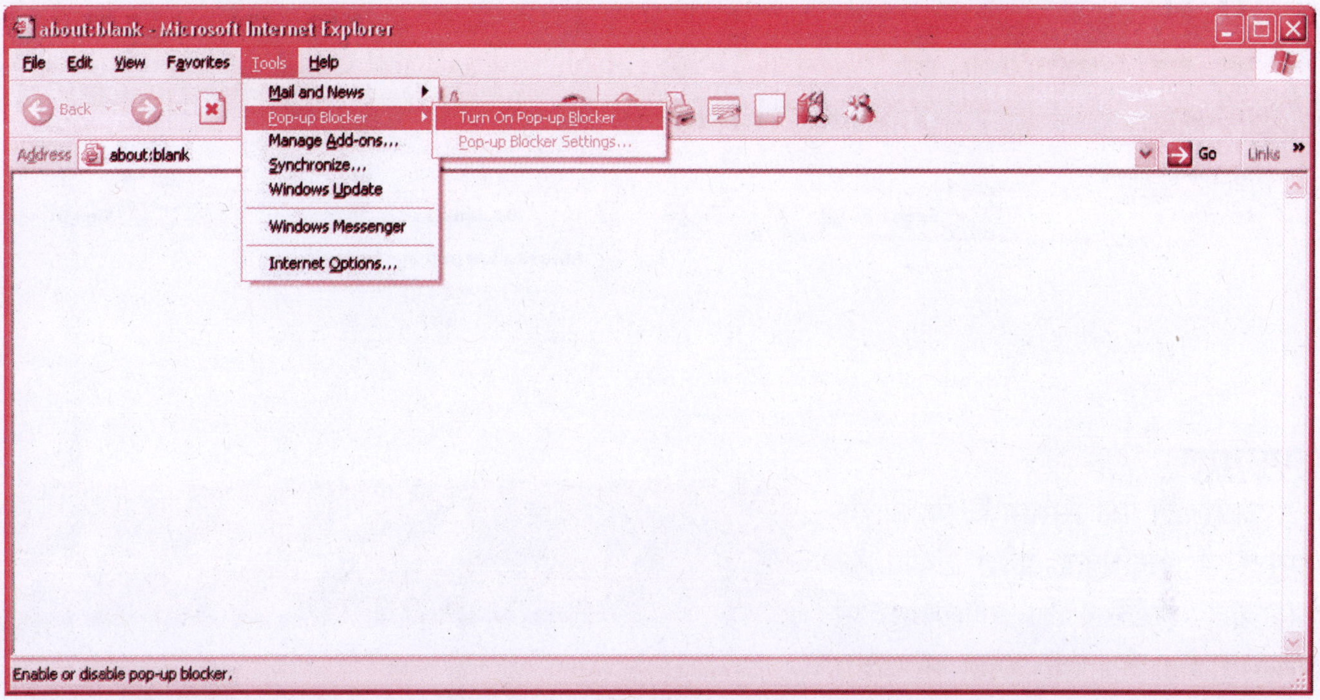

इसके बाद आप कभी भी पॉपअप विंडोज नहीं देखेंगे। कभी-कभी पॉपअप ब्लॉकर कुछ महत्त्वपूर्ण कंटेंटवाली विंडो ब्लॉक कर देते हैं, जो पॉपअप की तरह खुलती हैं। इस अवस्था में यदि आप चाहें तो ब्लॉक किए गए विंडो/कंटेंट को यलो बार पर क्लिक करके खोल सकते हैं। यह आपको विकल्प देगी कि यह विंडो एक बार अथवा सदैव खुल जाए।

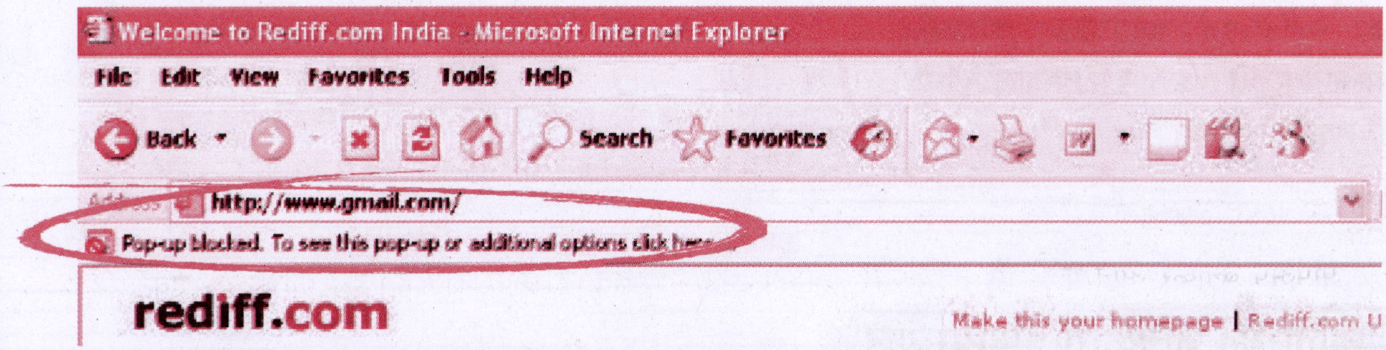

इंटरनेट एक्सप्लोरर पॉपअप मेन्यू को डिफॉल्ट द्वारा ब्लॉक कर देता है, जैसाकि दिखाया गया है। यदि आप यह विकल्प न देखें तो अपने कंप्यूटर शिक्षक या इंजीनियर से सलाह लें। ऐसे पॉपअप ब्लॉकर को प्रयोग न करें, जिनके बारे में आपने केवल सुना हो, क्योंकि कुछ लोग पॉपअप ब्लॉकर के नाम पर वायरस और स्पाईवेयर फैलाते हैं। आप

पॉपअप ब्लॉक करने के लिए गूगल या याहू टूलबार जैसे अतिरिक्त फीचर जैसे सर्चिंग, बुकमार्क आदि के साथ डाउनलोड कर सकते हैं; जैसा कि नीचे चित्र में दिखाया गया है।

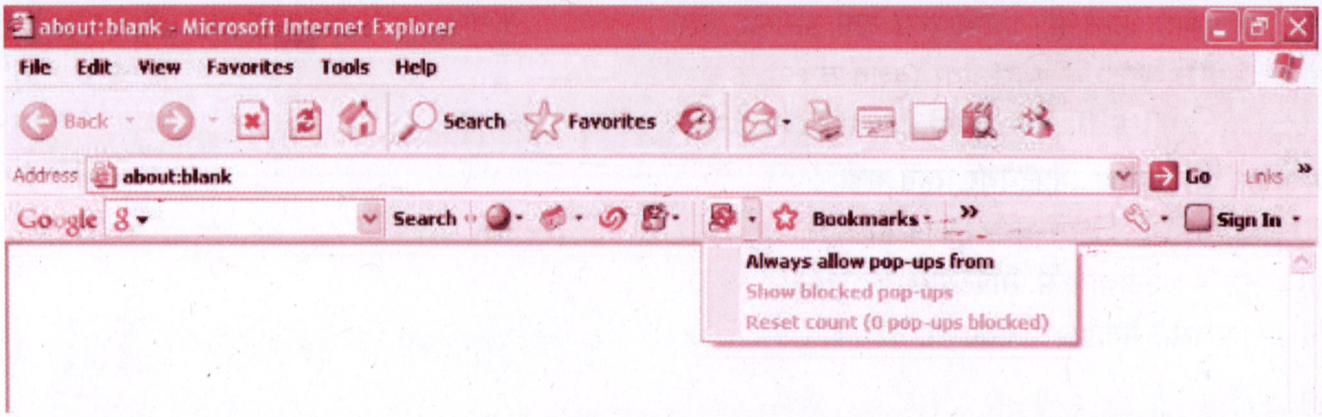

फायरबॉल

फायरबॉल एक सिस्टम है, जो आपके कंप्यूटर में अनधिकृत प्रवेश रोकता है। फायरबॉल हार्डवेयर या सॉफ्टवेयर पर आधारित होता है। एक अच्छा सॉफ्टवेयर फायरबॉल आपके कंप्यूटर में अनधिकृत प्रवेश और उस पर नियंत्रण के प्रयास (हैकिंग) को निष्फल कर देता है। यह अधिक प्रचलित ट्रोजन या इ-मेल वर्म से भी सुरक्षा प्रदान करता है। सॉफ्टवेयर फायरबॉल केवल उस कंप्यूटर की सुरक्षा करता है जिस पर उसे इंस्टॉल किया गया है, पूरे नेटवर्क की नहीं। एक बहुप्रचलित फायरबॉल सॉफ्टवेयर जोन अलार्म फायरबॉल है। यह बिलकुल नि:शुल्क है।

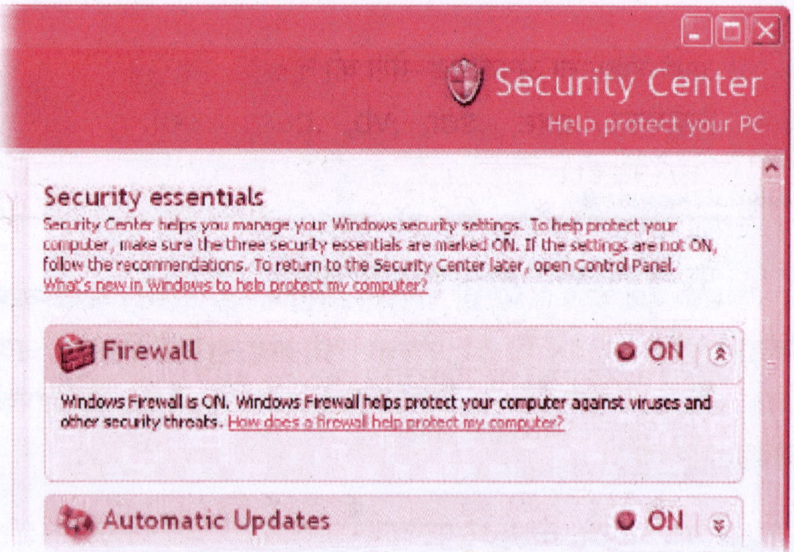

अतिरिक्त जानकारी : फायरबॉल

यह याद रखना आवश्यक है कि फायरबॉल स्वयं कंप्यूटर वायरस की समस्या से छुटकारा नहीं दिलाते बल्कि इन्हें ऑपरेटिंग सिस्टम और एंटीवायरस सॉफ्टवेयर के साथ नियमित रूप से अपडेट करने पर ये कंप्यूटर या नेटवर्क की सुरक्षा बढ़ा देते हैं।

एंटीवायरस

एंटीवायरस सॉफ्टवेयर एक कंप्यूटर प्रोग्राम है, जो दूषित सॉफ्टवेयर से उसके दोष ढूँढ़ने, निकालने और ठीक करने का प्रयास करते हैं। एंटीवायरस नाम इसलिए रखा गया है, क्योंकि पहले के सॉफ्टवेयर विशेष रूप से कंप्यूटर वायरस नष्ट करने के लिए बनाए गए थे, हालाँकि अधिकतर आधुनिक एंटीवायरस सॉफ्टवेयर बहुत बड़ी रेंज के हमलों से बचाव करते हैं जिनमें वर्म, ट्रोजन हॉर्स और मालवेयर सम्मिलित हैं। एंटीवायरस सॉफ्टवेयर के उदाहरण नॉर्टन, एवीजी, अवस्त, मैकाफे, एन.ओ.डी. 32 आदि हैं।

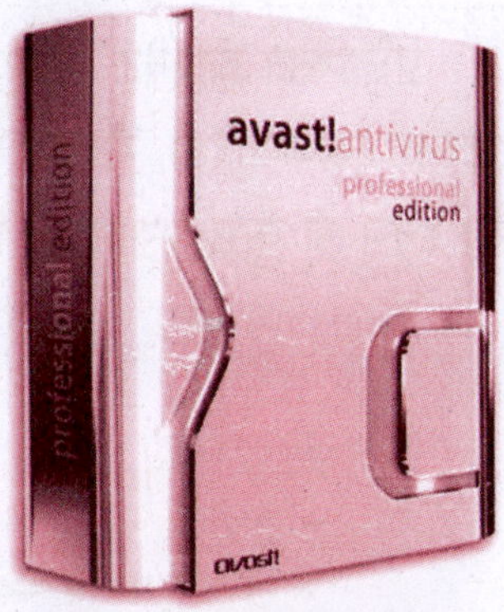

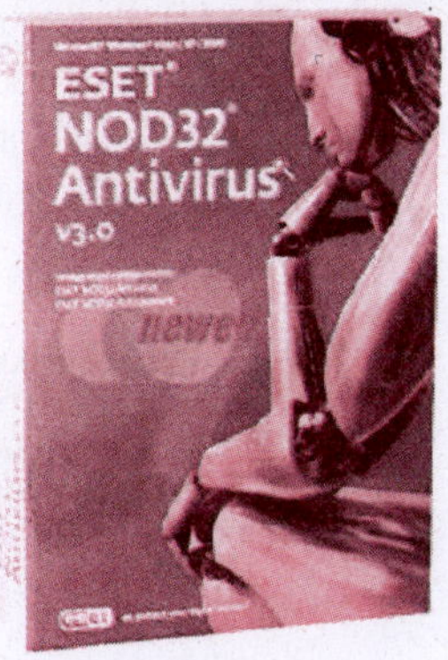

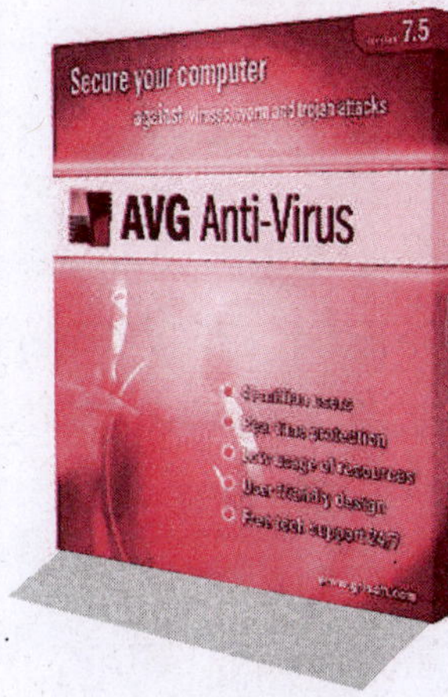

बचाव और सावधानियाँ

1. अनावश्यक या अनजान इ-मेल को न खोलें, जिनमें विशेषकर .exe, .scr, .vb, .com, .doc अटैचमेंट हो।
2. जो वेबसाइट स्टैंडर्ड नहीं हों, उनसे मित्रों के कहने पर भी म्यूजिक, गेम या अन्य सॉफ्टवेयर डाउनलोड न करें।
3. विंडोज, एंटीवायरस सॉफ्टवेयर, एंटी स्पाईवेयर और फायरबॉल को सदैव अपडेट करते रहें।
4. यदि आपके मित्र कोई फाइल इ-मेल, सीडी या पेन ड्राइव से भेजते हैं तो उसे खोलने से पहले अच्छी तरह स्केन कर लें।
5. **यदि आपके कंप्यूटर पर वायरस, वर्म, स्पाईवेयर आदि का हमला हुआ है या वह दूषित हो गया है तो वह बेढंगे तरीके से काम करना शुरू कर देगा। यह कंप्यूटर को धीमा कर सकता है, बहुत सारी विंडो स्वयं ही खुलने लगेंगी या प्रोग्राम सामान्य रूप से नहीं चलेगा। तुरंत ही कंप्यूटर को बंद कर दीजिए और समस्या ठीक करने के लिए सिस्टम इंजीनियर को बुलाइए।**

एंटीस्पाईवेयर प्रोग्राम

अब हम समझते हैं कि स्पाईवेयर की समस्या कितनी गंभीर हो सकती है। हमें इस खतरे से कंप्यूटर को बचाने के लिए एक अच्छे एंटीस्पाईवेयर की आवश्यकता होगी।

एंटीस्पाईवेयर प्रोग्राम स्पाईवेयर को रोकने या हटाने के लिए बनाए जाते हैं, जो आपके सिस्टम को स्पाईवेयर से बचाते हैं।

आजकल सॉफ्टवेयर कंपनियाँ, जैसे—नॉर्टन, मैकफे, जोन अलार्म, एन.ओ.डी 32 आदि में एकीकृत सिस्टम

विकसित किया है, जिसमें एक ही पैकेज में एंटीवायरस, एंटीस्पाईवेयर और फायरबॉल जुड़े होते हैं।

प्रतिष्ठित इंटरनेट सिक्योरिटी प्रोडक्ट में स्पाईबोट सर्च एंड डिस्ट्रॉय, ए.वी.जी. एंटीवायरस, जोन अलार्म, नॉर्टन इंटरनेट सिक्योरिटी, मैकफे वायरस स्केन, ई-सेट एन.ओ.डी. 32, क्विक हील एंटीवायरस, अवस्त एंटीवायरस आदि हैं। इनमें से कुछ प्रयोग के लिए पूर्णतः निःशुल्क हैं और कुछ कॉमर्शियल प्रोडक्ट हैं।

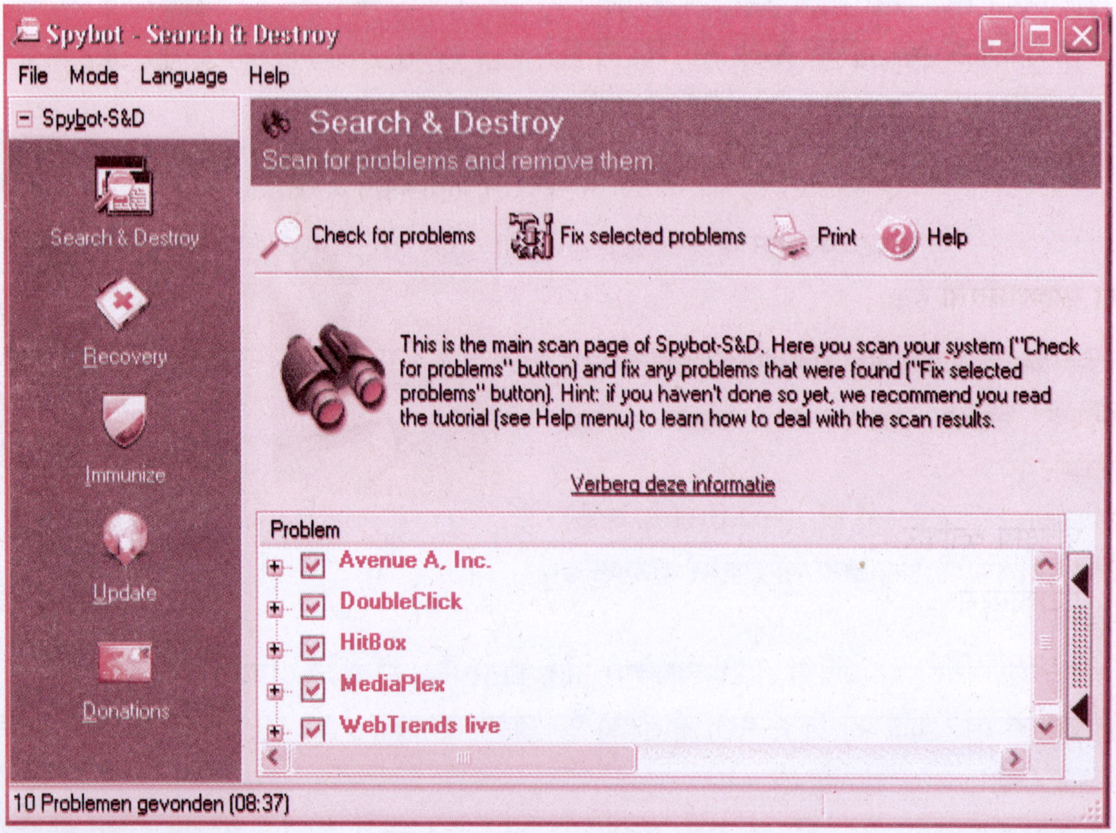

याद करें

1. पॉपअप ब्लॉकर टर्न ऑन करने पर पॉपअप विज्ञापन स्वतः रुक जाते हैं।
2. आप पॉपअप ब्लॉक करने के लिए गूगल या याहू टूलबार डाउनलोड कर सकते हैं।
3. फायरबॉल एक सिस्टम है, जो आपके कंप्यूटर में अनधिकृत घुसपैठ और प्रयोग से बचाव करता है।
4. एंटीवायरस सॉफ्टवेयर एक कंप्यूटर प्रोग्राम है, जो दूषित सॉफ्टवेयर को पहचानता और ठीक करता है।
5. एंटीस्पाईवेयर प्रोग्राम स्पाईवेयर को रोकने या हटाने के लिए बनाए जाते हैं, जो सिस्टम में स्पाईवेयर आने से बचाव करते हैं।

अभ्यास

(अ) शब्दों की सहायता से रिक्त स्थान भरें।

एंटी स्पाईवेयर   फायरबॉल   एंटीवायरस   पॉपअप ब्लॉकर

1. खिझानेवाले पॉपअप को रोकने के लिए आपको जिन विशेष सॉफ्टवेयर की आवश्यकता होती है उन्हें ....कहते हैं।
2. ....एक प्रोग्राम है, जो आपके कंप्यूटर में अनधिकृत प्रवेश और प्रयोग को रोकता है।
3. ....सॉफ्टवेयर एक कंप्यूटर प्रोग्राम है, जो दूषित सॉफ्टवेयर को पहचानने और उसे ठीक करने का प्रयास करता है।
4. ....प्रोग्राम स्पाईवेयर को हटाने या रोकने के लिए बनाए जाते हैं, जो सिस्टम में स्पाईवेयर आने की संभावना को कम करते हैं।

(ब) निम्न की परिभाषा और संक्षिप्त टिप्पणी लिखिए।

- पॉपअप ब्लॉकर
- एंटीवायरस
- एंटीस्पाईवेयर
- फायरबॉल

(स) अपने कंप्यूटर को वायरस से रोकथाम और सावधानियाँ लिखिए।

(द) सही के लिए (स) और गलत के लिए (ग) लिखिए—

1. आपको खिझानेवाले पॉपअप को रोकने के लिए किसी विशेष सॉफ्टवेयर की आवश्यकता नहीं होती। ☐
2. पॉपअप ब्लॉकर टर्नऑन करने पर अधिकांश पॉपअप विज्ञापन स्वत: रुक जाते हैं। ☐
3. एक अच्छा सॉफ्टवेयर फायरबॉल आपके कंप्यूटर में प्रवेश और नियंत्रण करने के बाहरी प्रयास को रोकता है। ☐
4. फायरबॉल केवल सॉफ्टवेयर आधारित हो सकता है। ☐
5. हमें अपने सिस्टम से स्पाईवेयर के खतरों को कम करने के लिए एक अच्छे एंटीस्पाईवेयर की आवश्यकता होती है। ☐

बहुविकल्पीय प्रश्न

निम्न चार विकल्पों में से सही विकल्प पर (✔) निशान लगाएँ।

1. .... टर्नऑन करने पर पॉपअप विज्ञापन स्वतः रुक जाते हैं।

अ. एंटीवायरस ब. पॉपअप ब्लॉकर

स. फायरबॉल द. इनमें से कोई नहीं

2. पॉपअप ब्लॉक करने के लिए आप .... टूलबार डाउनलोड कर सकते हैं।

अ. गूगल ब. याहू

स. अ और ब दोनों द. इनमें से कोई नहीं

3. .... एक सिस्टम है, जो आपके कंप्यूटर में अनधिकृत प्रवेश और प्रयोग को रोकता है।

अ. एंटीवायरस ब. पॉपअप ब्लॉकर

स. फायरबॉल द. इनमें से कोई नहीं

4. .... सॉफ्टवेयर एक कंप्यूटर प्रोग्राम है, जो दूषित सॉफ्टवेयर को पहचानकर ठीक करता है।

अ. एंटीवायरस ब. पॉपअप ब्लॉकर

स. फायरबॉल द. इनमें से कोई नहीं

5. .... प्रोग्राम स्पाईवेयर को हटाने या रोकने के लिए बनाए गए हैं।

अ. एंटीवायरस ब. पॉपअप ब्लॉकर

स. फायरबॉल द. एंटीस्पाईवेयर

उत्तरमाला

अभ्यास 1

(ब) निम्न का मिलान करें—

1. द 2. स 3. ब 4. अ

बहुविकल्पीय प्रश्न

1. अ 2. अ 3. द 4. द 5. द 6. ब 7. ब

अभ्यास 2

बहुविकल्पीय प्रश्न

1. अ 2. ब 3. द 4. ब 5. द

अभ्यास 3

(स) सही के लिए (स) और गलत के लिए (ग) लिखिए—

1. गलत 2. सही 3. सही 4. सही

बहुविकल्पीय प्रश्न

1. द 2. ब 3. अ 4. ब 5. स 6. अ

अभ्यास 4

(झ) सही के लिए (स) और गलत के लिए (ग) लिखिए—

1. गलत 2. सही 3. गलत

बहुविकल्पीय प्रश्न

1. द 2. स 3. द 4. द 5. अ

अभ्यास 5

(ब) निम्न टूलबार का नाम बताइए और उस पर दिखनेवाले बटन के लेबल लिखिए।

1. स्टॉप रिकॉर्डिंग 2. पुश/रिज्यूम रिकॉर्डिंग

बहुविकल्पीय प्रश्न

1. स 2. स 3. स 4. द 5. द

अभ्यास 6

(ब) सही के लिए (स) और गलत के लिए (ग) लिखिए—

1. सही 2. (अ) गलत (ब) सही (स) गलत

बहुविकल्पीय प्रश्न

1. स 2. स 3. अ

अभ्यास 7

बहुविकल्पीय प्रश्न

1. द 2. द 3. स 4. द 5. ब

अभ्यास 8

बहुविकल्पीय प्रश्न

1. ब 2. स 3. अ 4. द 5. अ

अभ्यास 9

(झ) सही के लिए (स) और गलत के लिए (ग) लिखिए—

1. सही 2. गलत 3. गलत 4. सही 5. सही

बहुविकल्पीय प्रश्न

1. अ 2. द 3. अ 4. द 5. अ

अभ्यास 10

(द) सही के लिए (स) और गलत के लिए (ग) लिखिए—

1. गलत 2. सही 3. गलत

बहुविकल्पीय प्रश्न

1. द 2. अ

अभ्यास 11

(छ) To: karan.sehgal@gmail.com, alokgupta95@yahoo.com

(ज) शब्दों की सहायता से रिक्त स्थान भरें—

1. साइन आउट 2. सेंड 3. टू बॉक्स, सब्जेक्ट बॉक्स
4. इनबॉक्स 5. कंपोज इ-मेल

बहुविकल्पीय प्रश्न

1. ब 2. ब 3. अ 4. अ 5. स 6. अ

अभ्यास 12

(अ) शब्दों की सहायता से रिक्त स्थान भरें—

1. इंस्टेंट मेसेंजर
2. इंटरनेट चैट रूम
3. ऑनलाइन
4. ऑफलाइन

बहुविकल्पीय प्रश्न

1. द 2. अ 3. ब 4. ब 5. अ

अभ्यास 13

(स) शब्दों की सहायता से रिक्त स्थान भरें—

1. वायरस 2. सॉफ्टवेयर 3. हैकिंग

बहुविकल्पीय प्रश्न

1. अ 2. स 3. अ 4. द

अभ्यास 14

(अ) शब्दों की सहायता से रिक्त स्थान भरें—

1. पॉपअप ब्लॉकर 2. फायरबॉल 3. एंटीवायरस 4. एंटी स्पाईवेयर

(द) सही के लिए (स) और गलत के लिए (ग) लिखिए—

1. गलत 2. सही 3. सही 4. गलत 5. सही

बहुविकल्पीय प्रश्न

1. ब 2. स 3. स 4. अ 5. द